Willem Jan Otten

Onze Lieve Vrouwe van de Schemering

essays over poëzie, film en geloof

Uitgeverij G.A. van Oorschot
Amsterdam

Al-ene waker over de vliegende sterren, bewaar mij
voor mijn flikkering impuls lust, laat mij
die zien als broer en zus. Ondersteun mij bij
mijn grote ondernemingen: dingen maken en man zijn van.
  John Berryman

De wachtende tijd

Stel het je voor: je sluit je ogen en je herinnert je dat je voor het eerst dacht: dit hier om mij heen, dit warme, alles omvattende, dat is mijn moeder. Of: nu word ik geboren. Of zelfs: nu versmelten mijn vaders zaad en mijn moeders eicel tot mij. Hier begin ik.

Het ontbreekt ons aan de meest primaire herinneringen. Zelfs mijn eerste gedachte kan ik mij niet herinneren. Of de eerste keer dat ik sprak. Dat ik las. De eerste keer denken: dit is mijn broertje. De eerste keer mezelf bedoen. Mijn eerste (publiceerbare) gedicht, geschreven op mijn negentiende, ik kan het aanwijzen in m'n eerste bundel, en ik herinner me ook tamelijk scherp het beeld dat me tot schrijven aanzette: op een ochtend in november 1970 had een zuidwesterstorm het water van het IJsselmeer voor Muiderberg waar ik woonde weggeblazen, en over het nieuw ontstane land liep een gevlekt Jacques Tati-hondje. Van dat laatste ben ik niet zeker. Ik schrijf 'gevlekt' om het de allure van een precieze herinnering te geven, er staat in het gedicht alleen maar 'hondje', en het kan zijn dat ik het hele hondje pas op papier heb bedacht. Maar dat herinner ik me dus niet. Hoe het gedichtje om zo te zeggen *besef* werd herinner ik me niet.

In enkele uren heeft de storm
de dingen drooggelegd. De haven
hapt naar water en wat ónder water
plechtig heeft gewoven ligt nu
platgeblazen op het slik,

5

waarover schuins een hondje loopt,
zich niet bewust
dat één moment van stilte in de storm
dit wingebied zal laten overstromen.

Mijn bewustzijn is een oneindige verzameling verdwijnpunten. Het begin van alle besef – ook het belangrijkste, bijvoorbeeld: dat het leven duurt zolang het stormt – een gedachte die ik sindsdien nooit helemaal ben kwijtgeraakt – is, zo lijkt het, onbegonnen, hoe en wanneer ik het begon te denken is onherinnerbaar. Ik weet niet hoe en waarom ik voor het eerst wist dat er zoiets als 'dood' bestaat, laat staan 'God'. Ik sta in mijn bestaan zonder een duidelijk, begrijpelijk begin.

Heel anders is dit voor enkelen van mijn dierbaarsten. Neem moeder. Zij is nu ik dit in mijn zesenvijftigste levensjaar schrijf tachtig. Zij kan mij met uitzonderlijke accuratesse laten beginnen, en zelfs dateren. Zo heeft zij mij, haar oudste zoon, op 30 mei 1951 om 20.15 voor het eerst voelen bewegen, ten huize van mijn grootouders van vaderszijde, na het eten van een door mijn grootvader in vooroorlogs dunne reepjes gesneden portie rosbief, op de Koninginneweg 146 te Amsterdam. Hij noemde zijn vrouw 'Jotie', ik later oma. Ik bewoog toen voor het eerst met een vuist of een voetje langs de binnenzijde van moeders buikwand. En eerder nog, op 21 of 22 januari van hetzelfde jaar heeft ze, door in haar agenda te kijken waar ze een kruisje had gezet, beseft dat ze niet ongesteld was geworden. Enkele weken dáárvoor – ook dát herinnert zij zich – heeft ze, op een winterse, nauwelijks verwarmde hotelkamer op de Place de la Contrescarpe, hoek Rue Lacépède, tegen mijn vader gezegd dat ze wist 'dat er een kind van zou komen'. De eerste keer dat ze met haar twee zoons in Parijs was, herfstvakantie 1965, heeft ze, terwijl mijn broer matig geïnteresseerd wegkeek, me het raam mijner verwekking aangewezen.

Twee weken geleden heb ik recht daaronder, op een terras, in een blaartrekkende zon, een kop ijskoffie gedronken met mijn jongste zoon. Hij is vierentwintig. Er naderde een man van mijn vaders leeftijd. Hij speelde op een accordeon de muziek die je je voorstelt bij een conceptie in Parijs; ik gaf hem een verbijsterend bankbiljet.

Dat raam? vroeg mijn zoon.

Ja, zei ik. Dat raam.

Vorige keer zei je dát raam, zei hij, en wees een ander aan, waarachter een meisje zich vooroverboog, vermoedelijk om haar benen te epileren.

*

Als ik erover nadenk, besef ik dat ik mezelf moet beschouwen als uitzonderlijk begonnen, net als bijvoorbeeld Jezus, van wie niet alleen de conceptie per aartsengel is geboekstaafd, maar al eveneens het eerste schoppen. Althans, toen zijn tante Elisabeth een half jaar zwanger was (van wat later Johannes de Doper zou zijn), en dicht tegen de al eveneens zwangere Maria stond, 'sprong het kind op in haar schoot', als om contact te leggen met Jezus. Ik ken weinig overtuigendere redenen om het christendom als humaniserende kracht serieus te nemen dan het feit dat dit incident in het Evangelie geboekstaafd is. Van deze visitatie zijn levendbarende schilderijen gemaakt.

En toch, hoe begonnen ik ook ben, ik heb het, als ik eerlijk ben, altijd moeilijk gevonden om te geloven dat ik er vóór mijn bewustzijn al was.

Gisteren kwam mijn moeder bij ons eten. Ze was het weekend bij haar schoonzus geweest, wier man, mijn oom Peter, een jaar geleden gestorven is. Mijn moeder had bij mijn oom vandaan het schilderij meegenomen dat zij op haar vierentwintigste van deze oom, toen achttien, had gemaakt. Ze zat op de Rijksacademie voor Beeldende Kunsten. Terwijl ik het bekeek herinnerde ik me zeer scherp de wit-blauwgestreepte gordijnen.

Kennelijk had mijn moeder haar broer laten poseren in de kamer die later de kinderkamer zou worden waar ik in zou worden neergelegd. Mijn eerste kamer, de kamer van mijn eerste herinneringen... En terwijl ik in een soort geheugentuimeling viel, starend naar het schilderij, vertelde mijn moeder dat ze mij, terwijl ze mijn oom aan het schilderen was, dikwijls had voelen schoppen. Dat zal dus juni 1951 zijn geweest.

Ik vroeg me af of mijn moeder, op dat eigenste moment bij ons in de kamer, het schoppen van mijn voetjes even sterk en fysiek herinnerde als ik mijn liggen, op een zomeravond, in de kinderkamer terwijl de zakkende zon door het wit-blauwgestreepte gordijn probeerde te schijnen. 'Als het om het verstrijken van de tijd gaat, staan ons nog de wonderlijkste ontdekkingen te wachten,' schrijft de filmer Andrej Tarkovski in zijn boek *De verzegelde tijd*. Hij heeft gelijk. Het idee dat de tijd alleen maar in één richting verstrijkt is een intellectuele gotspe, echt iets voor darwinisten, marxisten en Dawkins.

*

In de film *Back to the Future* kan Michael J. Fox, die een zestienjarige speelt, dankzij een tijdmachine terug naar zijn vlakvoorbewuste voortijd. Curieus, ik herinner me totaal niet meer *waarom* Fox zo nodig terug moet. Maar eenmaal daar blijkt hij kort voor zijn verwekking gearriveerd te zijn, en ontdekt hij dat zijn ouders in spe in het geheel niet van plan zijn om elkaar op welke wijze dan ook in de armen te vallen. De film bestaat er voor een belangrijk deel uit dat Fox ervoor zorgt dat zijn ouders verliefd op elkaar worden, teneinde zijn eigen bestaan veilig te stellen.

Om eerlijk te zijn, zelfs al ben ik veertig jaar ouder dan Fox, ik weet niet of ik, op *mijn* zestiende, mentaal helemaal opgewassen geweest zou zijn tegen de dingen die Fox over zijn ouders te weten komt. En de gedachte dat *ik* eraan te pas zou moeten komen om mijn ouders *dát* in elkaar te laten zien wat nodig is om tot de verwekking van mij over te gaan... Het is, hoe pijnlijk dikwijls ook, juist dat God het, buiten Hollywood om, niet aan de mensen heeft overgelaten om zichzelf, zoals ze nu eenmaal zijn, ook werkelijk gewild te hebben. Daar gaat *Back to the Future* verder niet over – hoezeer Fox ook welbeschouwd zijn eigen embryoselectie verzorgt. Toch aarzelt hij, als hij ziet dat zijn moeder het hof wordt gemaakt door een andere jongen dan zijn toekomstige genenverstrekker, geen moment. *Dit is niet juist*, weet Fox. Ik moet bestaan. Zoals ik ben. Geen seconde later of eerder verwekt, geen eicel later of eerder bevrucht, geen zaadcel te vroeg of te laat. Ik bedoel, er is vermoedelijk maar één manier om je zelf te willen, en dat is door *niet je zelf gewild te hoeven hebben*.

Ik vond *Back to the Future* een wijze film, hij maakte iets duidelijk over de wortels van de morele verwarring waarin het eugenetisch regime waaronder we onherroepelijk komen te vallen ons gaat storten. Het zal almaar moeilijker worden om, zoals Fox, verzoenlijk in het leven te staan.

*

Een van de waarlijk originele denkers over geheugen en tijd is de Franse schrijver Patrick Modiano.

Hij is sterk gekant tegen het idee dat iets verleden tijd zou zijn.

Zijn denken is overigens een praktijk. Hij denkt vertellend.

Hij schrijft zolang ik grote-mensenboeken lees bijna jaarlijks een klein (130 tot 180 pagina's tellend) boek waarin steeds hetzelfde wordt gepoogd: iemand zoekt een ander, of anderen, die hij zich *eigenlijk* niet herinnert. Meestal gaat het om iemand die in een voorbijgaan nauwelijks is opgemerkt. Bijna altijd is zo iemand vermist geraakt, of verdwenen. In veel van zijn boeken dateert de herinnering uit de periode dat de verteller zelf, als weggelopen jongen of voortvluchtige, óók zo'n vermist rakende schim geweest moet zijn. Soms speelt het begin van het verhaal zich in de schemerzone van vlak na de oorlog af. En in het laatste boek van Modiano dat ik sinds enkele uren uit heb (*Dora Bruder*), zoekt de verteller, die simpelweg de schrijver zelf is, de schim van een vijftienjarig joods meisje dat in de winter van '41 weggelopen is uit een katholieke internaat. Dat Modiano van deze Dora weet is toeval: hij heeft in een oude jaargang van de *Paris Soir* een advertentie gezien waarin om inlichtingen gevraagd werd omtrent dit vermiste meisje. En wat hij van haar te weten komt, en van haar na de Eerste Wereldoorlog uit Oost-Europa gevluchte ouders, is heel weinig, en wordt zonder enige opsmuk genoteerd.

Het duurde enige tijd voor ik besefte dat het boek over sporen ging, en dat Modiano al schrijvend vecht tegen de wanhoop die hem bespringt zodra hij beseft dat Dora *geen enkel spoor heeft nagelaten.*

Dit is vreemd, om niet te zeggen nutteloos, want van Dora weet hij toch al niets méér dan wat hij dankzij de advertentie weet. Zij is geen familie, of vriendin, zelfs geen naam die uit de mond van een kennis is gevallen. Toch ga je al lezend Dora de Spoorloze steeds heviger missen. Op pagina honderd is je gedaagd dat er geen enkel spoor gevonden zal worden (behoudens drie of vier foto's) – niet in een archief, niet in een huis of gebouw, niet in het geheugen van een nog levend mens. Bij Dora Bruder vergeleken is Anne Frank om zo te zeggen *schaamteloos* aanwezig.

Wat bezielt Modiano? En wat bezielt iemand die hem zo naarstig leest dat hij door straten gaat lopen die in zijn werk voorkomen?

Je kunt dit geen 'teruggaan in de tijd' noemen. Ook doet Modiano geen enkele poging om Dora te fictionaliseren. Hij schept niet uit zijn verbeelding het bewustzijn dat Dora 'had kunnen hebben'.

Als je erover nadenkt doet hij precies het tegenovergestelde als wat een historische romanschrijver zou doen. Hij stelt zich haar *niet* levend voor in de doodse oorlogsstraten van Parijs. Maar wat er wél gebeurt is dat hij *zichzelf* plotseling herinnert als vijftienjarige van-huis-weg-loper, in 1961 of 1962. Hij herinnert zich dat zijn vader hem toen naar het politiebureau liet brengen, zoals hij zich ook herinnert dat zijn vader, die van zijn niet deugende zoon af wilde, hem in dienst wilde laten gaan.

Zulke herinneringen zijn essentieel herinneringen aan er niet zijn, aan ongewenst zijn, aan vermist raken, uit het verband vallen, *tussen de regels verloren raken.*

Vreemd genoeg zijn het voor Modiano ook herinneringen aan (zeer kortstondige) vrijheid.

Natuurlijk kun je al lezend niet anders dan denken dat Dora, gedurende de dagen tussen háár weglopen uit het ongetwijfeld gehate internaat en haar arrestatie en deportatie naar Auschwitz, ook deze Modiano-vrijheid heeft gesmaakt. Maar weten zullen we het niet – er is van Dora's bewustzijn nu eenmaal geen enkel spoor, zelfs niet in de vorm van het kleinste kattenbelletje, overgebleven.

Als ooit het woord 'modianesk' zou ontstaan, dan zal het een ironie benoemen – een soort Tuinman-en-de-doodfiguur, van Dora die ontsnapt aan de bijna interneringskamp-achtige gevangenis van het internaat die haar redding had kunnen zijn. De mensenwereld heeft van meet af aan bestaan uit mensen die exact even spoorloos zijn verdwenen als Dora. Er is niet zoiets mogelijk als verplaatsing in hun leven. 'Vroeger' is dat waar de mensen en vooral: hun bewustzijnen uit verdwenen zijn. En tegen deze massieve evidentie heeft Modiano zijn boek geschreven. Hij verplaatst zich niet in Dora, maar laat haar, even, wanneer hij zichzelf herinnert als kortstondige ontsnapper uit de gevangenis van zijn (heel andere) leven, in hém overspringen. Op dat moment is de tijd opgeheven. Voltrekt zich het wonder van de niet verstreken zijnde tijd. Het duurt maar enkele zinnen, je beseft het pas als het voorbij is, maar dit is het dan toch.

Niet de *temps retrouvé*, de hervonden tijd, niet de sprong uit het heden het verleden in, maar: de vonk die, als uit een al lang verdwenen pool, overvonkt naar het heden, naar het schrijvend, en het lezend bewustzijn.

Een bevruchting, misschien is dat een woord ervoor.

Het is iets wat Modiano *en passant*, op een onbewaakt ogenblik, mogelijk laat zijn, door met de strengst mogelijke, bijna Wittgensteiniaanse ascese categorisch af te zien van de pretentie het verleden te kunnen ervaren. Modiano vermoordt vroeger, zoals vroeger Dora heeft vermoord. Het is een mystieke methode, een ontlediging. Het is een oefening van liefde – even is Dora, smeltend in Modiano's op de keper beschouwd suïcidale vluchtherinnering, zijn geliefde.

*

In een moeilijk, ontmoedigend filosofisch boek over tijd, met de prachtige titel *Time, the Familiar Stranger* (van J.T. Fraser, 1987) stuit ik, terug uit Parijs, op een bladzij waarin het leven van een teek beschreven wordt. Die hangt in een boom – dikwijls een eik – en wacht tot er onder hem een schaduw voorbij komt. Een donkere massa, die iets warmer is dan zijn omgeving; die zich met een bepaalde snelheid voortbeweegt; die een welomschreven, aan zoogdieren (en mensen) voorbehouden combinatie van geurmoleculen verspreidt. Alleen als aan die vier voorwaarden voldaan is, laat de teek zich vallen, en komt hij in de vacht, of het haar, van degene die onder hem door bewoog terecht. Om daar, zoals bekend, gedurende enkele dagen zich vol te zuigen met het bloed van zijn gastheer. Daarna laat hij, *deo volente*, los, en vervolgt zijn leven, dat ongetwijfeld even mysterieus is, en vol voortplanting, maar nu niet van belang.

Ik weet niet waarom J.T. Fraser de teek memoreert, ik geloof om iets te zeggen over het verschil in tijdsbeleving tussen teek en mens. Wat mij frappeerde is dat hij schrijft dat biologen hebben ontdekt dat sommige teken wel twintig jaar wachten op de juiste schaduwige massa met de juiste temperatuur en de juiste geur, voordat zij zich laten vallen. Twintig jaar!

Misschien is het met vroeger ook zo, en moet er zó worden geschreven dat Dora de tak van de dood waar zij aan hangt, durft los te laten. Vreemd, kriebelig beeld, en toch denk ik het soms – dat de tijd, waar alle bewustzijnen uit verdwijnen en verdwijnen, *op ons wacht*. Desnoods een eeuwigheid.

Losse olifanten

Eind jaren vijftig, vermoedelijk in het late voorjaar van 1959, greep aan de uiterste rand van de stad Amsterdam het volgende plaats. We schrijven de ondoorgrondelijke voortijd van onze beschaving, toen er in elke straat maar één televisietoestel stond waarop maar één programma te zien was. Ik was zeven en had mij, tegen het uitdrukkelijk verbod van mijn moeder in, aan een tocht de Scheldestraat over gewaagd, over de brede vlucht-heuvel waarop de patat-fritestent stond, over het uitgestrekte, braakliggende terrein dat het Landje werd genoemd – en waar een jaar later de bouw zou beginnen van een uitdijend, glazen heelal dat thans de RAI heet –, en ten slotte was ik daar beland waar ik al helemaal niet geacht werd te zijn: in een moerassig areaal aan de voet van de Ringdijk. Deze dijk was, gezien vanuit ons huis in de Geulstraat, het einde van mijn wereld, daar waar de wolkenpartijen begonnen. Toen ik de dijk had beklommen zag ik in de diepte, tussen de lage bosjes, olifanten.

Vier of vijf olifanten.

Ze liepen los, en waren doodgemoedereerd, alsof ze reigers waren en zouden gaan en staan waar zij wilden. Ze schetterden niet, ze spoten niet met water over zichzelf. Ze drentelden wat, alsof ze de gewoonste zaak op de wereld waren, maar zij waren olifanten.

Losse olifanten.

Volgens mij heb ik het tafereel niet in verbijstering aan-schouwd. Dit is er dus, dacht ik, dit is wat er is aan de andere kant van de Ringdijk. Ik ben teruggehold, naar huis, want ik moest niet de enige blijven die dit wist. Ik holde het Landje over, langs de blauwe woonwagens die daar een dag eerder waren gearriveerd en waar in rode letters Sarrasani op stond.

Thuisgekomen werd ik niet geloofd, althans niet door mevrouw Hop, die overdag in de huishouding hielp wanneer mijn moeder in de voorkamer muzieklessen gaf. Mevrouw Hop zei dat ik leed aan teveel fantasie, praatjes voor de vaak, noemde ze dat, en ze zei dat ik niet zo moest schreeuwen, en dat ik bovendien helemaal niet het Landje over had mogen steken. Uit haar toon maakte ik op dat ze woedend was, maar dat ze het feit van de overtreding niet zou melden aan mijn moeder. Vervolgens werd ik door haar om een boodschap gestuurd. Sigaretten, voor mevrouw Hop zelf, in de zaak op de hoek van de Maasstraat. 's Avonds heb ik in bed nog mijn vijfjarige broertje van de olifanten trachten te overtuigen. Losse, zei ik. Er zijn daar losse olifanten. Hij antwoordde dat hij in de Nierstraat drie kamelen had gezien. Althans, Bennie en Eddie hadden die gezien. Losse? vroeg ik. Of vier, zei hij haastig. Met één bult? Dat was mijn strikvraag, bedoeld om mijn broertjes goedgelovigheid te ontmaskeren. Ja, met één bult. Zei Eddie. Maar Bennie had gezegd twee, geloof ik. Zei mijn broertje.

Ergens van overtuigd zijn maar niet geloofd worden, dat is de natuurlijke aanvangstoestand van iemand die ooit eens ontdekt dat hij schrijver zou willen zijn.

Als iets een literatuur dodelijk vervelend kan maken, dan is het wel: schrijvers die opereren vanuit een geloofwaardige wereld. Zij geloven in dezelfde realiteit als hun lezers en vice versa. Zij lijken op de door zoveel moderne mensen terecht zo verafschuwde geestelijken die hun geloof verijlen tot wat aanstootloos geaccepteerd kan worden. Of op de programmamakers die hun kunsten laten afhangen van kijkcijfers. Of op de politici die hun overtuigingen aanpassen aan de peilingen.

Als ik mij concentreer op de herinnering aan de olifanten dan lijkt het soms alsof ik ze nog zie staan, overtuigend en onverschillig en toch buitenmaats, maar het is me niet gelukt om de ervaring van heuse aanwezigheid die ze bij mij gewekt hebben mee te delen. Aan mevrouw Hop niet, aan mijn broertje niet, aan mijn klasgenoten de volgende dag niet, zelfs aan juffie Ruiter niet, die mij wel geloofde.

Zij geloofde me, maar begreep me niet.

Ten overstaan van de hele klas legde ze uit wie Sarrasani was, en dat we zaterdagmiddag *allemaal* de olifanten te zien zouden krijgen, zittend op komieke krukjes. We zouden met de klas naar de matinee gaan. Juffie Ruiter geloofde me.

Voor mij was geloven nog lang niet wat het nu is: een kwestie, zijnde het raadselachtige, onbedwingbare, onlogische en bindende tegending dat zijn plaats naast weten, vergewissen en beseffen aan het heroveren is, elke dag weer.

Ik vroeg me op dat moment dus niet af of juffrouw Ruiter de olifanten wel geloofde toen ze zei dat ze mij geloofde.

Ze geloofde me op de wijze die dus eigenlijk weten is. Ze maakte de olifanten echt.

Ik herinner me hoe er iets uit mij wegsijpelde toen ze mijn wonderfanten herleidde tot circusfanten.

Het is eind 1999. Ik ben inmiddels achtenveertig. Dat ik schrijf betekent, geloof ik maar één ding: ik wil geloven, niet weten.

Borges' gebed

Tot de vreemdste, maar minst bediscussieerde manieren waarop de menselijke geest zich kan samenpakken, behoort het gebed. Dat is het vermogen om je te richten tot iemand die er niet aantoonbaar is. Van deze onzichtbare wordt door bidders aangenomen dat hij hen volledig kent. Hij is onvoorstelbaar, en toch bezit hij iets dat vergelijkbaar moet zijn met een oor, of oren, in ieder geval lijkt het feit van het gebed erop te wijzen dat een bidder er niet aan twijfelt, tijdens het gebed althans, of hij wordt gehoord. En terwijl hij bidt trekt hij zich niets aan van de logische tegenwerping die iedere ongelovige ogenblikkelijk maakt: als dit oor toebehoort aan iemand die jou en je gedachten al kende voor je bij wijze van spreken geboren werd, *waarom zou je je dan de moeite getroosten om je tot hem te richten?*

Dit is een Borgesiaans probleem. Borgesiaans is een bijvoeglijk naamwoord afgeleid van de naam Borges, toebehorend aan de grootste Spaanstalige schrijver van de twintigste eeuw. Jorge Luis Borges leefde van 1899 tot 1986, voornamelijk in Buenos Aires, en zijn oeuvre bestaat uit verhalende gedichten, korte essayistische verhalen en dichterlijke essays. Geen van zijn teksten is langer dan, zeg, twaalf pagina's, enkele essays en lezingen uitgezonderd.

Borges is de bedenker van de cartograaf die zulke gedetailleerde kaarten ging maken dat hun schaal 1:1 werd – ze werden precies even groot als het land dat ze afbeeldden. Hij heeft iemand bedacht die onsterfelijk wordt na het drinken van water uit een geheime rivier; langzaamaan komen we erachter dat eeuwig leven voor een onsterfelijke hetzelfde is als dood zijn.

Deze levende dood wordt een bijna fysieke ervaring. Borges heeft zich ingeleefd in een intellectuele, belezen nazi, die zijn wereldbeeld als een echte metafysica ten einde wilde leven, beginnend bij de Übermensch van Nietzsche en eindigend bij de harde consequentie: zijn eigen terdoodveroordeling. De nederlaag die deze ik-persoon ten slotte geleden heeft maakt niet uit, zegt hij heroïsch, en zijn woorden zijn profetisch: 'waar het om gaat is dat het geweld heerst, niet de slaafse christelijke schuchterheden'; met als gevolg dat zijn allerlaatste woorden luiden: 'alle vlees mag bang zijn, ik niet.'

Maar ook in de islamitische denker Averroës heeft Borges zich ingedacht, en Averroës wordt, hoe erudiet hij ook is, door geloof en openbaring gebonden, en kan daardoor nooit te weten komen wat de wonderlijke woorden 'tragedie' en 'komedie' betekenen die hij in een tekst van Aristoteles tegenkomt.

Dit is de *way of all words*, zo lijkt het, bij Borges: de wereld is zoals een mens hem ziet; de wereld is voor deze mens dus niet zoals een ander hem ziet.

Toch is iedere zienswijze een zijnswijze. Als Borges in een van zijn laatste lezingen, gebundeld in *Zeven avonden*, Dante's *Commedia* bespreekt, dan relativeert hij Dante's christelijk wereldbeeld niet, wanneer hij zegt dat de theologie ervan niet de zijne is. Hij legt uit dat de Hel, en de gids Vergilius, en de voor eeuwig overspelige geliefden Paolo en Franscesca vruchten van een verbeelding zijn *die je in hen doen geloven*. Je kunt al lezend niet relativeren, en zeggen: hel en verdoemenis bestaan niet, dus doen de twee geliefden me niets. Of althans: je *kunt* dat wel zeggen, maar dan doet het je dus niks, dan lees je literatuur zoals een politicus het vijandig partijprogram. Een fictie bestaat alleen zolang de lezer zijn ongeloof heeft opgeschort, en daarin lijkt het allemaal nog het meest op wat we 's nachts doen: dromen. Tijdens een droom is alles overtuigend, hoe sceptisch en zelfonderuithalend de dromer overdag ook is.

Van vrijwel alle religieuze overtuigingen die Borges in deze zeven avonden behandelt, of het nu boeddhisme is, of kabbalisme, of de reïncarnatieleer, zegt hij dat het de zijne niet zijn. Toch behandelt hij ze zonder hun geloofwaardigheid in twijfel te trekken. Hij behandelt ze alsof hij ze gedroomd heeft; hij behandelt hun geloofwaardigheid. En geheimzinnigerwijze komt het vervolgens nooit in je op om van Borges te willen weten welk geloof dan wel het zijne is. Niet omdat je aanneemt dat hij niet gelooft, of omdat je heimelijk vermoedt dat hij toch nooit met de billen bloot zal gaan, maar omdat hij je doet inzien dat de literatuur, of: de verbeelding, of: het geheugen, dat als een moeder aan verbeelding voorafgaat, *zelf* een van de zijnswijzen van het bewustzijn is. Net als animisme, of magisch denken, of dromen, of in een trance iets fysiek herbeleven, of bidden, of metaforisch denken.

Borges dramatiseert als geen ander de mens als een transcendent wezen, als een schepsel dat streeft naar het ene, dat hem doet samenvallen met zichzelf of met het oneindige, onbenoembare, onachterhaalbare – en in deze wens om de mens als zo'n wezen te begrijpen is Borges zelf transcendent. Tegelijkertijd blijken er transcendenties, meervoud, te bestaan, even zovele als de schrijver Borges figuren bedenken kan. Daarom is 'borgesiaans' zeker ook een ironisch begrip.

*

Borges heeft, voor zover ik weet, één gebed geschreven, dat wil zeggen: een tekst in de vorm van een gebed dat dan ook *Een gebed* heet. Daarin vertelt hij dat hij het Onze Vader kent, en dikwijls heeft uitgesproken, maar dat hij het slechts ten dele begrijpt.

Borges' *Een gebed* is geen gebed.

Ik vraag me af of een gebed op papier ooit een gebed genoemd kan worden. Zolang het Onze Vader niet gericht wordt tot het onzichtbare oor, is het een tekst. En een tekst richt zich, zodra iemand hem leest, tot de lezer. Die buigt zich erover, zoals dat heet, en wil hem bijvoorbeeld begrijpen. Zo niet een gebed. Dat heeft als miraculeus kenmerk dat het, op het moment dat het een gebed is, niet een bewustzijn binnengaat, maar alleen maar verlaat.

Welbeschouwd kunnen we buiten het bidden om dus niet veel zeggen over een gebed. Daarom is Borges' mededeling dat hij het Onze Vader 'maar ten dele begrijpt' er een aanwijzing van dat hij geen bidder is. Hij behoort eerder tot de mensen die geneigd zijn tot lezen, tot in zich opnemen, en doorgronden, dan tot hen die zich uitspreken en richten. Musici bijvoorbeeld zijn naar mijn overtuiging dikwijls richters, en heel veel mensen die geen muziek maken, delen desondanks met musici de ordenende hebbelijkheid om de gedachten die ze hebben om zo te zeggen te laten horen aan een denkbeeldig Iets of Iemand.

*

Het is algemeen bekend dat Borges van kindsbeen af heeft geweten dat hij blind zou worden, en dat hij dit de tweede helft van zijn leven vervolgens ook daadwerkelijk geworden is. Wie hij geweest zou zijn zonder deze ingreep van de Voorzienigheid kunnen we niet weten.

Borges is, door zijn blindheid, de Schrijver Die Alles Moest Onthouden geworden. In een tijdperk van kunstmatige geheugens is hij symbool voor het brein dat alleen maar kon putten uit wat het zelf, zonder de minste buitenbreinse byte, had opgeslagen.

Natuurlijk stellen we ons Borges voor als iemand die zich liet voorlezen, en die anderen de details in encyclopedieën en woordenboeken deed opzoeken die hij op grond van zijn herinnering vermoedde – maar de grondslag van alles wat hij na zijn definitieve verduistering heeft geschreven was zijn eigen hersenpan.

Wie ontvankelijk is voor Verrijzenismetaforen kan Borges vergelijken met een gevoelige plaat, die gedurende de eerste helft van zijn leven is belicht, en die gedurende de tweede helft, in een donkere kamer, zijn reeds ontvangen licht nogmaals deed wederopstaan. Dit tweede licht is het onthouden licht, de wereld *zoals zij herinnerd werd*. Een fictie.

Borges zelf noemt in de laatste lezing van *Zeven avonden* zijn blindheid 'een van de levensstijlen van de mens'. Blindheid is, net als Averroës' islamisme of des cartograafs cartografisme, bij Borges een idee dat de wereld vertolkt.

Het woord *vertolken* komt in dit verband van de Noord-Amerikaanse dichter Wallace Stevens. In *The Man with the Blue Guitar* zegt hij dat de verbeelding niet een versie *van* de werkelijkheid geeft, maar haar vertolkt. Er is volgens mij geen bondiger formulering in dezen dan die van Stevens: 'Things as they are, are changed upon the blue guitar'. De blauwe gitaar is de verbeelding, die de dingen *verandert zoals ze zijn*. Er is geen wereld zonder een idee van de wereld, de kijk schept de werkelijkheid, ongeveer zoals er geen muziek is als hij niet wordt vertolkt.

In Borges' dramatische, blinde geval is deze vertolker het geheugen. Die is zozeer het enige waar alles van afhangt, dat Borges zich kan afvragen of hij het is die de wereld al onthoudend bijeenhoudt, of dat hij, op zijn beurt, door een onthouder bijeengehouden wordt. Dat is de steeds bij hem terugkerende droom van de dromer die gedroomd wordt.

Bij Borges klinkt ook dit, door de bijna jongensboekachtige toon van eureka en platonische opwinding, ironisch – maar het is ook een afgrondelijk besef. Averroës kan de woorden tragedie en komedie geen leven inblazen, terwijl naast hem iemand een gebeurtenis beschrijft, onthouden van een verre reis, waarin wij ogenblikkelijk een toneelscène herkennen. Maar Averroës gelooft de verteller domweg niet, hij kan de beschrijving niet plaatsen.

Schrijven is geloofwaardig zijn, terwijl het in literatuur niet om feiten gaat. In een van Borges' vroegste verhalen, *De onwaarschijnlijke oplichter Tom Castro*, wordt een corpulente jongeman die lijdt aan een 'kalm soort idiotie', vanuit Australië naar Londen gebracht. Daar leeft een zeer rijke dame die overal ter wereld oproepen in kranten heeft geplaatst, omdat zij haar zoon is verloren tijdens een schipbreuk. De corpulente jongen, Tom Castro, lijkt in niets op de verloren zoon. Toch zal de rijke dame hem herkennen. Tot verbijstering van iedereen is Tom van die dag af haar zoon.

Borges schrijft: 'De herhaalde, dwaze oproepen van Lady Tichborne gaven blijk van haar stellige overtuiging dat haar zoon niet was gestorven, van haar wil om hem te herkennen.'

Het woord dat het wonder van de herkenning geloofwaardig maakt is: wil. De wil tot herkennen is daarom zo sterk, omdat de dame zeker weet dat haar zoon dood is. Juist daardoor kan Tom de zoon worden. En zo ontwikkelt dit hilarische verhaal zich in mum van tijd tot een uitspraak over de verhouding tussen lezer en schrijver, die altijd met geloven van doen heeft. Geloven is willen wat feiten verbieden; in een wereld van onomstotelijkheden overtuigt een schrijver ons van iets dat nergens is, alleen op papier.

Ik zie althans geen andere reden om literatuur te lezen, dan omdat zij mij als het ware in het vooruitzicht heeft gesteld dat zij mij iets teruggeeft wat ik al levend verloren heb.

Borges is zich zijn lange schrijversloopbaan lang blijven voeden door personages die altijd in enigerlei mate familie zijn van de rijke dame, en zich vereenzelvigden met een onmogelijk idee dat de werkelijkheid tot een mogelijkheid maakte. Of het nu de man is die, dankzij het leerstuk van de eeuwige wederkeer, min of meer per ongeluk woord voor woord de *Don Quichote* schreef, of het analfabete boerengezin dat iemand, die hen voor het eerst het Evangelie volgens Mattheüs heeft voorgelezen, uit eerbetoon aan het kruis nagelt, of de theoloog die tot zelfmoord gedreven wordt nadat hij ervan overtuigd was geraakt dat niet Jezus, maar Judas de eigenlijke offerdood gestorven is – altijd weet het personage dat wat het leven, de realiteit, laat ontglippen, ergens elders, in de verbeelding, in een idee, zal worden ingehaald.

*

De meest ongeloofwaardige en dus hartstochtelijkst geloofde transcendente gebeurtenis van onze cultuur is de Wederopstanding volgend op de kruisdood, ook wel Pasen geheten. Borges heeft zich verschillende malen per gedicht of verhaal met deze gebeurtenis beziggehouden. En natuurlijk slaagt hij erin om ook van dit verhaal *een* zijnswijze van de geest te maken. Een fictie.

We leven in een tijd die de wil om te geloven niet meer vertrouwt. Daar zijn eminente redenen voor – één ervan geeft Borges zelf impliciet in het verhaal van de nazi, die al evenzeer wil geloven, in de mens boven de mens, de wreedheid achter de wreedheid. De beschrijving van hoe hij ertoe komt een jood tot zelfmoord te folteren, omdat die veranderd was 'in het symbool van een verafschuwd gebied van mijn ziel', spreekt in zijn bondigheid boekdelen.

Toch kan Borges, als ik hem goed begrepen heb, niet geloven dat de ontkenning van het geloofsverlangen, niet ook een geloof zou zijn. Zijn fictie is een geloof in fictie, en in die zin is fictie een absolutum: ook de poging om zichzelf te vernietigen, om te zeggen: er is niets dat geloofd kan worden, alleen feiten en het recht van de sterkste bestaan, is een fictie.

In het Goede Vrijdaggedicht 'Lucas XXIII' noemt hij dat wat één van de moordenaars die naast Christus gekruisigd werden op de valreep naar God deed verlangen, een 'onschuld'. Volgens

Borges zei hij het 'blindelings' tegen Christus: 'Gedenk mijner, wanneer Gij in Uw Koninkrijk komt.'

Deze woordkeus is opvallend. De goede moordenaar *vraagt* het niet, maar *zegt* het; hij zegt het blindelings, alsof hij niet anders kan, alsof zijn lichaam het van hem eist. En ten slotte noemt Borges dit een onschuld – en, voegt hij er in de twee aangrijpende slotregels aan toe: het was deze zelfde onschuld die hem 'zo dikwijls in de zonde stortte en in het bloedig avontuur'.

Wat mij treft is dat Borges het geen bidden noemt, wat de moordenaar doet. Dat treft me ook in het andere expliciete Goede Vrijdaggedicht van Borges, 'Christus aan het kruis', dat hij aan het eind van zijn leven schreef.

CHRISTUS AAN HET KRUIS

Christus aan het kruis. Zijn voeten raken de grond.
De drie houten zijn van gelijke hoogte.
Christus is niet in het midden. Hij is de derde.
De zwarte baard hangt over de borst.
Het gezicht lijkt niet op dat van de beeltenissen.
Het is ruw en joods. Ik zie het niet maar zal
het blijven zoeken tot de laatste dag
van mijn schreden op aarde. De gebroken man
lijdt en zwijgt. De doornenkroon doet hem pijn.
Onbereikbaar is hij voor de hoon van het volk
dat zijn doodstrijd zo vaak heeft gezien.
Die van hem of die van een ander. Het maakt niet uit.
Christus aan het kruis. Verward denkt hij aan
het koninkrijk dat hem wellicht te wachten staat
En aan een vrouw die niet de zijne was.
Het is hem niet gegeven de theologie te zien,
de onoplosbare Drie-eenheid, de gnostici,
de kathedralen, het scheermes van Ockham,
het purper, de mijter, de liturgie,

de bekering van Guthrum door het zwaard,
de Inquisitie, het bloed van de martelaren,
de gruwelijke Kruistochten, Jeanne d'Arc,
het Vaticaan dat legers zegent.
Hij weet dat hij geen god is, maar een mens
die met de dag vergaat. Het maakt hem niet uit.
Het harde ijzer van de spijkers maakt hem uit.
Hij is geen Griek en geen Romein. Hij kermt.
Hij heeft ons een voortreffelijke beeldspraak
nagelaten en een leer van vergeving
die het verleden ongedaan kan maken.
(Die slagzin schreef een Ier in een gevangenis.)
Gehaast zoekt de ziel het einde.
Het is wat donker geworden. Hij is nu dood.
Over het stille vlees kruipt een vlieg.
Wat kan het mij baten dat die man
geleden heeft, als ik nu lijd?

                    (vertaling Robert Lemm)

De hoofdpersoon is, anders dan in het Lucas xxiii-gedicht, de gekruisigde zelf. Borges verandert het traditionele beeld van Golgotha enigszins door Christus de meest rechtse gekruisigde te laten zijn, niet die in het midden. Daarmee speelt hij het vertrouwde spel dat ons ons ongeloof doet opschorten: we spelen mee dat de verteller zijn best doet om de Kruisdood exact onthouden te hebben. Van Christus' gezicht zegt hij: 'Ik zie het niet maar ik zal het blijven zoeken tot de laatste dag van mijn schreden op aarde.' Vervolgens ontdoet Borges Christus van alle metafysica, van alles wat naar oneindigheid, hiernamaals, theologie verwijst. Van dat alles weet deze gehangene nog niets. 'Hij weet dat hij geen god is en dat hij een mens is / die sterft met de dag.' Jezus zonder een kiertje uitzicht op Pasen. Dan volgt de borgesiaanse wending: 'Hij heeft ons een voortreffelijke beeldspraak / nagelaten en een leer van vergeving / die het leven ongedaan kan maken.' Het woord *voortreffelijk* (in het Spaans staat: *esplendidas*) bevestigt eens temeer dat het om *een* leer gaat, in een oceaan van leren. En wat Borges in deze vertaling op een bijna kokette manier doet, is: de leer losmaken van deze dood. Dat zou een gelovige niet licht doen, want voor hem is deze dood de leer zelf.

Nogmaals – bij Borges doet Jezus één ding niet wat hij volgens de vier eerste overleveringen, de Evangelies, wel heeft gedaan: zich richten tot de onzichtbare die altijd geweten heeft dat dit zou gebeuren, ook wel de Vader genaamd. 'Uw wil geschiede.'

Dat Christus dit bij bijvoorbeeld Mattheüs wel doet, en vervolgens uitroept: 'Waarom hebt gij mij verlaten', maakt het verhaal van Goede Vrijdag tot iets anders dan voortreffelijke, zelfs schitterende literatuur. De scène heeft alleen betekenis wanneer je gelooft dat Christus de wil volgt van degene tot wie hij zich stervend richt.

Denk je daarentegen dat het niet uitmaakt, wat Christus daar doet, omdat het sowieso onzin is om je op zo'n moment tot iemand te richten, zeker wanneer die iemand niet bestaat, dan wordt het de geschiedenis van een bespottelijk misverstand. Dat kan heel goed literatuur zijn – er zijn voortreffelijke romans gemaakt van bespottelijke misverstanden. Er zijn geniale auteurs voor wie de schepping in zijn geheel een bespottelijk misverstand is.

Gelooft Borges niet dat Jezus gelooft?

Hier zitten we in het holst van de kwestie. Zoals een gelovige in de Kruisiging gelooft *omdat* hij vertrouwd is met bidden (iets wat hij zelfs, via het Onze Vader, van Jezus geleerd heeft) – zo gelooft hij niet in het gedicht van Borges. Zelfs de zin: 'Ik zie het niet maar zal / het blijven zoeken tot de laatste dag / van mijn schreden op aarde', die onmiskenbaar religieus is, doet hem niet *in* het gedicht geloven.

Toch is het gedicht overtuigend, en in mijn ogen één van de

aangrijpendste die Borges geschreven heeft. Ik beschouw het feit dat hij van Christus iemand maakt die zich *niet* tot zijn vader richt, die alleen maar kermt, en naar het einde verlangt, en geen weet heeft van de verering die hem ten deel zal vallen, en ook niet van de wreedheden die uit zijn naam zullen worden begaan, als de indrukwekkende, noodzakelijke uitkomst van dit schrijverschap.

Borges heeft een fictie nagelaten die zegt dat we schepsels zijn die bestaan bij de gratie van hun fictie. Zelfs zijn eigen blindheid was een fictie. Borges, de conservator van een onschatbaar museum van transcendenties, in een tijd die transcendenties wantrouwde en minachtte, hoefde niet iets te schrijven waarin geloofd kon worden. Literair overtuigend zijn was voldoende. Oprecht veinzen, zo lang als het gedicht duurt. Hij, die de meest fantastische, ongelooflijke mogelijkheden van het transcendente bewustzijn zo heeft naverteld, dat ze denkbaar werden, vereenzelvigde zich uiteindelijk met een Christus die 'sterft met de dag'.

De laatste, schokkende woorden van het gedicht zijn:

Wat kan het mij baten dat die man
geleden heeft, als ik nu lijd?

Ik weet niet tot wie Borges zijn verteller deze ontzettende, on-ontkoombare vraag laat richten. Als het aan mij is, één van zijn vele dankbare lezers, dan kan ik alleen maar zeggen: voor mij is dit geen retorische vraag – zoals hij ongetwijfeld ook kan worden gelezen. Met als antwoord: 'niets, niets baat mij dit lijden.' Ik kan op de laatste twee regels alleen maar reageren alsof de vraag mij heus gesteld wordt.

Wat baat het mij?

Ik weet niet wat andermans lijden uitmaakt als ik lijd, ik ben geen god, ik weet alleen maar dat het voor mij *alles* uitmaakt, zo ik lijd, dat God alle lijden van de mens heeft geleden, en ik be-

grijp niet waarom u, Borges, zich, in dit zo beheerst objectiverende gedicht, nu tot mij richt, en als ik eerlijk ben geloof ik ook
niet dat u zich nu nog *tot mij* richt. Ik geloof alleen maar dat geen
gedicht van u dichter bij een gebed komt dan dit.

Geen gebed

Hoeveel weet ik van u

Zoveel als het zoontje
dat ligt in het gedicht en wijst naar de wolken
weet van de dichter
die naast hem ligt

Zoveel als de peuter
die voor het eerst voor een spiegel staat
weet van de peuter
die daar voor hem staat

Zoveel als de veroordeelde
die in zijn celmuur klopsignalen hoort
weet van zijn buurman

Zoveel als de vrouw
die door de dop-tone het hartje niet hoort kloppen
weet van haar ongeborene

Zoveel als de oude koning
op de dag van zijn troonsafstand
weet van zijn liefste laatste dochter
als die niet zegt wat hij horen wil

Zoveel als Penelope
op het punt staande zich zelf weg te geven
weet van de zwerende
onbekende zwerver aan haar hof

Zoveel als een explosievenzelfmoordenaar
in de metrocoupé
weet van het roodharige meisje met de koortslip
dat zijn oogopslag niet zoekt

Zoveel als de enige zoon
na het vallen van het mes
weet van de kermende vader
die hem leek te zullen kelen

Zoveel
en nog wel meer
weet ik van u

Ik weet van u kortom heel veel
zij het altijd nog minder dan de kerkvader
toen die in zijn Belijdenissen schreef

dat als u tegenover hem kwam zitten
daar recht tegenover hem
hij u zou vragen wanneer u kwam.

Een ridder van de Engelse drop

Als jongen bewaarde ik onafgebroken geheimen.

Geheim was bijvoorbeeld de plek waar de Ridders de trommel met Engelse drop begraven hadden. De Ridders waren een genootschap van jongens van mijn klas, de vijfde van de Montessorischool in Laren. Daarheen waren mijn moeder, mijn broer en ik in de zomervakantie van 1960 verhuisd.

Het genootschap was opgericht met maar één doel, en dat was de verdediging van de trommel met Engelse drop, en met één geheim, en dat was de plek waar de trommel met Engelse drop begraven was.

Ik herinner mij niet ooit met het *voltallige genootschap* aangekomen te zijn ter plekke. Op een of andere manier verzet mijn geheugen zich tegen de beelden die zouden kunnen bewijzen dat het genootschap werkelijk uit andere actieve leden heeft bestaan dan ik. Er was een lijst met mede-ridders, maar wanneer het op handelen aankwam, dan hadden zij dikwijls grote belangen in andere genootschappen.

De trommel met Engelse drop was begraven onder een berkenboom met even boven ooghoogte een opvallend gezwel. Deze berkenboom stond in een verwilderd bosje aan de overkant van een veld met maïsstoppels, in de bosachtige strook tussen de Larense hei achter het terrein van de Larense Football Club en de Eemnesser polders.

Ik heb de trommel met Engelse drop daar eigenhandig begraven. Als het bosje eind jaren zestig niet was gerooid ten behoeve van een graszaadkwekerij, dan zou ik nog altijd moeiteloos naar de berkenboom met het gezwel kunnen lopen.

NOORDEN

KERSTBOMEN-
AANPLANT

SCHATKAAR
(reconstructie)

STOPPEL

VELD

SPARRELVEN

TERREIN VAN JAKMA

POMP

CROQUET
VELD

Zomerhuisje

Huisje van
Tante Els

Ons huisje

Huis van
Jakma

BOSJE VAN J

zomerhuisje

FIETSPAD
COOYERGRACHT

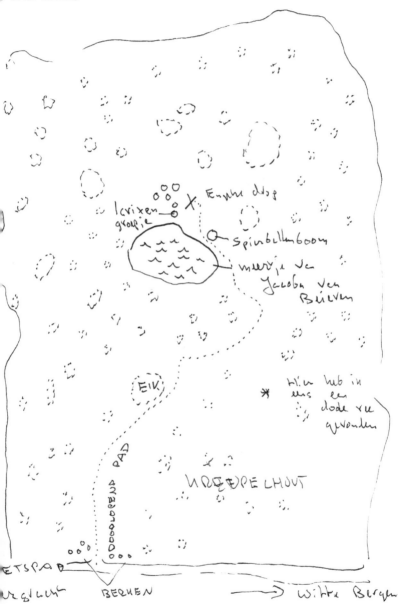

Ik heb tevens eigenhandig de kaart gemaakt die de weg wees naar deze plek. Deze tamelijk gedetailleerde kaart heeft niemand anders dan ik ooit onder ogen gekregen. Ik voeg een nauwkeurige reconstructie van deze kaart bij. Ik had de kaart met een lucifer aan zijn randen geblakerd, en indrukwekkend met roet beduimeld. Het vreemde is nu dat ik, die als geen ander de weg kende, deze kaart zelf raadpleegde om op de geheime plek aan te kunnen komen.

*

De plek van de trommel met Engelse drop zou ik nu, veertig jaar later, een 'geheim geheim' noemen. Het was zeker dat als leden van andere genootschappen erachter zouden komen dát dit geheim bestond, zij het met alle middelen zouden trachten te ontsleutelen, met heel hun rationele vernuft en al hun empirische onderzoeksmethoden. Daarom had ik de kaart *spiegelverkeerd* getekend.

Een geheim van dit type moet ontraadseld worden. Waarom dit zo is, weet ik niet, maar het is al sinds Genesis zo, en eerder, want ook nog oudere stichtingsmythes gaan over eerste mensen die zich toegang willen verwerven tot krachten die aan goden voorbehouden zijn.

In Genesis is het geheime geheim, zoals bekend, een boom waarvan je de vrucht niet mag eten. Wat er zal gebeuren als je het toch doet is van tevoren onbekend, en is op een bepaalde manier onbekend gebleven: elke generatie wordt op zijn eigen wijze met zijn besef van sterfelijkheid en zijn doodsangst belast. Volgens de joodse, christelijke en mohammedaanse mythe zijn de mensen gaan happen, in een stemming van goklustige, argeloze va-banque, en dat zijn ze blijven doen, in steeds andere stemmingen: want door de eerste hap leerden we de dood kennen, en die werd op zijn beurt het onbekende, het *geheime*, en zo bleven we de steeds vindingrijker en onveranderlijk dodelijk bevreesde happers.

Zodra iets zich als een geheim aan onze rede voordoet, gaan we op pad. Dit is vermoedelijk precies wat ik wilde dat gebeuren zou, toen ik de trommel met Engelse drop zeventien stappen van het zwarte vennetje in het bosje aan de overzijde van het stoppelveld begroef, drie stappen voorbij de berk met het gezwel. Ik wilde dat de anderen, die behoorden tot andere genootschappen, *wisten* dat er een geheime plek bestond. Dus heb ik ook rondverteld dat er een kaart bestond die ik, als enige, bezat en op mijn lichaam droeg.

Ik ga het niet hebben over de teleurstelling, op die eerste woensdagmiddag na de grote vakantie, mijn eerste op de nieuwe school, toen de verschillende genootschappen in hun skaileren riddertunieken, met hun houten zwaarden en hun plastic dekselschilden de bosachtige strook langs de Gooyergracht betraden. Toen bleek immers dat niemand mij volgde. Ik had mijn aan de randen geblakerde kaart tevoorschijn gehaald om de spiegelverkeerde route te ontcijferen, en dat had ik op een verborgen plek gedaan. Intussen was ik ongelooflijk en indrukwekkend op mijn hoede geweest – in verband met de Ridders die mij mogelijk gevolgd waren. Dat zij, aan het eind van hun bladstille tijgersluipgang, *mij* zouden zien zitten, met mijn grijsplastieken vizier omhoog, gebogen over een zeer, zeer oude kaart, zou het begin zijn van een middag vol ontberingen, waarentijds ik mijn achtervolgers op ongeëvenaarde dwaalsporen zou zetten.

Dat ik desondanks, zonder door wie dan ook gevolgd te worden, aan mijn moeilijke tocht ben begonnen, zegt iets over het geheim van het ándere type – het *openbare geheim*. Want ik denk dat het daarom ging, die woensdagmiddagen – wij, Ridders, waren elk afzonderlijk op weg naar elk hun allergeheimste plek, en we vertolkten dusdoende iets van het vreemde dat aan het leven is blijven kleven. Minstens even sterk als het verlangen om geheime geheimen te ontraadselen was het verlangen om zelf geheim te zijn, een voor iedereen zichtbaar raadsel.

*

Een gedicht, zo leerde me later de poëzie, is voor mij de meest aangewezen manier om iets geheim te laten zijn. Het is zelfverborgen schat en kaart ineen. Ik schrijf een gedicht niet om mijzelf uit te drukken of uiteen te zetten, en ook niet om de wereld te ontraadselen, *maar juist om onopgehelderd te blijven*, en dat op zo helder mogelijke wijze. Het is niet helemaal goed te begrijpen wat ik hiermee bedoel zonder gedicht erbij – en dat heeft alles te maken met wat ik bedoel. Het gedicht bewaart het geheim oneindig veel beter dan ik in essayistische proza. Uit de nalatenschap van de dichter Chr. J. van Geel is onlangs een gedicht opgedoken, 'Zorg om vogels' heet het; het eindigt met deze strofe:

(ik) keek tot water stil
viel uit bewegen, wist
van helderheid geen raad.

De dichter kijkt met deze woorden naar een schaal water, bedoeld als drinkbekken voor vogels. Alledaagser aanblik is nauwelijks denkbaar, en toch weet hij zich van helderheid geen raad.

Door die paradoxale formulering wordt het gedicht een geheim – het beeld wordt steeds helderder, maar het ophelderend bewustzijn verliest zijn greep. In een hilarisch en inventief stuk in *Tirade*, 'Het Van Geel Alfabet', zegt poëziebeschouwer Guus Middag: 'daar ligt de grootste verrassing van dit gedicht: al die helderheid, stilte en bezinning leidt hier niet tot rustige overdenking of vredige bezonkenheid, maar regelrecht tot leegte, stilstand en radeloosheid.'

Ik weet eerlijk gezegd niet zo zeker of het gedicht als een hartekreet van radeloosheid kan worden beschouwd – ik heb het gevoel dat het gedicht daardoor anti-transcendentaler wordt gemaakt dan het is, als maakte het deel uit van des dichters proces om het universum als leeg en verlaten voor te stellen. Volgens mij wil het een gedicht zijn, en dus een openbaar geheim – niets meer en niets minder – een manier om iets *niet* te begrijpen, en het toch te zeggen.

Voor sommige mensen is alles wat neergeschreven wordt alleen van belang voor zover het een verklaring biedt voor iets, dan wel een handleiding is, dan wel een of ander uitsluitsel geeft. Een gedicht wordt in hun leeswijze op zijn best een soort rebus, een puzzel die heus wel oplosbaar is, maar de oplossing biedt vervolgens niets. Geen oplossing, althans. *Had dat dan meteen gezegd, in gewone woorden.* Maar dat kon de dichter nu juist niet. Want wat hij meteen zegt, in gewone woorden, is evenmin waar het om gaat.

Wat hij ook zegt – we weten van helderheid geen raad, er staat niet wat er staat. Die laatste ergerniswekkende woorden zijn van Martinus Nijhoff, met Van Geel en Ida Gerhardt de dichter van vermoedelijk de toegankelijkste, betreedbaarste raadsels van de vorige eeuw. In een gedicht als Nijhoffs *De wolken* komt geen enkele zin voor die in nog toegankelijker bewoordingen gezegd had kunnen zijn. Een kind en een moeder liggen op hun rug en kijken naar de wolken. De wolken krijgen namen. Later ligt het kind als vader op zijn rug naast *zijn* kind en weer zijn er wolken. En weer krijgen die namen. Dit is het gedicht waarin staat: 'de wonderen werden woord en dreven verder.'

Ik vermoed dat alles wat ik te zeggen heb over het tweede type geheim – het openbare geheim, in deze zeven woorden is opgevangen. Want dat doet een gedicht, zegt de Australische dichter Les Murray in zijn gedicht 'Poetry and Religion' – het vangt poëzie *op*, zoals een religie God opvangt. En dus niet *vangt*. Vergelijk het met Van Geels waterschaal. Als je die op een zeer heldere nacht op de tuintafel zet vang je met het zeer heldere water het uitspansel op. Alles wat er van op te vangen valt wiegt nauwelijks merkbaar in je schaal. Een ieder die over dit ongehoord *geringe*, en ongrijpbare, en in de wereld niet ingrijpende waartoe een gedicht, of een couplet, en soms: één regel bij machte is, zou spreken zoals hij wil spreken over de ontsleuteling van de raadsels der natuur, loopt zichzelf voor de voeten, en komt uiteindelijk niets te weten.

Harde, falsifieerbare uitspraken bestaan in dit domein niet; de zegging van een geslaagde dichtregel kan nooit bewezen worden, vreemder nog: hoe betekenisvoller hij is, des te onmogelijker hem in andere bewoordingen weer te geven dan die hij zelf gebruikt, jawel, we weten van helderheid geen raad, en dat we geen raad weten is waarom het poëzie is. Hadden we wel raad, dan gaven we die, dat spreekt, maar raad is geen poëzie.

Natuurlijk – wanneer de regel 'de wonderen werden woord en dreven verder' zijn speciale werk in je bewustzijn doet, dan is het beslist ook juist om het gedicht nader te onderzoeken, en je bijvoorbeeld het niet helemaal metrisch regelmatige van de regel te realiseren, en het allitererende spel met de w's, en het binnenrijm van werden en verder; en er is op intern literair en ook bijbels gebied veel te zeggen over wat er allemaal in deze zeven woorden meeklinkt – maar dat is allemaal zoiets als een geliefde van vlakbij mogen bekijken en je over de details van haar lichaam verbazen. Ze had haar bindende werk al gedaan, je was al geraakt, ze blijft mysterieus.

Waar de regel om vraagt is niet om een verklaring, maar om betekenis. Die zit niet alleen in de regel. Nogmaals, aan het *gedicht* op scherpe, wetenschappelijke toon vragen wat het betekent, alsof het de vertaling is van een andere, decodeerbare superstructuur, is potsierlijk. We kunnen hooguit tegen de beginnende lezer zeggen: dat 'dreven verder', dat slaat op de wolken. Dat de wonderen *woord* worden, dat is wat het jongetje doet door de wolken steeds een naam te geven. Maar wat het *betekent* dat wonderen woord kunnen worden, en dan weer wolk, verder drijvende wolk, dat kan het gedicht niet nog beter zeggen dan met deze regel.

(Misschien dat Johannes het met de eerste regels van zijn

Evangelie nog beter heeft gezegd, maar die regels zeggen, omdat zij het anders zeggen, toch iets anders: 'In den beginne was het Woord, en het Woord was bij God, en het Woord was God.')

Deze regels van Nijhoff zijn hoe dan ook voor altijd alles wat we er, letter voor letter, van af zullen weten. En de dichter wist dat, na enig gesleutel aan de regel tot hij, zoals hij vermoedelijk niet genoemd zal hebben, 'lekker liep': zo en niet anders is het goed.

Dat hij zag dat het goed was nemen we altijd aan, dat is de bijna orthodox-religieuze premisse van iedere goede verstaander. Wat we lezen is finaal, zelfs al staat in de voetnoot de variant die de regel een andere betekenis geeft. Die andere versie kunnen wij alleen betekenis geven door *die* als finaal te lezen. Dat heeft de dichter ook gedaan. Alles wat hij onder handen heeft wordt als finaliteit opgevat. Dat is de enige manier om woorden betekenis te laten opvangen.

*

Wanneer ik iets zou willen zeggen over de plaats van het geheim in religie, dan heb ik het over het openbare geheim, en dan gaat het au fond over het geheim dat religie *is*. Dat is de grote broer van het geheim dat poëzie is. Beiden zijn openbare geheimen. Iedereen kan elke dichtbundel kopen en ieder gedicht opslaan. Iedereen kan zich in elke Mis of dienst vergewissen van de rituelen, de gezangen en de teksten die het geloof uitmaken.

Religie is niet per se een *oudere* broer van poëzie. Voorstelbaar is dat ze op hetzelfde ogenblik zijn ontstaan, en als het ware convex en concaaf zijn van dezelfde lens. Ze zijn allebei afhankelijk van 's mensen geplogenheid tot symbolisch denken. Het is moeilijk voor te stellen dat het menselijk bewustzijn ooit zonder symbolisch denken heeft gekund – zonder iets dat meer was dan het was; zonder het woord dat nooit het ding is, en het ding dat met het woord nooit ten volle benoemd is.

Sinds de allereerste dode die door het eerste beseffend bewustzijn dood *gedacht* kon worden, wat zeggen wil: als dood en als ding beseft, weten mensen dat wat je ziet op doorslaggevende momenten op dramatische, verontrustende wijze niet is wat je ziet. Een dode is er, maar waar is de dode? Eenmaal verteerd of door de roofvogels opgepeuzeld is hij er niet, en toch is hij er op het moment dat we denken 'hij is er niet'.

We weten dat we denken, maar we weten, zegt Hannah Ahrendt, niet waar we *zijn* als we denken, en al helemaal niet waar ze uithangen, degenen die niet meer bestaan. Maar die er toch *zijn* zodra we ze denken of dromen – en dat uitgerekend juist op die ogenblikken dat we meenden te denken dat ze nu dan dus heus dood waren.

Geen enkele cultuur, zelfs de onze niet, is er dan ook helemaal in geslaagd om de dood dood te laten zijn, zo dood, bedoel ik, als de objectiverende rede, op de best denkbare, onweerlegbaarste gronden zegt dat dood is. Verdwijning is nooit verdwijning uit alles, ontzield nooit ontheugd.

Altijd is er poëzie geweest, en religie, de taal en de gebaren die iets wat er niet is aanwezig stellen, of waar maken zonder dat daarmee dat 'iets' grijpbaar, of overmeesterbaar of zelfs maar bestaanbaar, in ontologische zin, werd. Om een voorbeeld te nemen uit een meeslepend boek over het symboolgeneigde, sacraliserende denken – *De mateloosheid van het christendom* van Paul Moyaert: de peuk van de laatste sigaret gerookt door de geliefde dode vader kan een heilig voorwerp worden. Wat is menselijker dan dat? De peuk blijft een peuk, maar bevat de gestorvene. Hij wordt bewaard, de peuk, op een speciale, en misschien zelfs geheime plek, als een bezield iets dat zou sterven als het verloren raakte. Er wordt door de bewaarder beloofd, veelal zonder dit hardop te zeggen, dat de peuk *voor altijd* zal worden bewaard. (Hij wordt vergeten, de peuk – maar dat is een ander chapiter; we blijven sterfelijke wezens, tot alle onverschilligheid geneigd.)

Het lichaam van Christus is ongehoord lang op een dergelijke sacraliserende wijze bewaard gebleven – het feit dat de Kerk één dode op symbolische wijze langer dan wie dan ook in leven heeft weten te houden, zou, in onze tijd, die op het afgodische af het geheugen adoreert, en het letterlijke reproduceren cultiveert, een oneindig veel groter respect moeten afdwingen. We zouden ons op z'n minst kunnen afvragen wat er aan dit geheim zo onvergetelijke geheim is.

Moyaert stelt voor hier te spreken van incarnatie: de peuk incarneert de dode. Met deze term wordt uiteraard het aloude, beproefde katholieke vocabularium ingezet. *Et incarnatus est* is een van de artikelen van het Credo – het stelt vast dat Jezus de mensgeworden God is, en alleen als zodanig is hij begrijpelijk, of: geloofbaar, en wel door hem als een symbolum op te vatten: hij is een mens, beslist, en tegelijkertijd bevat hij God. Hij was een dode, beslist, een gespijkerde, voor iedereen zichtbare dode nog wel, en tegelijkertijd is hij God, en verrezen. Hij is als lichaam verrezen, beslist, maar tegelijkertijd was hij de onder Pontius Pilatus op een aanwijsbaar ogenblik gestorvene.

De katholieke Mis is de plek waar de tureluursmakende, en vaak verontrustende schat van het symbolum begraven ligt – van de heuse, onuitsprekelijke aanwezigheid, de *praesentia realis*, die in een lichaam verandert; en van een lichaam dat tot een heuse aanwezigheid transsubstantialiseert.

Hokuspokuswoorden, ik ben me er bewust van, ik zou ze misschien niet ergens anders moeten bezigen dan in een gedicht. Ze worden tijdens de Eucharistie, wanneer deze incarnatie in een symbool en een symbolische verorbering opgevangen en beleefd wordt, dan ook wijselijk *niet* gebezigd. Daar wordt eenvoudigweg gezegd: 'Dit is Mijn lichaam en Mijn bloed.' Niet dat dat helpt, zoals het beslist ook niet helpt dat even daarna 'Mysterium Fidei' wordt gezegd – dit is het mysterie van het geloof. Waar het symbolisch bewustzijn verdord is geraakt, helpt geen kerklatijn, zeker in een door en door protestante, antisacrale uithoek van de wereld als de onze.

Wat we bij meisjes tot tien aandoenlijk vinden, in de vorm van spelen met poppen, nemen we onszelf eenmaal volwassen kwalijk. Het is zelfs absurd, en dwaas, zeggen ze, en uiteindelijk zelfs gevaarlijk, om aan dode materie iets toe te kennen waardoor het gaat leven, en waardoor het, als alles wat bezield is, een beroep op je doet. Het maakt je bijgelovig en vatbaar voor totalitaire verleidingen. Het is, zeggen moderne mensen, even onzinnig als eerst zelf een schat bedenken, hem daarna begraven, en ten slotte des zondags met een zelfgemaakte kaart op zoek gaan naar die schat. En dan denken dat je beter bent dan andere mensen.

Ze zeggen dit, de waarschuwers, omdat ze aan hun water voelen dat het allemaal vermoedelijk nóg dwazer is: gelovigen zijn ervan overtuigd dat de schat echt is, en in het geheel niet zelfbedacht. Ze doen in het geheel niet alsof. Sterker nog: ze doen *altijd* alsof, alleen nu, al gelovende, niet. Er is niets aan de Pasen van hun Christus dat zij ooit zelf hadden kunnen bedenken; er is niets eigenmachtigs aan de Kruisiging – behalve dan het laten schieten, loochenen, verraden, vervolgen en vastspijkeren van Christus.

En dat is wat het symbolum aanwezig stelt: het schuldeloze lichaam van deze door 's mensen eigenmachtigheid gestorvene. Dit valt niet te veinzen. Dit is waarheid, of het is niet.

Ik besef dat als ik hier *als een* gelovige wil blijven spreken, ik mijn gedachtengang aanzienlijk moet verhevigen; mijn argument moet nu dwars door het muurtje van de scepsis heen geschoten worden.

Ik kan dat niet. Dit is het domein van het geheim zelf, dat alleen met godsdienstoefening betreden wordt, of op zijn minst: met een poëzie die verwant is aan bidden. Niet met sluitredenen.

Wat ik evenwel wel kan dat is: de aanloop nemen, en vertellen hoe het zit met het gitzwarte corpus op de muur van mijn nieuwe werkkamer. Dat corpus, dat iedereen die me op mijn werkkamer zou bezoeken kan zien, is voor mij onbegrijpelijk zolang ik zeg dat ik *doe alsof* het Christus is. Het hangt daar niet alsof.

*

Een jaar geleden kreeg ik, na mijn doop, van mijn stiefvader – die nooit officieel mijn stiefvader is geweest, want tot een huwelijk met mijn moeder is het na de verhuizing naar Laren, en naar het Riddergenootschap, nooit gekomen – een crucifix. Het corpus was van een zwart en glad soort brons; het kruis – ter lengte van een opscheplepel – was gammel. Het verticale deel was gebroken, het horizontale deel gespleten. Ik besloot het corpus eraf te nemen, wat alleen met een bijzonder kleine nijptang ging, want de nagels waren op schaal, en pinknageldun.

Het hout van het kruis gooide ik weg.

Het corpus legde ik boven op een kast, met zijn gezicht naar boven, en de nageltjes aan zijn voeteneind. De avond dat ik de vuilniszak met daarin de kruisresten op straat zette, las ik een artikel over Dorothy Day, de legendarische stichtster van de Catholic Workers in New York. Naast alle indrukwekkende en inspirerende wetenswaardigheden over haar werk voor daklozen en verslaafden, trof me het verhaal over de eerste Mis die in haar tehuis is opgedragen. Op een gegeven moment, na het Vaticaans Concilie, kon dat – een Mis ergens anders dan in de kerk. Die werd bij de Catholic Workers opgedragen door een priester die, bij wijze van kelk een koffiemok gebruikte. Daar ging enig liturgisch geharrewar aan vooraf – want kun je iets dat 's ochtends voor sterke koffie gebruikt werd wel aanwenden voor de distributie van het allerheiligste?

Ik heb een hekel aan gemuggezift, maar ik hou van de surrealistische ernst waarmee liturgie bedreven wordt, zoals ik van schakers houd, en van het geduld waarmee dichters wachten, desnoods jaren, op het ene ontbrekende rijmwoord. Na de Mis zette iemand de mok, die inderdaad als kelk had gediend, op het aanrecht. Dorothy Day, die een vurig temperament gehad schijnt te hebben, ontstak in toorn, pakte de mok en daarna een schep. Ze liep naar de binnenplaats, en groef daar een gat. Daarin droeg ze, in alle ernst, de mok te grave. Ik zeg in alle ernst, want terwijl ik dit verhaal las, en denkend aan de wonderlijke huiver die ik die dag had ervaren, toen ik het bronzen corpus van het kruis peuterde, begreep ik dat er geen grotere ernst bestaat dan die van Dorothy Day die een koffiemok ter aarde bestelt, omdat die het Sacrament heeft gedragen, en dus gewijd is, zoals ook het lichaam van Christus gewijd is.

Traagheid is een hoofdzonde; ik las deze geschiedenis in bed, en in slaap vallend nam ik mij voor de volgende ochtend de vuilniszak te openen voor de vuilnisman kwam, en de kruisresten te onderscheppen teneinde, ja wat?

Ik denk niet dat ik al een waardig plan voor ogen had. De volgende ochtend werd ik wakker van het geluid van de zwaar malende vuilniswagen die ons huis al voorbij was; het was alsof ik de resten van het kruis hoorde kraken.

Mijn stiefvader is een ex-katholiek. Hij had zich de crucifix herinnerd en hem op zijn zolder gevonden, nadat hij begrepen had dat ik mij zou laten dopen. Het was het beste cadeau dat hij had kunnen bedenken, zei hij, want de crucifix was van zijn vader geweest, die tot de dood gelovig was gebleven. Hij zei het niet met zoveel woorden, mijn stiefvader, maar ik begreep uit het feit dat hij mij dit cadeau gaf dat hij hoopte dat het mij gegeven zou zijn net als zijn vader tot in de dood gelovig te blijven.

(Ik heb die vader niet gekend, en mijn stiefvader heeft alles bij elkaar maar een paar jaar van mijn jeugd de rol van mijn opvoeder gespeeld. Hij is van onvervangbaar belang geweest, want hij heeft mij en mijn broer het Onze Vader en het Wees Gegroet geleerd. Dat was begin jaren zestig. Mijn stiefvader viel juist in de jaren van zijn verhouding met mijn moeder van zijn geloof, en vooral: van zijn betrekking tot de moederkerk. Voor mij is het allemaal achteraf een soort wondertje van de lege handen geweest: ik heb leren bidden van iemand die zelf niet meer kon bidden, en toen het geloof meer dan vijfendertig jaar later aan mij begon te trekken, was het Onze Vader, dat ik altijd als een soort waardenvrije, automatische mantra ben blijven zeggen, voor mij het feitelijke eerste sacramentele dat de heuse aanwezigheid bevatte. Althans, op gegeven moment werd duidelijk dat ik deze 'woorden die de Heer ons heeft geleerd' ook werkelijk tot een Aanwezigheid richtte, en dat er aan het andere eind van deze woorden ook werkelijk een oor was dat ze hoorde. Een onrustbarend zwijgzaam oor, soms, maar een oor.)

Van deze zelfde stiefvader had ik nu dan dus het sterk verwaarloosd kruis gekregen.

Een half jaar later betrok ik m'n nieuwe werkkamer, in de schuur in de tuin. Dit was een maand of drie geleden. Pas vorige week heb ik gedaan wat ik van meet af aan van plan was: ik heb het corpus, dat met zijn gezicht omhoog op een kast in de woonkamer lag, op de houten muur van mijn werkkamer gespijkerd, boven het raam, met dezelfde schaalmodelnagels als waarmee het in z'n oorspronkelijke kruis gespijkerd was geweest. Ik heb voor dit karweitje een speciaal klein hamertje gekocht, met een spitse kant die de zeer kleine nagels net kon raken.

Ik heb mij ervan vergewist dat de buren van de overkant mij niet zagen scharrelen – ik wilde beslist niet betrapt worden.

Ik was alleen, en waar mijn slappe lach wilde opkomen, precies daar maakte zich steeds een grote, en in zekere zin ongekende ernst van me meester. Ik ging erin op, al spijkerende – en tegelijkertijd wist ik dat als iemand mij zou vragen wat me bezielde, ik, om met de filosoof Paul Moyaert te spreken, in grote verlegenheid zou zijn gebracht. Hoe rechtvaardig je eerbied?

Ergens in *Brieven aan Josine M.* schrijft Reve: 'Wat is het toch een dwaas geloof, dacht ik, en tegelijkertijd liepen me de tranen over de wangen.'

Achteraf weet ik niet wat ik geheimzinniger vind – mijn plechtige, wilde ernst, of het feit dat dit kruis veertig jaar lang vergeten op een zolder heeft gelegen en plotseling, *als was het een mens*, herinnerd werd door een man die van mij houdt. Dood is niet dood.

Christus hangt niet *bij wijze van spreken* boven mijn raam.

Nijhoffs moeder wordt bevat door de woorden van zijn gedicht.

Et incarnatus est – alles is bij God, en God is nooit, nooit te beroerd om aanwezig te zijn in het vlees, het lichaam, het woord waarvan wij eerbiedigen dat het Hem bevat.

En de vraag is voor mij steeds maar: wat zocht mijn stiefvader toen hij het kruis zocht?

Wat maakte *dit* kruis uit?

Het is het meest gereproduceerde ding op aarde – hij had me om het even welk fabrieksmatig vervaardigde crucifix kunnen geven, en dan bijvoorbeeld doen alsof het van zijn familie was. Maar nee – hij heeft zijn zolder overhoop gehaald voor dit kruis, dat door zijn vader vereerd is geweest. Dat wil zeggen: hij herinnerde zich hoe *werkelijk* het kruis was geweest. Deze herinnering aan realiteit, die door zijn gelovige vader dagelijks en zichtbaar beleefd en geëerbiedigd is geweest, *is* de herinnering aan een levende. Aan zijn vader. Maar die is dood. Al veertig jaar. Het kruis niet. Dat lag ergens. Volkomen reëel en tastbaar lag het te liggen.

Voor het sacraliserend, symbooleerbiedigend bewustzijn staat nu vast dat het kruis in kwestie al die veertig jaren de drager is geweest, niet alleen van Christus, maar ook van de vader. Of, zoals Paul Moyaert, in zijn onschatbare boek *De mateloosheid van het christendom*, het zegt: 'de laatste peuk van mijn vader denkt in mijn plaats aan mijn vader.'

Ik kreeg het kruis wellicht als aandenken, maar het is iets anders. Het is wat Miguel Unamuno, die zijn leven lang heeft trachten te begrijpen wat de Verrijzenis voor hem betekende, verwoordt in het gedicht 'Het levende boek van de dode vriend', in de vertaling van Robert Lemm:

Ik leef jou als ik je lees,
en jij leest mij, al ben je heen.
Heen? Wat is dat?

*

Het kan zijn dat de sacramentaliserende symboolgevoeligheid tot dwaasheid leidt, tot volwassenen die graven delven voor koffiemokken, en zeer oude gemijterde mannen die de bebloede voeten van een jonge man omarmen, en gebeden gericht tot iemand die je gebed al kent voor je het uitspreekt. Maar de grootste dwaasheid is ongetwijfeld de heldere ernst waarmee het allemaal wordt gedaan. Die verraadt dat de deelnemers zich er door en door van bewust zijn dat waar het ze om gaat niet zou bestaan als zij zich er niet over ontfermden.

Zo bewust zijn zij zich hiervan dat ze het al celebrerende vergeten, zoals, om Jan Hanlo te citeren, een kind vergeet dat zijn spel spel is. Vergelijk het met de zeepbel, die voor de blazer alles is zo lang hij in het blazen opgaat; of met de pasgeborene die ogenblikkelijk *iemand* is, met een naam, 'en een heel leven voor zich' – terwijl het heel wel mogelijk is dat hij een hersenafwijking heeft waardoor hij zich van zijn naamgevers zelfs nooit *bewust* zal zijn; of met, nogmaals, de dode die een ding geworden is en tegelijkertijd *alles* van de achterblijvers vergt: als die hem niet levend denken is hij, inderdaad, morsdood.

Vergelijk het met alles wat gering en zwak is, en in feite, als een voor het eerst glimlachende zuigeling, om onze oneindige ontferming vraagt.

Vergelijk het, kortom, met het ene, armzalige leven dat een Galileeër uit het jaar nul gaf om symbool te worden van de vergeving. Niets minder wordt door het sacramentaliserend geloof in één Symbolum opgevangen, het lichaam van de sterfelijke God, en dit Symbolum vergt op zichzelf weer onze oneindige ontferming, in de vorm van liturgische eerbied.

Dit is het finale openbare geheim: het fragiele, dwaze, op zichzelf niets betekenende, in symboolarme, positivistische ogen volkomen *lege*, en overbodige sacrament heeft *ons* nodig om datgene te worden wat wij, op onze beurt, nodig hebben om te beginnen te pogen het gevergde, ontfermende leven te leiden: de werkelijke aanwezigheid van God.

Het zingt rond als een oude radio, het is me bekend. Ik vrees dat dát het aanstootgevende is aan het openbare geheim dat geloof is. Het laat zich niet in andere bewoordingen en gebaren en werken dan zichzelf weergeven, net als poëzie. Het vraagt om orthodoxie – wat iets anders is dan fundamentalisme. Het is geheim omdat het de beoefenaar tot de hoogstpersoonlijke, onvervangbare behoeder van het geheim maakt. Het gedraagt zich als een taboe; vrijwel ogenblikkelijk is alles wat je erover zegt een schending. Je moet het intact laten. Iedereen afzonderlijk moet dat doen, als onvervangbare, in een menigte van onvervangbaren. Altijd op zoek naar een geheim dat hij al in handen heeft, altijd hopend op een teken van een andere onvervangbare die hetzelfde niet begrijpt, altijd de kaart raadplegend die hem zal wijzen waar hij al is.

*

Hebben we het over de plaats die het geheim in ons wetenschappelijke wereldbeeld inneemt, dan citeer ik, tot slot, wat Roger Scruton in zijn *Filosofisch denken* over blozen schrijft. Blozen is een veelbetekenend verschijnsel waar we in onze objectiverende, schaamte overbodig verklarende, zonde en schuld wegredenerende tijd weinig raad mee weten.

Iemand die, bijvoorbeeld door de aanwezigheid van een geliefde in spe, begint te blozen, ontdekt dat hij zich niet meer in zijn eigen lichaam kan verschuilen. Zijn 'ik', zegt Scruton, wordt over zijn oppervlak verspreid. Zijn lichaam houdt op dat moment op zijn instrument te zijn.

Iemand zien blozen is: een geheim bijwonen. Alles zou je willen weten – wie, wat, welke aanwezigheid van welke misschien zelfs afwezige, maakt hem zo doorzichtig, zo openbaar, zo gekend? We weten tegelijkertijd dat alles wat we te weten zullen komen niet de ontraadseling van het geheim is. 'Het', dat wat de blos om zo te zeggen *incarneerde* – zal nooit van ons worden.

We zullen allen afzonderlijk zelf moeten blozen om te ervaren wat ons tot blozers maakt. En verzuchten: voilà, mijn geheim.

We leven in een woud van blozingen. Als we meer leefden zoals de poëzie en het geloof het, op hun beste momenten, van ons vergen – dan zagen we met symboolgevoeliger ogen, en dan was het alsof de betekenis, het 'ik' van alles, de bedoeling, zich over de werkelijkheid verspreidde. Als een onzichtbare blos, die geheim maakt wat we kennen; mysterieus wat we zien; aanwezig wat we missen. We zagen wat we verlangden; we kregen wat we verlangden: meer verlangen.

Onze Lieve Vrouwe van de Schemering

Het is alweer lang geleden, dat ik van iemand hield die niet van film hield.

Ze had de taal ervan niet leren kennen.

Zij was mijn grootmoeder van vaders zijde. Ze was van 1897. Ze is in 1979 gestorven. Gedurende haar laatste jaren had ze een televisie. Als ik haar vroeg naar een film waarvan ik hoopte dat ze hem op de tv had gezien, zei ze dat ze heus geprobeerd had om hem te bekijken, maar dat ze er haar aandacht niet bij had kunnen houden. Telkens wanneer ik begrijp waar iemand is, zei ze, en wie iemand is, dan wordt het afgebroken en dan zie ik iemand anders ergens anders, of, wat nog raarder is, dezelfde iemand ergens anders *terwijl er geen tijd verstreken is*. Het is, zei ze, allemaal zo springerig.

Oma Ottens probleem was de tijd.

Zij moet een van de laatsten zijn geweest die het principe van de aan elkaar geplakte reepjes tijd niet meer echt heeft doorgrond. De verschillende blikken, verschillende camera-instellingen, verschillende locaties vermoeiden haar, de beeldsequenties werden voor haar geen zinnen.

Zij luisterde om zes uur 's middags altijd naar het radionieuws, dat ze, omdat ze dover was geworden dan ze besefte, luid aan had staan.

Als er gezegd was: 'tot zover het nieuws; dit was de nieuwsdienst ANP', dan stond ze op van de grote tafel met het prikkerige Perzische tapijt dat ze al die tijd met twee vingers van haar rechterhand had gestreeld, schakelde de radio uit die nog even door bleef zoemen, en ging weer zitten.

In mijn herinnering is het tijdens deze scène herfst.

Ongeacht de inhoud van het zojuist meegedeelde nieuws bleef oma Otten tapijtstrelend zitten schemeren.

Ze schemerde in bijzijn van mij en mijn broertje tot er niets meer te schemeren viel en het donker was.

Soms hoorde je lijn 2 gieren in de bocht van de Koninginneweg. We zaten aan de Vondelparkzijde van het huis. Het was alsof het nieuws als een stofwolk langzaam neersloeg en er heerste een stilte die almaar schemeriger werd.

Stilte en schemering – de twee geheime agendapunten van mijn opvoeding; de twee grootheden die *op de rand van verveling* ontstaan, en waar ik misschien wel het dankbaarst voor ben ze te hebben leren ervaren.

Ook ik zal, net als Oma Otten, op een dag ontdekken dat ik voor een jongste ontwikkeling te laat geboren ben. Maar ik ben *niet* te laat geboren voor de ervaring van lege uren.

Ik moet dankbaar leren zijn voor mijn dorheid.

Ofschoon ik veel over film nadenk, en ik niet zou weten wat voor schrijver ik zou zijn zonder haar, had ik een deel van de nu volgende gedachtegang ook kunnen ontvouwen in 1893, toen niemand nog een filmbeeld had gezien. De dingen waar ik het over heb waren er toen ook – in het naturalistische drama van Ibsen, in de negentiende-eeuwse Russische romankunst, in de geschiedenis van de tragedie. Het idee dat een mens zichzelf uiteindelijk verwezenlijkt in een scène, staande tegenover een ander, of anderen, bekeken en beoordeeld door een publiek; en dat er over zijn lot beslist wordt door de daad die hij zal verrichten (of nalaat te verrichten) – en dat de hamvraag zal zijn: was ik vrij, of was ik gedetermineerd; en dat het antwoord op deze vraag een mysterie is: uiteindelijk worden mensen tot hun daden gedreven en toch zijn ze verantwoordelijk – al deze kwesties en noties en hun provisorische antwoorden en tegenwerpingen bestonden al lang voor de opkomst van de filmkunst, en zijn sinds de opkomst van de film van kracht gebleven.

Dankzij de uitvinding van het bewegende fotografische beeld kunnen we iets waarnaar ook door onze nog filmloze voorouders van oudsher ten zeerste verlangd werd. We kunnen het verstrijken van de tijd vastleggen, en het vervolgens reproduceren en voor altijd bewaren. Volgens de essayist André Bazin is de filmkunst zelfs uitgevonden *omdat* we een diep en onlesbaar verlangen hebben naar balsemen; voor eeuwig fixeren; mummificeren. Doden, dieren, herinneringen: we zetten ze als vogels op. We willen iets maken dat *niet* door tijd wordt aangetast. En ten slotte hebben we met film geleerd iets te maken dat de tijd zelf balsemt. Of, zoals Andrej Tarkovski het noemt: verzegelt.

Is een tekst, een verhaal of een roman dan geen verzegeling van een rivier van ervaringen?

Het verschil tussen een roman en een film is dat wanneer er in een film een rivier stroomt, bijvoorbeeld omdat we met een biezen mandje meekijken dat uit het zicht verdwijnt – dat we dan de exacte tijd die het duurde om uit zicht te drijven kunnen herhalen; terwijl in het boek Exodus weliswaar *gezegd* wordt dat het biezen mandje wegdrijft, maar dat doet het niet gedurende een afgebakende spanne tijds.

Deze letterlijkheid van duur is én het domme én het geniale van film.

Als de camera ten tijde van Mozes had bestaan, en zijn verzorgster had het benul gehad om het wegdrijven van haar kind op video vast te leggen, dan zou het verhaal van het biezen mandje op een totaal andere manier in ons collectief bewustzijn zijn overgeleverd. Er zou wellicht een cultus van dit reepje videotape zijn ontstaan; een tempel waar op gepaste tijden de Verdwijning van het Biezen Mandje zou worden vertoond.

In een gunstig geval.

Aannemelijker is dat Mozes, die immers een verklaard tegenstander zou worden van gesneden beelden, ook tegenstander zou zijn geweest van verzegelde tijd. Hij begreep dat wil iets werkelijk buiten de tijd geplaatst zijn; wil het werkelijk daar terechtkomen, generatie na generatie, waar het een eeuwig leven kan lijden – het onzichtbaar moet zijn. Denkbeeldig. Een formulering, en zelfs: het verbod op de formulering.

Mozes wees, maar legde niet vast. Of althans: als hij al vastlegde, dan puntsgewijs, per ongeïllustreerde Stenen Tafel.

Alles in zijn leven is erop gericht geweest om het Voornaamste niet grijpbaar, manipuleerbaar, begrensbaar te laten zijn. Het moest verinnerlijken, en blijven wat het moest zijn: een buitenbereikbaarheid. Zelfs van Mozes' eigen graf kunnen we ons geen voorstelling maken, want er staat geschreven dat hij onbegraven is gebleven.

Tegenstrijdigheid. Hoezeer mensen al sinds hun rotsschilderingen ernaar hebben gestreefd om hun beelden, hun gestorvenen en ervaringen te verzegelen en buiten de tijd te plaatsen (met als technisch hoogtepunt de ontwikkeling van het bewegende, registrerende beeld), kennelijk hebben ze, ongeveer met ingang van Boek Exodus, ook altijd begrepen dat de ware overwinning op de tijd iets anders zou kunnen zijn: de ontzegging van beeld.

Bij de Grieken heeft het, van Socrates, de naam *idee* gekregen.

Even sterk als de bijna instinctieve hang naar balsemen, afbeelden, mummificeren, reproduceren (allemaal au fond magische, fetisjistische verrichtingen), is de hang naar het onuitsprekelijke, niet recapituleerbare.

De filmkunst is in mijn ogen dan ook bij uitstek het strijdperk waar het verlangen naar het magische en dat naar het transcendente elkaar treffen. Met de kunst die het verstrijken van de tijd letterlijk kan verzegelen, seconde voor seconde, kan opnieuw op symbolische wijze het verlangen worden ingelost, en de dood overwonnen worden.

We kunnen Greta Garbo op het toppunt van haar schoonheid, anno 1936, het vluchtigste van alles (haar blik) zien opslaan, en zien opslaan, en zien opslaan – en tegelijkertijd beseffen we dat onze genialiteit haar ouderdom en haar dood niet ongedaan heeft gemaakt. Er wordt een *magische* overwinning geboekt. Garbo is wel degelijk dood, en verdwenen, en nergens niemendal meer.

Ingmar Bergmans onthutsend wrede beschrijving van Greta's gerimpelde bovenlip: wie die in zijn autobiografie *Laterna Magica* gelezen heeft, beseft dat de herhaalbaarheid van haar schoonheid het mensen *niet* gemakkelijker heeft gemaakt om het feit van haar verval te aanvaarden. Garbo heeft zich dan ook na haar zestigste voor alle camera's verborgen weten te houden, en dat was beslist Mozaïsch gedacht van haar. Ze wilde wel degelijk een idee worden, iets wat, ofschoon zij leefde en aanwijsbaar was, niet meer afgebeeld mocht worden.

Ze werd een relikwie, in een tijd die niet meer in heiligen, en al helemaal niet in hun botten kan geloven. Onze tijd gelooft alleen in eeuwige jeugd en in de technische middelen om die te verwerven.

Op deze poging tot zelfsacramentalisering van Greta Garbo nam, zo zie ik het, Bergman wraak. Als een echte iconoclast. Hij gedroeg zich in zijn beschrijving van haar bovenlip als de Calvinistische Camera die zij probeerde te ontwijken. Hij was liever geniaal en vernuftig en *dodelijk*, dan goedertieren. En zij was liever een idee dan zichtbaar zwak.

Allebei vreesden ze de tijd, de aftakeling.

Geen van beiden kon vertrouwen op erbarmen.

De verzegeling waartoe film bij machte is, heeft de wereld veranderd. Niet alleen worden we bedolven onder reepjes letterlijke tijd – die reepjes zijn ook voortdurend expliciter, letterlijker, onbarmhartiger, transgressiever geworden. De magische supermacht die we in handen gespeeld hebben gekregen moet, zoals altijd bij macht het geval is, ook worden uitgeoefend.

Zo is het steevast gegaan met de grote uitvindingen, of het nu het buskruit, de relativiteitstheorie of de DNA is – ze worden zo aangewend dat we afhankelijk van ze worden. Ze lossen grote, kwellende problemen op – maar we raken aan de oplossingen verslingerd, de producenten worden onze dealers.

De tegenstrijdigheid is dus dat wat aanvankelijk bedoeld was om verlies, dood, verdwijning, tijdelijkheid *ongedaan* te maken, nu een buiten zijn oevers tredende rivier van momenten is geworden waarop gestorven wordt, en verloren, en kapotgemaakt. De magie is in zijn tegendeel verkeerd: de doden worden, omdat hun teloorgang onophoudelijk wordt vastgelegd en gereproduceerd, steeds maar doder.

Wat film teweegbrengt kan alleen film oplossen.

Dat de film is uitgevonden en ontwikkeld, verraadt ondanks alles een soort tegenverlangen – naar iets anders dan reproductie en registratie. Er bestaat zoiets als een hartstocht voor stilte – voor beelden die zich gedragen als stilte.

Stilte is iets anders dan afwezigheid van geluid. Ik heb een keer een uur doorgebracht op de stilste plek van Nederland, en ook van de wereld – en dat was in de Volmaakt Geluidsdichte Cel van een akoestisch onderzoeksinstituut in Delft. Een lage ruimte ter grootte van een kwart klaslokaal waarin geen enkele trilling door kon dringen.

Al na een paar minuten had ik de sensatie binnenste buiten gestulpt te worden. Het was alsof mijn oren in plaats van minder te horen zelf hoorbaar werden – in de vorm van een net de geluidsgrens te boven gaand geruis, of getuit. Tegelijkertijd werd alles aan mijn lichaam dat *kon* klinken hoorbaar. Het was alsof ik mijn bloed hoorde ruisen, mijn hart hoorde bonzen, mijn keel hoorde klateren telkens wanneer ik slikte. Deze sensatie zelf geluid te worden leek op een bepaalde manier op pijn lijden. Een blootgelegde zenuw worden.

Met stilte had het niets te maken.

Stilte is integendeel: een vorm van horen. Je hoort geluiden die zo zijn geordend dat je ze elk afzonderlijk kunt horen; en omdat ze elk afzonderlijk hoorbaar zijn kan het lijken alsof ze niet van buiten maar van binnen klinken. Er is een titel van een boek van Anton Koolhaas die de belofte die zo'n ervaring van betekenisvolle, binnen- en buitenwereld met elkaar in evenwicht brengende stilte onder woorden brengt: *De geluiden van de eerste dag*.

We hebben film nodig om te ervaren wat film met ons doet.

We verlangen, bedolven onder de beelden, naar de film die, net als mijn grootmoeder, schemert, en ons naar binnen leert kijken.

Uiteindelijk meet ik een kunstwerk, maar vooral: een film, naar de blik die hij op mijzelf, en op mijn binnenste, leert werpen.

Anders gezegd: film is ook poëzie.

Hedendaags verrijzen

Er is, aan het einde van de eerste eeuw van de film, die in 1998 eindigt, sprake van een obsessie met verloren gegane foto's en vooral: reepjes filmbeeld. Zo zijn ze zeven seconden film met Anne Frank erop kwijt. Weliswaar krijgen we die zeven seconden op tv elk uur per kopie te zien, maar er zijn dus ook *echte* zeven seconden, de eerste afdruk van een al eveneens verloren negatief. En die worden bijkans even echt als Anne Frank is geweest. De speciale deining die het veroorzaakt doet vermoeden dat er iets irrationeels op het spel staat.

Ik zie de obsessie met geregistreerde beelden, zoals die ook in de eenentwintigste eeuw is blijven voortwoeden, als een complex, een symptoom. Er is volgens mij zelfs sprake van een religievervangende cultus, waar het om onze omgang met foto's en filmbeelden gaat. De zeven seconden Anne op het balkon bestendigen een fictie waar we volgens de heersende opinie *eigenlijk* van vinden dat die allang van tafel geveegd had moeten zijn. De fictie dat er ergens een ergens is waar de doden niet dood zijn. Dat er een wederkeer bestaat. Dat de tijd overwonnen kan worden.

Ik gebruik hiervoor het woord fictie, in navolging van de Amerikaanse dichter Wallace Stevens en zijn dichtregel: 'Poetry is the supreme fiction, madame.' De Nederlandse filosoof Theo de Boer zou het een *fenomeen* noemen, een wijze waarop het bewustzijn iets kan laten 'bestaan', zonder dat je het kunt waarnemen. De poëzie is zo'n fictie. Maar ook het Laatste Oordeel. En het 'mu', het Niets van het zenboeddhisme. En degene tot wie je je richt wanneer je bidt, de 'U' waar bijvoorbeeld Augustinus zich in zijn *Belijdenissen* toe wendt. En dus ook het gebed. Allemaal fenomenen, ficties die breder zijn dan een vrucht van literaire verbeelding alleen. Ze 'richten een bestaan', zoals Wittgenstein het in *Denkbewegingen* formuleert.

En natuurlijk is Wederopstanding ook zo'n fenomeen. Dat wil zeggen dat zij niet bewezen kan worden. Zij 'bestaat' niet zoals, zeg, de verklarende idee van de natuurlijke selectie bestaat. Kon de Verrijzenis van Christus tot een dergelijk falsificeerbare verklaring worden gedacht, dan hoefden we er niet in te geloven. En we hoefden het al helemaal niet af te wijzen.

De vreemde, altijd gissende wijze om iets waarvan je weet dat het onbewijsbaar is toch bestaanbaar te laten zijn, dat is geloven. Zoals je in één keer ervan overtuigd kunt raken dat de aarde om de zon draait, en dat is dan dat, zo kun je op, zeg, het denkbeeld van de erfzonde *niet* zomaar ja zeggen, zonder dat het je leven beïnvloedt: ben je er eenmaal van overtuigd dat de mens tot het kwade geneigd is, dan wordt het leven een oefening, een durende, wil-achtige activiteit *tegen beter weten in.*

Het verrijzenis-complex speelt om de haverklap op. In het jaar 1997 bleek fotomateriaal, gemaakt door Nederlandse VN-soldaten tijdens de val van Srebrenica, in het lab verknoeid te zijn. Dat was het moment waarop de schande tot het grote publiek door begon te dringen. We (de Nederlandse VN-troepen) waren niet alleen gedwongen geweest duizenden levens te laten schieten; we hadden ook nog hun wederopstanding in de vorm van een registratie laten sterven. We zullen ze nooit meer te zien krijgen, deze vermoorde mannen. Er is ander materiaal dat we wel te zien hebben gekregen, dus we kunnen ons best een voorstelling maken van wat we te zien hadden kunnen krijgen. We weten, in analogie met fotografische beelden van bijvoorbeeld joden in 1943 in Westerbork, hoe ze eruit zien, de beelden van mensen die uitgeselecteerd zijn, en ten dode opgeschreven, *maar zij leven nog.* De foto's waren veel meer dan bewijsmateriaal. Ook de Srebrenica-beelden hadden ons een verschrikkelijke, beschuldigende ontroering zullen bezorgen. We zouden *echte mensen* hebben zien leven gedurende de laatste uren voor hun dood. Ze zouden, net als de namen in Gods handpalm, onuitwisbaar zijn, als een brief die altijd opnieuw geopend zou kunnen worden. Ze zouden, in principe, even vererenswaardig zijn als relieken voor een Middeleeuwer. En ze zouden ons voor altijd aanklagen: waar was je toen wij er voor het laatst waren?

Maar het is niet alleen een poging tot het uitwissen van schuld, het verknoeien van zulk materiaal staat ook nog gelijk aan grafschennis, of aan kerkdiefstal, of aan sacramentbesmeuring. Het moedwillig verknoeien zou een kwaad zijn zoals in onze eeuw communistische en nazistische bureaucraten zich hebben gepermitteerd. Ik geloof dat dat de ondergrond van de algemene sensatie van schande is. En ik zie deze sensatie als een aanwijzing temeer dat de mythe van de verrijzenis onze cultuur nog lang niet heeft verlaten, hoe fervent de leer van dood is dood, en 'na ons komt Niets' ook wordt beleden en onderwezen. Een verrezene drukt degene die hem ontwaart op de vreselijke vraag: waar was je toen ik je nodig had?

Om de kracht en de waarde van de verrijzenismythe te leren kennen, kunnen we ons richten op de kunstvorm die juist het einde van de mythe leek te zullen bezegelen. De filmkunst. De kunst van de registrerende camera.

*

Toen de film een eeuw geleden, nog net in de negentiende eeuw, zijn intrede deed, leek de zoveelste overwinning geboekt te zijn op religie en *make-believe*. Een camera registreert *wat het geval is*; het tijdperk van geloven met je ogen was aangebroken. Geloven met je ogen is het tegenovergestelde van geloven. Het is weten. We raakten in de ban van een maaksel dat ons welis-

waar keer op keer deed uitroepen 'ik kan mijn ogen niet geloven', maar het *gebeurde* toch maar, het ongelooflijke. En we raakten als heuse idolaten verslaafd aan dit ongelooflijke, dat altijd
geloofwaardig moet zijn, en *reëel*, almaar echtere Titanics in almaar koudere zeeën.

En toch bewaart de filmgeschiedenis, deze laatste erfenis
van het negentiende-eeuwse positivisme, een schat. Dat zijn de
films die tezamen de Traditie van het Transcendente uitmaken
ongetwijfeld – een schat aan kennis omtrent het onbestaanbare.
Het begrip 'transcendental style in cinema' is van de Amerikaan
Paul Schrader, scenarist van onder meer *The Last Temptation of
Christ*.

De paradox is blatant: in een film die tot deze traditie behoort, wordt gepoogd het onbestaanbare te tonen. In de klassieke Deense film *Ordet* (Carl Dreyer, '53) verrijst er een moeder die in haar kraambed is gestorven, uit de dood. Dit is bui-
tenmenselijk; het gebeurt nadat erom gebeden is. Buitenmen-
selijk, of goddelijk, betekent hier eenvoudigweg dat het volgens
rationele natuurwetten niet kan gebeuren, en toch gebeurt het.
Ook door verstokte atheïsten wordt deze verrijzenis-scène beschouwd als een van de absolute hoogtepunten in de filmgeschiedenis. Als iets ooit echt 'cinematografie' is geweest, dan *Ordet*. De film heeft filmmakers geleerd wat film kan.

Ook voor mij, als filmgenieter, is het einde van *Ordet* een
sleutel tot begrip van wat film, de filmkunst, met mij voor heeft.
Ik realiseer me dat dit vreemd, en zelfs enigszins primitief klinkt.
Mensen *maken* films, dus bepalen zij zelf waarom zij filmen, zou
je zeggen. Beweren dat film, als kunstvorm, 'iets met mij voor
heeft' is magisch denken. Ik keer op deze manier de zaken om,
en projecteer mijn bedoeling in het werktuig, ongeveer alsof ik
zei dat de hamer van mij wil dat ik sla.

Toch zijn er filmers, niet veel, die films maken omdat zij ervan overtuigd zijn dat er zoiets bestaat als 'het filmische'. En zij
zullen tezelfdertijd zeggen dat het filmische onverfilmbaar is. Ze

gedragen zich als Mozes: ze geloven dat 'het' nooit in beeld te vangen zal zijn. En toch maken zij films, zoals Mozes in zijn onbenoembare God bleef geloven, en Hem zocht te zien. Zulke filmmakers beschouwen het filmbeeld als transcendent; het beeld waar het ze eigenlijk om gaat vormt zich *ergens anders dan op het filmdoek*, en wel in het hoofd van de toeschouwer. Het overstijgt het zichtbare. Er is hier een krachtige analogie met poëzie, waar de betekenis zich tussen de regels ophoudt, of in het wit. Betekenis staat niet in het gedicht, maar ontstaat in het hoofd van de lezer. In dit verband springt weer het fenomenale zinnetje van Nijhoff overeind: lees maar, er staat niet wat er staat.

De filmkunst in deze zin zoekt het beeld waardoorheen je naar het ongrijpbare, innerlijke beeld kunt kijken. Maar misschien is dit niet de formulering, en moet je spreken van het beeld dat het onzichtbare realiseert, of transsubstantialiseert, of incarneert. Latinismen, die naar kerk en christelijke mystiek rieken. Hoe het ook zij – je beschouwt de filmkunst als een beeldvoering die 'het' niet prijs geeft. Een film zien wordt een zoektocht naar de ervaring van iets a priori onvindbaars, dat niettemin pal voor je ogen wordt geïncarneerd.

*

Het grote filmmakersmysterie is de tijd, die de mens, sinds hij zich van de camera bedient, *letterlijk vast kan leggen*. Seconde voor seconde kan hij de tijd laten verstrijken zoals zij verstreek toen hij de beelden vastlegde.

Tegelijkertijd weet hij dat tijd op een bepaalde manier niet bestaat. Iemand die volkomen wordt gegrepen door filmbeelden merkt helemaal niet dat de tijd verstrijkt; na afloop van de film zal hij het gevoel hebben, net als wanneer je ontwaakt, dat er nauwelijks tijd verstreken is. En ook *binnen* de film kan een filmer ons de illusie bezorgen dat er dagen, en maanden en zelfs eeuwen zijn verstreken. Of hij kan juist een fractie van een seconde zo volproppen met tijd, dat zij in feite een minuut duurt.

De film heeft de mijn van de tijd opengelegd. Mensen hebben altijd geweten dat er een fascinerend verschil bestaat tussen tijd zoals gemeten, 'reële' tijd, en tijd zoals ervaren, dat wat Henri Bergson 'duur' noemt. Mystici hebben ons verteld dat er in een moment van verlichting een eeuwigheid kan zijn opgesloten; de dichter Tranströmer vergelijkt onze belevenis van tijd met de doodskist van Lazarus, waarin te horen zijn 'de bonkende vuisten van de opgesloten eeuwigheid'.

Time within Time – deze boektitel van de Russische filmmaker Andrej Tarkovski is in feite de supreme fictie van de filmkunst. Het tuimelende idee dat er in elke spanne tijd *oneindig veel tijd* is opgesloten. En het zilverkleurige filmblik met daarin, gewonden om een spoel, de verzegelde tijd, is er het symbool van.

De oude, religieuze gedachte dat er in de tijd tijd besloten ligt; dat we tijdens de Eucharistie bijvoorbeeld deel kunnen uitmaken van de Tijdloze Tijd van Christus; dat er zoiets als eeuwigheid bestaat *omdat* er tijd verstrijkt, en alles wat in *onze* tijd verdwijnt, ergens elders in een andere, met ons bewustzijn en ons geloof afsmeekbare en opnieuw verstrijkbare tijd bewaard blijft – die 'tijd-in-de-tijd'-gedachte is met de uitvinding van de film een nieuw, opwindend, fantasierijk leven begonnen.

Of het nu Spielbergs *Back to the Future* is, waarin het personage terug in de tijd kan om iets te herstellen wat in het heden is misgegaan; of Kubricks *2001. A Space Odyssey* dat begint met Neanderthalers die voor onze ogen het eerste werktuig uitvinden, en dat eindigt met een door de eeuwigheid drijvend ruimteschip dat zich van mensen bedient als waren zij de werktuigen; of de in 1997 verloren geraakte zeven seconden Anne Frank die echt zeven seconden uit 1942 van Anne Frank zijn – we zijn doende de tijd te weerleggen. Dat is de tureluursmakende titel van een klassiek essay van Jorge Luis Borges: 'Een nieuwe weerlegging van de tijd.'

Ik zie deze grote inspanning om uit de ene, onherroepelijk verstrijkende tijd reepjes tijd los te denken die ertegenin lijken te verstrijken als een cultus, met de amusementsindustrie als kerk, gedomineerd door filmregisseurs als priesters. De inzet is onmiskenbaar transcendent. Beloofd wordt *een andere wereld*.

Bij de dood van Bergman

Horende dat Ingmar Bergman (1918) gestorven was, heb ik *Wilde aardbeien* opgezet. Dat kan sinds begin jaren '80: een cinematografisch meesterwerk uit je kast nemen als was het een boek, en het opzetten. Veel werk van Bergman is bij uitstek voor televisieformaat en huiskamer geschikt. Eigenlijk wilde ik alleen maar het begin van de film zien – de droom van de hoofdpersoon, waarin hij door een zonovergoten godverlaten stad loopt en een begrafeniskoets ziet die tegen een lantaarnpaal aanrijdt, waardoor de doodskist op straat glijdt. Als de hoofdpersoon, gespeeld door de oude filmregisseur Victor Sjöström, in de kist kijkt ziet hij zichzelf liggen. Zijn alter ego pakt zijn hand en begint aan hem te trekken.

Het zijn beelden uit het jaar 1957, van toen ik nog niet kon lezen. Ze griffen zich in je geheugen, toch heb je ze nooit echt goed onthouden. De klokken zonder wijzers, de doodse 'technische' stilte, de hartslag die je even hoort (voor het eerst in de geschiedenis werd dit effect gebruikt), het wiel dat van de koets losraakt en Sjöström omverrijdt, de hand uit de kist. Niemand weet hoe doodzijn gaat, en het is niet eens Bergmans bedoeling óm het te laten zien, hij weet als geen ander dat de dood zo lang we leven alleen maar een droom is – en toch is deze beeldsequentie deel gaan uitmaken van het Onvoorstelbare.

Het is me niet gelukt om het bij deze beginbeelden te laten. Ik ben alle negentig minuten blijven kijken, en dat is maar goed ook, want welbeschouwd is de droom niet te harden. Bergman heeft nooit mooi weer gespeeld met zijn angst voor de dood. Hij had de moed om zich genadeloos dát voor ogen te toveren wat hem bevreesde – en dat was niet zozeer fysieke pijn of geweld, als wel... niets. Want dat is het angstaanjagende aan het begin van *Wilde aardbeien*. De serene, geluidloze verlatenheid. De volkomen zwijgende eenzaamheid waarin 'het' zich voltrekt – een verlatenheid die alleen verbroken wordt door jezelf, liggend in je kist.

De film is Sjöströms laatste dag. Het is een *road movie* – Sjöström is per auto onderweg naar de universiteit waar hij een eredoctoraat zal krijgen. Onderweg beleeft hij een reeks confrontaties met gestalten uit zijn leven – in vaak *herinnerde*, of gedagdroomde scènes. Hij heeft zijn (in de liefde gedesillusioneerde) schoondochter bij zich, neemt lifters mee, raakt betrokken bij een ongeluk, bezoekt zijn stokoude moeder. Het is allemaal gefilmd in een ongeëvenaarde vrijheid, een heel leven komt in half ingebeelde, halfreële scènes voorbij, niemand, heeft zich 'zo vrij door de vertrekken van droom en werkelijkheid bewogen'. Dat zijn Bergmans eigen woorden, bedoeld als compliment voor de grote regisseur Tarkovski.

De angst voor de dood is bij Bergman de angst voor iets zeer bestaands: de verlatenheid. In het andere hoogtepunt van zijn oeuvre, *Avondmaalsgasten* (1960), heeft Bergman de gelovige die door God verlaten wordt geportretteerd, zoals in *Wilde aardbeien* Sjöström zich door mensen verlaten weet. En in zijn latere films draait het dikwijls om echtparen die door de liefde, en zelfs de affectie verlaten zijn. Het is algemeen gebruik geworden om Bergman de 'filmer na de dood van God' te noemen. Maar hij is vooral de filmer die zijn angst voor die dood, die eigenlijk een moord is, heeft verbeeld. Hoezeer er ook wordt afgerekend met een toornig, liefdeloos dominee-geloof – er wordt geen vrijheid verworven. De emancipatie van het atheïsme is met dit oeuvre niet bevorderd, hooguit ernstig gecompliceerd.

'U bent schuldig aan schuld,' wordt er tegen Sjöström gezegd, en er wordt bedoeld: u hebt niet van de uwen gehouden. Staat daar een straf op? vraagt hij. Ja, is het antwoord. Eenzaamheid. Het is vreemd dat de film je, bijna zonder dat je het merkt, vraagt om van Sjöström te gaan houden; even vreemd is het dat we van Bergman zijn gaan houden, niet in het minst na zijn genadeloze autobiografie *Laterna Magica* ('87) – hij die welbeschouwd compromisloos het grootst denkbare verlies onder ogen probeerde te komen: het verlies van vertrouwen, op straffe van eenzaamheid.

Niemand wil de droom dromen waar de laatste tocht van Sjöström mee begint. 'Het is alsof ik me zelf iets wil laten horen wat ik niet wil zeggen als ik wakker ben,' zegt hij vlak voor zijn dood.

Nu is de zegger van het onzegbare zelf dood. Dat we zo *naarstig* van hem, zijn gestalten en zijn werk kunnen houden is één van de mysterieuze dingen die over de liefde te zeggen zijn.

Meester van de afbraak

De filmkunst is, naast al het andere dat zij is, ongetwijfeld de kunst des doods. Dat wil zeggen, er komen per film gemiddeld ongeveer twintig keer zoveel doden voor als in een toneelstuk. Uitgerekend is, door dramaturgen van Harvard, dat als we alle shots waarin een dode valt of voorkomt, achter elkaar zouden monteren tot één film, deze ongeveer tweeduizend jaar zou duren.

Ik schrijf dit horende dat Stanley Kubrick is gestorven.

1928–1999.

Kubrick nam in deze stervensverslaafde kunstbeoefening misschien niet de prominentste plaats in, maar wel één van de pregnantste. Niet alleen dat mensen doden obsedeerde hem, maar dat ze dat met technische middelen doen. Hij is een uitgesproken vertegenwoordiger van de generatie die in de Tweede Wereldoorlog juist volwassen werd, en die zich meteen daarna is gaan afvragen wie nu eigenlijk wie in de macht had: mensen de wapens, of wapens de mensen?

Het is vreemd om te bedenken dat iemand die zo zonder te knipperen naar vooral het sneuvelen keek, en het doen sneuvelen, dat die zelf ook nog moest sterven, en dat niet eens op een slagveld.

De vraag is of er van zijn werk gehouden werd. Voor mezelf geldt dat ik boven alles geïmponeerd en ook wel geïntimideerd ben geweest door zijn oeuvre. Deze mengeling van weerzin en ontzag ken ik verder alleen als ik aan W.F. Hermans denk. Ik zou niet weten hoe een realiteit zonder transcendentie of illusie of troost beter verbeeld had kunnen zijn dan door Kubrick of Hermans; tegelijkertijd is het alsof zij geen verbeelding hadden, en, op een bepaalde manier, overweldigd waren door hun cynische filosofie en hun techniek.

Om eerlijk te zijn weet ik niet zeker of film wel bestaat om ons van beelden te voorzien; diep in mijn hart geloof ik dat de grootste filmers juist *geen* onwrikbare beelden geven, maar ons innerlijk oog trachten op te laden, net als dichters, toneelschrijvers en romanschrijvers. Filmers doen dat met beelden, akkoord, maar uiteindelijk zijn die pas onthoudenswaard, en zullen ze langer dan hun tijd meegaan, als de beelden 'poëtisch' zijn, dat wil zeggen: raadselachtig, ongrijpbaar, transcendent. En dus op een bepaalde manier ook weer moeilijk te onthouden.

Er zijn filmers die je teisteren met hun beelden, waardoor ze je als ondelgbare herinneringen blijven bespoken. Kubrick heeft beelden gecreëerd die, inderdaad, niet van je netvlies te krijgen zijn, oorlogsbeelden veelal, vernietigingsbeelden, moorddadige – en toch horen ze niet thuis in de categorie 'te erge' of 'te expliciete' beelden. En al evenmin gaat het om mysterieuze, transcendente beelden. Er is werkelijk niets mysterieus aan de fameuze zoom-beweging die de camera in *Full Metal Jacket* maakt op het moment dat 'we' eindelijk de Vietcongse sluipschutter in beeld krijgen. De beweging is een technisch hoogstandje, het is alsof je als een kijkende kogel bent afgevuurd richting angstaanjager, die een vrouw blijkt te zijn.

Laat ik een ander voorbeeld geven, uit de eerste film waarin Kubrick voor het eerst zijn speciale sarcastische toon trof: *The Killing* uit '56. Dat is de film die ik heb opgezet om Kubrick te herdenken. Daarin blijkt op zeker moment de zorgvuldig beraamde en voorbereide geldroof mislukt te zijn, uiteraard door een dom, al te menselijk en dus onvermijdelijk verraad. Dat is de deterministische constante in Kubricks werk: hoe genialer, preciezer en ingenieurlijker de misdaad wordt beraamd, des te kleiner en menselijker is het hoekje waar het ongeluk in schuilt. Mensen kunnen veel, onbegrijpelijk veel, beheersen, maar niet, in een onbewaakt ogenblik, hun hart. En dit hart is voor Kubrick: het zwakke, domme punt.

Ook in *The Killing* worden dus de zeer precieze mannen die, als levensregisseurs, hun eigen werk menen te zijn, door verraad opgerold, in een scène waarin vrijwel iedereen die we hebben leren kennen wordt doodgeschoten. Van deze *shoot out* zelf krijgen we vrijwel niets te zien, alleen te horen; maar wel, meteen daarna, drijft er in een soort druppelende stilte een montage van heel vreemd recht van boven gefilmde schots en scheef gedrapeerde lijken langs. Expliciter kan het haast niet, gruwelijker ook nauwelijks, en toch is er een ongrijpbare toegevoegde waarde aan het beeld.

Het is moeilijk om de vinger achter het vreemde van deze typerende beeldopeenvolging te krijgen, zoals het ook moeilijk is om te begrijpen waarom in *Paths of Glory* ('57) de opnames van de loopgraven *mooi* zijn. Het zou onjuist zijn te beweren dat Kubrick aan zijn grote beelden, als was het een extraatje, een esthetische waarde toevoegt. Hij is beslist geen Peckinpah of David Lynch die hun slachtingen *glamourous* filmen, bijvoorbeeld in een pompeus slowmotion; hij overgiet zijn doden niet met de ketchup van de *schönfilmerei*. De Kubricksequenties in de loopgraven zijn weinig meer dan een camera die, achterwaarts bewegend, een man filmt die door het eindeloze stelsel van loopgraven beent. We zien wat we allang van de klassieke oorlogsfotografie van de Grote Oorlog kennen – het mensonterend, beenrottend gehang in een soort ademend massagraf zonder begin of eind. En toch is er weer het Kubrickse, het vreemde, ongrijpbare. Dat waardoor er sprake is van schoonheid.

In *Paths of Glory* is de befaamde loopgraventrack een huzarenstuk: hij duurt maar en duurt maar en al die tijd zie je mannen, mannen, mannen kleumend wachten op het volgende bombardement. En terwijl je, met almaar groeiend ontzag, denkt: maar zo'n eindeloze loopgraaf bestond toch alleen in het echt, besef je: maar ik zie het nu ook echt. En vervolgens realiseer je je, met een schokje, dat het krankzinnig is om alleen maar voor een fictie zo'n exacte, uitputtende reconstructie te maken van de werkelijkheid. En dan kantelt je bewustzijn nog een slagje door, en dat is het Kubrickse slagje: dankzij deze *absurde*, waanzinnig technische, ongeëvenaard technische sequentie, begrijp je dat de werkelijkheid, de oorlog een nog veel krankzinniger technisch hoogstandje was. Doden is techniek.

Het is alsof Kubrick de realiteit wil honen, 'straightfaced', door haar zo te reconstrueren dat we denken: je moet wel een geniaal ingenieur zijn om zoiets te bedenken. Geniaal! Terwijl het om vernietiging gaat!

Dit is de Kubrick-paradox, die heeft kunnen ontstaan na de Holocaust, dat wonder van organisatorisch kunnen. Kubrick bedrijft ten aanzien van zijn wereldoorlog een vorm van cinematografische homeopathie. De technologische waanzin van oorlog demonstreert hij met een waanzinnig technisch, virtuoos shot. Ook in deze methode doet hij denken aan W.F. Hermans, die de kwaal diagnosticeerde met behulp van de kwaal. Het paranoïserende van het sadistisch universum aantonen met behulp van een schrijfwijze die alleen maar registreert, op het paranoïde af.

Ze delen hoe dan ook het oog voor architectuur, Kubrick en Hermans. Mensen worden, zo lijkt het, gedetermineerd door hun eigen bouwsels waarin ze hun scènes beleven. Bij Kubrick speelt, in al zijn films, alles zich af in te grote, te hoge, te diepe ruimtes. Het hotel in *The Shining* met zijn eindeloze gangen, het ruimteschip van *Space Odyssey* dat, hoe eindig ook, een labyrint leek, de slaapzaal in *Full Metal Jacket*, de weidse conferentieruimte in *Dr. Strangelove* – altijd hebben de ruimtes net de dimensie van een nachtmerrie. Wie wel eens een toneel op is gewandeld, of een filmstudio in, kent de speciale huiver die Kubrick film in film uit heeft trachten op te roepen. In zijn ruimtes moeten mensen *voor anderen* verschijnen, voor ogen van toeschouwers, voor camera's, als gedaagden.

Ik geloof, paradoxalerwijs, dan ook dat het uiteindelijk *niet* de gefilmde realiteit is die Kubrick zo indrukwekkend maakt, maar juist: de onwerkelijkheid. De lijken in *The Killing* lijken, hoe schokkend echt ze ook zijn, een droom. Ze herinneren je, door het standpunt van de camera, door de zwevende beweging, aan hoe het ook alweer is om te dromen. Aan hoe je in een droom van het type dat je doet weten: zo ongeveer gaat sterven, niet los kunt komen van wat je ziet, terwijl het, schijnbaar zonder boven of onder, zonder begin of eind, zijn ongrijpbare tijd laat verstrijken.

Hetzelfde geldt voor de uiteindelijke scènes van *2001. A Space Odyssey*, althans zoals ik me ze herinner, waarin computer HAL zijn eigen programmeurs, de astronauten van de film, uit zijn systeem werkt, het ruimteschip uit, de oneindige ruimte in. Er is ook dan geen boven, geen onder, geen vast punt, geen zwaartekracht – langzaam wordt alles een soort zweven, een schemertoestand waaruit je eigenlijk alleen maar kunt ontwaken. Of juist niet.

Naar dit punt van droomachtige uitgeslotenheid lijkt Kubrick ons in zijn elf films telkens mee te willen voeren. Houvastloos, uitgedreven door de schemering van onze eigen bedenksels, tollend door een oneindige chaos, een labyrint zonder middelpunt of uitgang – daar loopt zijn cinema op uit. Het is juist, passend en logisch dat er op de Kubrickse wereld, die de onze heeft moeten zijn, niets volgt. Ik bedoel: geen leven na de dood, geen spoor van verrijzenis. Het zou onverdraaglijk zijn als deze geniale medeconstructeur van het sadistisch en zinloos universum, deze grote naoorlogse meester van de afbraak, ook na zijn leven tot in eeuwigheid zou moeten blijven zweven door zijn labyrint van oneindige loopgraven. Dat er niets is: het is het enige waar je, na het zien van zijn films, op kunt hopen, want er was, toen je ze zag, niets waar je in hebt kunnen geloven.

En toch heeft hij ze gemaakt, zijn films die als moleculen door het firmament zijn gaan drijven, allemaal, film voor film.

Doctor in de aandacht

Vijfendertig jaar geleden gestorven, en nog zendt hij me gedichten. Ik kreeg ze opgestuurd via Elly de Waard, of ik er iets over zou willen schrijven voor het nummer dat het literaire tijdschrift *De Parelduiker* aan hem wijdt. Ze zijn uit een map '1973', de tijd dat ik hem leerde kennen.

Ze zijn nog niet af, dat zie je aan de krabbels in de kantlijn. Er zullen er hier maar drie ter sprake kunnen komen. Ze zijn uitgetikt, iets wat hij zelf niet deed. Zoals er nu schrijvers zijn die nog altijd vastberaden *niet* op een computer werken, zo heeft hij, die van 1917 was, de stap naar Zelf Tikken nooit gezet.

Poëzie, dat was wat Chris J. van Geel *onder handen had*. Een af gedicht, dat was eigenlijk de dood, een af leven bestond ook niet, hij leefde scheppenderwijs. Eigenlijk was een gedicht getikt al halfdood. Hij werkte net zo lang aan een gedicht tot het helemaal onaf was.

Ik was twintig toen ik hem voor het eerst bezocht, bijna twee jaar voor zijn dood op 8 maart 1974. Ik heb nooit iemand leren kennen die zó op het eigenste moment leefde als hij. Ik herinner me niet dat hij het ooit over 'vroeger' had.

Hij was altijd aan het beseffen, dat is misschien de formulering. En intussen verloor hij de tijd.

Ik herinner me dat we dagenlang tegenover elkaar zaten, in de serre van 't Vogelwater, het gewezen rusthuis diep in de Castricumse duinen waar hij en Elly de Waard na het afbranden van het vorige huis waren gaan wonen. Mijn poëziedebuut zou uitkomen, ik had voor het manuscript net de Reina Prinsen Geerligsprijs gekregen. Hij had mijn gedichten in het *Hollands*

Maandblad en *Tirade* gezien. Ik had hem in een interviewtje in *Trouw* 'de grootste levende Nederlandse dichter' genoemd. Hij wist dat ik een epigoon van hem was.

Bij de kennismaking had hij grinnikend voorgesteld dat ik hem 'meester' zou noemen. Hij torende boven mij uit, mager, Beckett-achtig, hij was goed in ironisch hoffelijk naar beneden kijken. Hij vond mij ongeduldig – jong, prematuur. Zelf heeft hij zijn debuut om zo te zeggen overgeslagen, om pas in 1958, op zijn eenenveertigste, te komen met een dik boek waarin hij zijn onverwisselbare toon had gevonden. Hij was terdege mijn meester, mijn doctor in de aandacht.

Hoe je aan wat je al geschreven hebt betekenis, altijd meer betekenis kunt toekennen; hoe je je eigen, minste, meest verborgen gedachten kunt leren zien als buitenkansen; hoe je je aandacht kunt spannen als een web waar zo onwillekeurig mogelijke, halfbewuste denkbewegingen in vliegen; hoe alles uiteindelijk draait om stilte, om een ascese: *belangeloos denken* – om zulke dingen ging het. Ik had een onjeugdige hang naar die dingen, ik wilde zielsgraag een leven verder zijn, ik herinner me mijn hoofd, ook dat van toen, als eigenlijk altijd te druk, altijd maar lussend om zichzelf, en meende te begrijpen dat dit ook voor hem gold. Hij zei een keer dat hij geen drugs gebruikte omdat zijn bewustzijn al verruimd was, 'ik heb met hoe ik denk mijn handen vol'.

Ik zocht beslist ook een vader, maar die was hij niet. Als je het mythisch zou zeggen, dan was hij een verwekker, geen grootbrenger.

Het was ook niet echt onderricht, dat ik kreeg. We zaten in zijn werkserre aan iets wat ik mij herinner dat een *keukentafeltje* was. Het was volkomen vanzelfsprekend dat ik, meteen na de allereerste begroeting, op die plek terechtkwam, met mijn rug naar de tuin omzoomd door duinbos. Een paar maanden later zouden daar, na een storm, grote bomen omgewaaid zijn. Toen die in stukken waren gezaagd noemde hij de tuin 'Pompeï'.

Er werd vanuit gegaan dat ik dáárvoor was gekomen: om bij het peinzen over wat hij gemaakt had betrokken te zijn, om mee te peinzen, om deel van zijn gepeins te worden. En ik weet dat ik totaal *niet verbaasd was* over deze gang van zaken. Ik voelde me niet gebruikt, integendeel: voor zo vol was ik nog nooit aangezien.

Later ontdekte ik dat hij een aantal mensen op deze wijze bij zijn dichtwerk betrok, hij noemde ze 'tuttelaars'. In die laatste jaren van zijn leven was Tom van Deel (die mij met hem in aanraking had gebracht) de gewichtigste; de posthume bundel *Enkele gedichten* is door Van Deel bezorgd. Op een dag kreeg ik de titel 'junior-tuttelaar'.

Poëzie schenkt, net als God, de lezer vrijheid, dat is misschien wel haar bestaansrecht. Voor mij is dat van meet af aan de ervaring geweest bij het lezen van Van Geel. Een gedicht van hem verlangt hevig naar betekenis, het is alsof het, hoe lang er ook aan is gewerkt, altijd net niet weet wat het betekent, het is alsof het werkelijk door de lezer, al lezend, wordt voltooid. En de lezer is daar vrij, er gaat van het Van Geel-gedicht geen dwang uit. Het is, hoezeer ook van woorden gemaakt, een beeld, zoals gedefinieerd door Andrej Tarkovski: 'Het beeld is er om het leven zelf uit te drukken, en niet de voorstellingen en denkbeelden over het leven.'

Het Van Geel-beeld imponeert niet, het zoekt het onaanzienlijke, het 'minste verborgen drinken van je wortelkroon'. Vrijheid is het raadsel, en Van Geel beoefende dat door in de eerste plaats helder te zijn.

Hoe helderder het gedicht, des te ondoorgrondelijker.

De neerlandicus Enno Endt, die de eerste helft van zijn dichtersleven bevriend met hem was, herinnerde zich dat Van Geel hem op een wandeling (als hij niet aan het dichten of slapen was – twee verwante bezigheden, zoals uit veel gedichten blijkt – dan wandelde hij) wees op prikkeldraad dat in de boomschors was ingegroeid. '"Wat is dat", zei hij, "dat is iets, hè?" Hij voelde dat het iets met zijn eigen leven te maken had.' (Deze scène wordt gememoreerd in het schitterende en onontbeerlijke *Levensbericht van Chris J. van Geel voor de Maatschappij der Nederlandse Letterkunde*, door J.P. Guépin, 1975.)

Er moet betekenis zijn, wat je raakt heeft met je leven te maken, het centrale dichtersmirakel is *herkenning*, iets onkenbaars in jezelf wordt herkend in de tastbare wereld, en je staat in de vrijheid om altijd méér betekenis te onderkennen, meer te herkennen, altijd meer.

Zo bekeken we de stapels uitgetikte varianten van zijn gedichten in uitvoering: alsof ze nog lang niet hun betekenis hadden prijsgegeven. Hij keek ernaar alsof het raadsels waren die door een ander aan hem waren opgegeven. Die ander, die zich in zijn jeugd 'surrealist' had genoemd, gaf hij zelf soms de naam van 'onderbewuste'. De ander was natuurlijk zeker ook de taal.

Bij de gedichten die ik opgestuurd heb gekregen zat deze:

HET IS...

Het is alsof de dingen die gebeuren
volmaakter zich aan ons voltrokken toen,
toen wij nog onverbloemd beschikbaar waren.
Het is of een voor een de ogen dicht
gegaan zijn – ook de eigen – die eens keken,
niet dood, maar op een ander punt gericht.

Het kan zijn dat dit gedicht het niet tot bundeling in *Enkele gedichten* heeft gebracht omdat het te betogend is, te weinig zinnebeeld. Het is het enige gedicht van de zending waar ik me duidelijk van herinner dat het door onze handen is gegaan. Dat komt door 'onverbloemd beschikbaar'. Ik herinner me dat ik

me er sterk van bewust was dat daar iemand als ikzelf mee bedoeld werd: een jong iemand, die nog weinig mensen heeft
verloren.

Ik kan mezelf, vrees ik, niet als 'gaaf' herinneren. Geheugen
begint pas te werken bij verlies. Het woord 'onschuld' zal Van
Geel niet snel gebruiken (schuld is geen categorie waar hij in
dacht), maar wel synoniemen, 'gaaf', 'ongeschonden', 'ongerept'.
Dat je 'verbloemd' zou kunnen worden trof me, en dat is de hele
herinnering aan de opgestuurde gedichten.

Later, toen hij – met mijn grootvader – mijn eerste dode
bleek te zijn, kon ik gaan beginnen te ervaren wat hij met *ver-
bloemen* bedoelde. Ik heb zijn dood, en daarna: tijd, nodig gehad
om te begrijpen hoezeer zijn werk, van meet af aan, in het teken
van missen staat, van het volkomen met al je zintuigen beschikbaar willen zijn voor de doden, terwijl je, per dode, een oog
verliest. Het wordt toegeschoven. Het beeld dringt zich op van
een bewustzijn dat aanvankelijk bestaat uit een pauwenstaart
van ogen, onverbloemde. De dichter tracht per gedicht weer
onder de levenden te komen, daar 'waar de dingen die gebeuren' gebeuren.

RUST ZACHT

Dood is wraak niet in de nacht
door dor blad te horen sluipen
onder bomen, om het huis,
in het weiland bij de stal.

Het personifiëren van de dood, hem oren geven die boos zijn,
en niet de doden kunnen horen sluipen om het huis... wat een
wonderlijk werk is dit toch, kinderlijk en doorgewinterd, dat
zo'n ondoorgrondelijk diepzinnige perceptie (dat is het, méér
dan een gedicht, soms vraag ik me af of het wel gedichten zijn,
de raadselcomposities die hij maakte) op een los a-viertje in een

map Onvoltooid Werk kan liggen... en zomaar op een dag in
je brievenbus liggen... Als je dood bent, dichter, wat betekent
dood dan?

Waar ben je, als ik je dit vraag?

De eerste bloei, het laatste web. Een wieg.
Onregelmatig regelmatig is
het deksel van de zee. De branding is
ver weg. De vloei van eb vraagt ga je mee.

De laatste zinsnee is eenvoudigweg een van de mooiste die ik
van wie dan ook heb gelezen. Ik hoop dat dit gedichtje *niet* door
onze handen is gegaan, in 1973, daar aan het tafeltje in de serre,
want als het wel zo is, dan betekent dit dat ik over het vermogen
beschik om het mooiste te vergeten.

Maar misschien is dat precies wat hij bedoelde toen hij, in een
wel gepubliceerd gedicht, schreef: 'Het mooiste leeft in doodsgevaar.'

Het leeft *dankzij* het doodsgevaar.

Leg dat maar 's uit.

De zinsnee kan opleven dankzij mijn vergeten. Ze springen
tot leven, je doden, hoezeer ook in doodsgevaar.

Tafelrede bij mijn vijftigste verjaardag

Je was er toen ik geboren werd

Je was er daarvoor al, wachtend op mij zonder te weten wie ik
worden zou

Je was er, kring om mij heen, nooit niet

Je tilde me uit een wieg op een kamer aan de Scheldestraat in
Amsterdam en je bent je blijven herinneren dat ik zeer paars was

Je was er 's nachts en ik was zeven en jij lag in het bovenbed

Je zat schuin links achter mij, in 3a, aan de Hilversumse Schut-
tersweg

Je was er toen ik voor het eerst verliefd werd in het bos rond de
sportvelden

Je hebt me mijn eerste gedichten zien verscheuren

Je nam mijn eerste verrukking over Vlieland waar, en over zei-
len

Je was er toen ik mijn eerste liefde verloor en verhardde

Je hebt mij horen rondbazuinen dat er zoiets bestond als Vonne

Je weet hoe het is om onder een en dezelfde naam in de krant te staan

Je was er toen Phoebe kwam, onze dochter en toch dood

Je was getuige van mijn huwelijk

Je hebt me de eerste kamer met een dode zien binnengaan, op de Koninginneweg, en buiten schuurde door zijn rails lijn Twee

Je kunt zeggen 'Joti', en Koninginneweg, en schemering, en ik weet wie je bedoelt

Je wil dat ik de derde dag al recht de plas over schaats, maar ik blijf langs de rietkraag

Je vermoedt dat ik verzwegen heb

Je kent mijn periodes van dorheid, of kent – ik vrees dat ik jou dan altijd verwaarloosd heb door mijn afwerendheid

Je weet hoe gelukkig werk mij maakt, beet hebben en zo geconcentreerd zijn dat ik eindelijk vergeet of ik wel schrijver mag zijn; ik vrees dat ik je ook dan heb verwaarloosd

Je hebt voorzichtig mijn zoon uit de wieg getild, en drie jaar later nog een keer, uit dezelfde wieg in dezelfde kamer aan dezelfde straat

Je hebt in mijn zoons jezelf herkend en nu leef je zelf niet meer

Je weet hoe ik ben aan het ontbijt en rond Novatijd and you even know who I am 'round three o'clock Saturday nights and you come home from the Cameleon

Je zag hoe ik keek toen ik voor het eerst je atelier binnen kwam
en ik zag rozen en irissen van verf en ik wist niet wat ik zag

Je weet dat ik weet hoe het is om na de première van je toneelstuk naakt onder de mensen te komen

Je hebt mijn afgunst gevoeld en die begrepen

Je hebt aan het Coevordense Meer vanaf de Vrijheid een meer-
koet gezien en die heb ik ook gezien denkende die wordt van
jou een gedicht

Je was de peetvader van mijn geloof, hoe gammel ook

Je was de vroedman van mijn godsverlangen, het moest er uit
om zijn kracht te tonen, als van een paarse zoon

Je zult eens op jouw beurt de vijftig naderen en je deze avond
niet zo scherp voor de geest halen als je wilt

Je zult weten wie ik ben als Omarijke en Opakees en Joost weer
ouder worden

Je bent er als ik er niet meer ben, maar nog wel een herinnering

Je zult er ook daarna zijn, als je mij vergeet, wat onvermijdelijk is

Je zult er, kring om mij heen, nooit niet zijn

4 oktober 2001

Een boek dat de eeuw overleefd zal blijken te hebben

Alfabet over Willem Barnards *Stille Omgang**

Aantekening (de eerste schriftelijke vorm die een denkbeeld of denkbeweging kan aannemen) Het zou vreemd zijn om over een boek dat niets anders dan een kanttekening wil zijn, anders te willen schrijven dan in de vorm van een verzameling aantekeningen. *Stille Omgang* is de vrucht van de minst systematische (zie aldaar) geest die een pen kan grijpen. Er wordt in dit boek een tocht afgelegd, het Kerkelijk Jaar door, elke dag enkele aantekeningen op basis van brevier- en schriftlectuur. Het eindigt waar het begint: na Epifanie, tussen de Kersttijd en de Paasvoorbereiding. Het boek lijkt ook op een tocht een bevroren rivier over terwijl het is gaan dooien. De aantekeningen zijn schotsen. Barnard springt van het ene inzicht naar de andere inval, terwijl de openbaring onverstoorbaar blijft stromen. Er zijn weinig boeken die zo soepel en beweeglijk de trant van hun denker volgen. Er zijn weinig schrijvers zo weinig bevreesd ook voor innerlijke tegenspraak (zie aldaar) als Willem Barnard. Intussen drijft het boek op maar één ding. De voortstromende openbaring.

Aforisme (datgene waarnaar het proza van een dichter dikwijls streeft) Ik sla *Stille Omgang* drie keer lukraak open en noteer de aangekruiste zin: 'Troost is geen negatie van het leed en verzwijging van het lijden laat ons ongetroost' (283); 'Wij leven altijd van ander leven dat voor ons geofferd wordt' (177); 'Het is Christus aan te zien, dat hij bij de minste der broeders gerekend wil worden.' (316)

* Uitgeverij Meinema, 2005, vijfde druk

81

Alfabetisch (de volgorde waarop je iets kunt leggen, bijvoorbeeld je aantekeningen) Je gedachten op alfabet zetten is een kunstmatige ingreep. Je brengt wat je in de loop van een periode bij elkaar hebt gesprokkeld onder in de allerwillekeurigste orde. *Stille Omgang* heeft de veel minder kunstmatige orde van de kalender, van een plan dus. (zie: *Tijd*)

Askruisje (dat wat een katholiek op Aswoensdag haalt) Deze allereerste aantekening voor een stuk over *Stille Omgang* maak ik met een askruisje op mijn voorhoofd. Dat tijdens een kerkelijke plechtigheid *as* gezegend wordt, in alle ernst, en dat vervolgens alle zestig veelal bejaarde aanwezigen, na een belijdenis van zonde, met een asbevlekt voorhoofd de kerk verlaten *zonder* er met hun mouw langs te vegen – het is raarder dan de raarste scène uit een Buñuelfilm. Toch begint de vastentijd ermee. Thuisgekomen doe ik wat ik sinds drie jaar na een Mis heel vaak doe: ik sla *Stille Omgang* op, om te weten waar ik nu weer in verwikkeld ben geraakt. Ziedaar de aanvechting die *Stille Omgang* tot het meest geraadpleegde twintigste eeuwse boek in mijn leven maakt: *ik wil weten waar ik ben*, en vervolgens wil ik weten wat het betekent dat ik hier ben. Niet dat Barnard over het askruisje zelf iets zegt. Het gaat me om: waar in het jaar ben ik. Want altijd blijkt de betekenis van wat ik geloof, of gevraagd wordt te geloven, in de eerste plaats *temporeel* te zijn. (zie: *Tijd*)

Beproeving (het woord dat Barnard verkiest boven bekoring) Volgens Barnard wordt wat je gelooft en belijdt altijd tegen je uitgespeeld, niet in de laatste plaats door jezelf. Daarin ligt de beproeving. 'Wie Abraham tot vader heeft, heeft de beproeving als erfenis.' De keuze voor dit woord typeert het boek. Barnard kiest voor het woord dat individualiseert: ook al spartel je, hij wil dat je met ere spartelt. Dat is met 'bekoring' minder het geval; dat maakt je eerder tot slachtoffer van je neigingen.

Dood (dood = –) Een van de twee grote leerstukken van hen die het verlangen naar geloof afwijzen is: dood = dood (zie: *Pech*). Moet tegenin gedacht worden, iets wat vermoedelijk alleen kan door je verlangen om ertegenin te denken serieus te nemen. De grondigste manier om tegen dood = dood in te denken en te leven, is door tot je door te laten dringen wat Pasen betekent. En Pasen, zegt Barnard, is het 'uitgespaarde midden' van het geloof, en dus van het Kerkelijk Jaar. Wij draaien 'heel de jaarkring rond bij steeds wisselend licht om dit "uitgespaarde midden"'. En: 'In het evangelie draait alles om een leeg graf.' Het zijn niet de dingen die iemand, zelfs Barnard niet, zelf bedenkt. 'Met minder vreemde gedachtengangen kunnen wij niet toe,' zegt hij op pagina 128. En dan: alles wat wie dan ook erover zegt is gepraat achteraf, en vooronderstelt dat men er om te beginnen door *geraakt* is. Een mysterie is een aanraking, niet een stelling. Barnard is wat Kierkegaard noemde 'een strijder om het mysterie'. (zie: *Geloven*)

Essay (literaire genre) Kan worden vertaald met 'proeve'. Wie meent dat iemand die als gelovige schrijft geen essayistiek meer kan bedrijven, omdat hij *gevonden* heeft, leze Barnard, en vrage zich af wat 'vinden' nu eigenlijk betekent, als de Gevondene het verlangen Hem te vinden gedurig blijft aanwakkeren. Hij schenkt ons, in ruil van ons verlangen naar Hem... nog meer verlangen.

Geheim (zie: *Naam*)

Gehoorzaamheid (in onbruik geraakte deugd) *Stille Omgang* kan worden beschouwd als een oefening in gehoorzaamheid: Barnard heeft niet zelf kunnen bepalen waar hij over schrijft. Het Kerkelijk Jaar is een koraalrif van schriftkeuzes, die in de lange loop der eeuwen al voor hem bepaald zijn. Koraalrif is een terugkerend beeld in het boek; het grossiert in groei- en metamorfosebeelden. Dichters zijn misschien vertrouwder met het denkbeeld dat je maar te volgen hebt wat zich aan je voordoet, dan gedachtenontvouwers als echte theologen en filosofen.

Geloven 1 (datgene waarzonder *Stille Omgang* een leeg graf zou zijn) Hoe zou het zijn om dit boek te lezen zonder te geloven dat je moet geloven? De koele blik die steeds maar 'kom maar op' zegt tegen alles wat naar religie zweemt, heb ik nooit op dit boek geworpen. Ik heb het drie jaar geleden gekregen van iemand die vond dat ik treuzelde. Deze vriend had dus begrepen dat ik de koele blik al verloren had. Onlangs heb ik aan een antiquaar gevraagd het boek voor me te zoeken (het is als ik dit schrijf immers in de boekhandels niet meer voorradig), want ik wil het geven aan iemand in mijn omgeving van wie ik de indruk heb gekregen dat ook zij met treuzelen is begonnen – zij krijgt binnenkort het boek van mij. Ik weet zeker dat er op deze manier in de loop van de acht jaren dat het boek bestaat een soort web van treuzelaars is ontstaan.

Geloven 2 Het zou een misverstand zijn te denken dat *Stille Omgang* 'over geloof gaat', dat het je vertelt wat je moet geloven. Anders dan de meeste van zijn theologische tijdgenoten is Barnard ternauwernood geïnteresseerd in de vraag 'wat je in onze tijd nog kunt geloven'. Zoiets als het 'algemeen betwijfeld christendom' van Harry Kuitert laat hem, zo lijkt het, koud als een washand. Waarom zou men ook elke dag van het jaar gedachten noteren over iets wat niet is wat het was? 'Ik kan niet geloven dat ik niet geloof,' zegt hij op de maandag na zondag Laetare.

Kanttekening (zie: *Aantekening*)

Lezen (dat wat u nu doet) Barnard maakt zich zorgen over hoe hij gelezen wordt, bijvoorbeeld omdat hij vreest pedant te zijn. Dat is de angst van de snelle, om zo te zeggen *verliefde* geest. Er is dan ook één manier van lezen die hij bij uitstek vreest: die van de 'beoordelaar die zich op de hoogte stelt' (481). (zie: *Geloven 1*)

Naam (datgene waarbij je geroepen wordt) Over bij je eigen naam geroepen worden heeft Barnard volgens mij zijn roerendste en tegelijkertijd aarzelendste passages geschreven. Hij noemt Johannes 20 vs 16 de plaats waar de Openbaring het innigst is. Dit is vlak na het lege graf. De woorden van dit zestiende vers geeft hij in het boek nergens. Het vers heeft de 'nabijheidswerking van een liefkozing', schrijft hij. 'Daar wordt het geheim op de wijze der liefde medegedeeld.'

Orthodox Barnard aarzelt niet zich zo te noemen. 'Ik wil het niemand opdringen, maar ik wil het ook niet ontveinzen' (176). 'En dan in de leer bij de oudste eeuwen, bij de ongedeelde kerk van de grote concilies, in de leer bij de "sources chrétiennes", bij Augustinus, en bij Hiëronymus.'

Pech (Het andere leerstuk van degenen die het verlangen naar geloof afwijzen; zie ook: *Dood*) Als ongeluk, lijden, kwaad je treft heb je uiteindelijk iets wat 'pech' genoemd moet worden. Het christelijk geloof tracht tegen het noodlot, voorgesteld als blind en zinloos, in te denken en te leven. Niet door te doen alsof het 't goddelijke plan *kent*, maar door te geloven dat het, ondoorgrondelijk en wel, iets met je voor heeft, en je gehoorzaamheid vergt. De lectuur van *Stille Omgang* kan je helpen om te leren denken in termen van betekenis. Niet: wat veroorzaakt het lijden is de eerste vraag, maar: wat betekent het? De grote clue geeft Pasen. Als er één geschiedenis is waarin niets pech is, en alles plan, dan de Kruisiging. Iedereen die in pech gelooft, zou zich hebben onttrokken aan dit levenseinde. Iedereen die tegen het pechgeloof in wil denken, zal de betekenis van de Kruisiging moeten trachten te ontcijferen. Eenieder die dit denkt te willen, is al een zoekende. Maar zelfs de volledige lezing van *Stille Omgang* (iets wat vermoedelijk nog nooit iemand in een ruk heeft gedaan) zal de vraag naar de betekenis van Christus' lijden en dood niet beantwoorden. Toch kan er in een mensenleven het moment aanbreken waarop meer troost uitgaat van het dagelijks stellen van de vraag, dan van hem als zinloos terzijde schuiven.

Plaat (Gevoelige –) Als essayist gedraagt Barnard zich als een fotografische plaat die, eenmaal belicht, in de ontwikkelaar wordt gelegd. Langzaam verschijnt nu het beeld op de plaat. Geduldig zal, al brevierlezend en reflecterend op het brevierenlezen, de betekenis opkomen. Dit is een levenslang proces, gebaseerd op het geheimzinnige vertrouwen dat de betekenis bestaat. Zij ligt op ons te wachten. Er zijn vele passages in *Stille Omgang* die van een voorbeeldig essayistisch, Talmoedisch geduld getuigen, dat alleen kan worden opgebracht in het besef dat we niet anders dan ten achter *kunnen* blijven bij de mateloze betekenis die in de openbaring verscholen gaat. Er zijn in het boek ook hilarisch ongeduldige passages, die waarin de schrijver als een zilveren kogeltje door een tuimelend geheel van flipperende, woordspelige betekenissen gejaagd lijkt te worden. Je kunt niet van de geduldige, diepzinnige Barnard houden, zonder de spilzieke, oppervlakkige te bewonderen, hoe geërgerd soms ook. Al verspillende is hij overigens altijd minder verspillend dan de taal zelf.

Stille-omgang-lezer is iemand die, dit boek openend, op zoek naar de dag van het Kerkelijk Jaar waar hij zich bevindt, of naar het commentaar bij de betreffende bijbelplaats, blijft hangen aan een van de twee lintjes gehangen aan het boek. Vervolgens begint hij te lezen wat hem de vorige keer dat hij het boek opensloeg al heeft beziggehouden. Dusdoende vergeet hij waar hij naar op zoek was, omdat hij iets aantreft wat hem minstens zozeer bezig blijkt te houden.

Systematisch (dat wat Barnard niet is) De laatste volledige zin van het boek luidt: 'Wij verkeren in de godzalige onmogelijkheid er een theologie op na te houden.'

Tijd Er is geen dag in het jaar waarop je dit boek niet op kunt slaan. Er is geen pagina die niet op een of andere manier hetzij op Pasen af gaat, dan wel zich van Pasen af beweegt, wat welbeschouwd inhoudt dat er alweer op Pasen wordt afgestevend. Van Pasen zegt Barnard hetzelfde als van de zondag: het komt niet na de dagen, maar gaat eraan vooraf. Dit is raadseltaal, want tijd verstrijkt maar één richting uit. Hoe kan iets waar op afgestevend wordt voor het afstevenen uitgaan? Als het in het bovenstaande over onze eigen dood was gegaan, hadden we het misschien beter begrepen. Van het moment af dat we weten dat we zullen sterven (in veler leven is dit moment van eerste eindigheidsbesef niet dateerbaar – het is alsof het altijd beseft is) gaat er aan de tijd die we levend doorbrengen iets vooraf dat nog moet plaatsvinden. We leven vanuit het komende. Pasen gaat, eenmaal beseft (er valt met alleen de komende dood niet te leven, die kan hooguit worden verdrongen), *vooraf* aan de onherroepelijke dood, die aan het leven voorafgaat. De dood, die we niet zullen ontlopen, wordt nu voorafgegaan door iets dat altijd maar op handen is. 'Hij leefde zo, dat men zei: *hij is er geweest*. Maar hij stierf zo dat men zei: *hij komt*' (p. 98). Met minder wonderlijke gedachten, zegt Barnard, 'kunnen we niet toe'.

Tegenspraak Volgens de Spaanse denker-dichter Miguel Unamuno is het Evangelie 'een goddelijk weefsel van tegenspraken'. Hieruit weeft Barnard op zijn beurt een strijdbaar, zichzelf in de reden vallend weefsel.

Zoeken (zie: Barnard, in het bijzonder: *Stille Omgang*)

De afgerichte liefde

We konden in het vroege voorjaar van 2008 de eerste vertoning door de Publieke Omroep van een hardcore pornofilm (de zesendertig jaar oude *Deep Throat*) beschouwen als het zoveelste blijk van ontremming, en dus als een provocatie.

Dat was een manier om er snel mee klaar te zijn: verbieden die hap, en als dat niet kan, met een droevig gezicht zeggen dat vrije meningsuiting voor alles gaat.

We konden de aangekondigde vertoning ook anders beschouwen, en wel als een blijk van onbehagen. Als het er alleen maar om ging de zappende Nederlander op een provocerende manier aan zijn gerief te helpen, dan hadden de denkers van de publieke omroep, die de vertoning op touw zette, wel een film van later datum uitgekozen, niet dit harige museumstuk.

De kwestie was dat porno even makkelijk verkrijgbaar is geworden als leidingwater, en dat het taboe op seks om de seks rond 1963 al is geslecht, onder leiding van mevrouw Mary Zeldenrust.

Ik ben daar bij geweest.

Precies op het moment dat ik, zoals het inmiddels zelfs in de Regeringsverklaring is gaan heten, 'seksualiseerde', onder andere door het lezen van Simenons *Striptease*, en het scheuren van Marilyn Monroe's naaktfoto's uit *Life*, abonneerde men zich bij mij thuis op *Verstandig Ouderschap*, het orgaan van de Vereniging voor Seksuele Hervorming. Het zou later *Sextant* heten. Daar kon ik in lezen dat mijn verwarring, mijn schaamte en mijn onbehagen over plaatjes, fantasieën en onaneren *normaal* waren, en toch niet nodig. Dat ik mij schaamde kwam doordat ik nog niet bevrijd was. Waarvan? Van mijn schaamte.

Ik was met een Louis Paul Boonse bezetenheid begonnen meisjes uit te scheuren.

Die verborg ik omdat niets mij verschrikkelijker leek dan dat mijn (alleenstaande, en intens beminde) moeder ze zou zien.

Deze angst was, wist ik eigenlijk ook wel, nergens op gebaseerd: mijn moeder zei nooit iets over mijn plaatjes, ook als ik wist dat zij ze gezien had. Toch leek alles in een soort fataal en vernederend duigen te vallen als ik alleen maar *dacht* aan de 'blik van buitenaf' die zij geworpen zou kunnen hebben.

Dit alles heet, inderdaad, schaamte, dezelfde die Adam en Eva doorvoer, vlak na de appel en vlak voor God hen, plotseling naakt en rillerig, vond, en ik denk dat weinig mij zo gevormd heeft als deze periode van ongeveer drie jaar vóór ik voor het eerst echt zou vrijen. De plaatjes waren toen voluit pornografisch geworden. Het was alsof er een soort race gelopen werd, alsof ik naar steeds schaamtelozer plaatjes zocht om me te kunnen schamen, waarna ik van mevrouw Zeldenrust en haar Hervormers in steeds leerstelliger bewoordingen te horen kreeg dat ik me niet *mocht* schamen. We schrijven inmiddels het Wonderjaar 1968, het hoogtepunt van de Seksuele Revolutie. Ik was, althans in de omslotenheid van mijn nog door geen meisje bezochte bed, een Bevrijde Mens, een bewoner van een nieuw paradijs.

Van de vele leugens waarin ik ben gaan leven is die van de 'lust zonder last' misschien wel de hardnekkigste. Uit het feit dat BNN en de VPRO *Deep Throat* niet zonder deining en discussie kunnen vertonen, blijkt dat het ook 't Vrije Westen in zijn geheel niet is gelukt om te leven naar de vrijheid die de film als het ware beloofde. Porno heeft zich ontwikkeld tot iets wat niemand lekker zit, hoe groot de geeuwhonger er ook naar is. De discussie eromheen zal, zolang er geen Catastrofe komt en er een barsere overlevingsmoraal moet ontstaan, even onuitroeibaar zijn als die rond bijvoorbeeld abortus, embryoselectie en euthanasie. We willen ons eigen redelijke werk zijn, maar bedaren de onrust van ons hart niet, althans niet met doen wat inmiddels mag.

Voorafgaande aan de film zou *Inside Deep Throat* vertoond worden, de geruchtmakende documentaire waarin Linda Lovelace, de vrouw op wie en in wie onophoudelijk wordt klaargekomen, verklaart dat zij onvrij is geweest tijdens de opname.

Haar film zien, heeft zij gezegd, is naar haar verkrachting kijken.

Natuurlijk zijn er mensen die haar uitspraken, gedaan in de jaren '80, in twijfel trekken. Joost Zwagerman heeft er in NRC-Next op gewezen dat Lovelace haar beschuldiging nooit heeft omgezet in een aangifte. Bovendien heeft ze voor *Deep Throat* zeven (onsuccesvolle) pornofilms gemaakt. 'Opmerkelijk is ook dat Lovelace met de beschuldiging kwam na haar eerste succes als porno-ster. De andere films [...] waren blijkbaar wél in alle vrolijkheid en vrijheid gemaakt.'

Ik vraag me af of de begripsvorming rond porno gediend wordt met mensen verwijten dat ze in de loop van hun leven zichzelf in een ander licht gaan zien. Kennelijk is Lovelace gaan gruwen van zichzelf. En eigenlijk verwachten we niet anders. Als zij, na de periode van de films, is gaan verlangen naar bijvoorbeeld één man, om mee te trouwen en kinderen te krijgen, dan zal zij zich haar weerzin, die zij *natuurlijk* ook gevoeld heeft tijdens de opnames, beter herinneren dan de ontremmende opwinding – die er ook was, wie zal dat ontveinzen. Als porno bedrijven niet ook opwindend is, hoe zou het dan überhaupt hebben kunnen ontstaan?

Je vraagt je dan ook af of 'verkrachting' hier het juiste woord is. Zwagerman wijst erop dat Lovelace 'onder invloed van feministen was geraakt'. Die stonden in de jaren '80 en '90 steeds sneller klaar met aantijgingen van verkrachting. Ook dat was het gevolg van '1963', de introductie van de Pil, van wat toen 'veilige seks' werd genoemd – als vrouwen niet meer op natuurlijke gronden (verwijzend naar het gevaar voor zwangerschap) een man die zij aantrekkelijk vinden kunnen afwijzen, dan zullen zij steeds vaker in situaties belanden waarin hun 'nee' niet gerespecteerd wordt. Als de liefde niet meer draait om een vrouw die, hoe graag zij ook wil vrijen, iets te beschermen heeft, raakt het respect zoek, niet alleen van de man voor de vrouw, maar juist ook andersom. Er is, heeft de Engelse cultuurfilosoof Roger Scruton geschreven 'een algemene woede van vrouwen tegenover mannen' ontstaan, want mannen worden geen echte mannen meer, waarmee hij bedoelt: eerbiedigende hofmakers.

Linda Lovelace is het eerste symbool geworden van de vrouw *die niets te beschermen heeft*, en die per filmbeeld als koopwaar kon worden aangeboden – niet als actrice, zoals Marlène Dietrich en Marilyn Monroe, maar als product. Dat ze de opwindende ontremming, waarmee het allemaal gepaard is gegaan, achteraf herinnert als een verkrachting, betekent alleen maar dat ze zich is gaan schamen. En dat betekent dat ze zich, lang na de uitbreng van de film, alsnog is gaan beschouwen als iemand die iets te beschermen heeft.

Want daar duidt schaamte op. Dat je een cirkel om jezelf heen trekt en zegt: hier mag alleen iemand binnen die ik vertrouw, die mij eerbiedigt zoals ik mij zelf eerbiedig.

Met seksvijandigheid heeft Lovelace's nieuwe houding naar mijn overtuiging niets te maken. Eerder integendeel – je kunt je voorstellen dat zij zich zo is gaan schamen omdat ze *de liefde* is gaan bedrijven. Ik hoop voor haar dat het zo gegaan is.

Intussen was het niet ongedaan te denken, Linda Lovelace's afgrijzen over zichzelf. Toen op 23 februari 2008 de eerste publieke televisievertoning begon, *moesten* we met haar ogen naar haar eerdere zelf kijken. Dit maakte het liberale argument pro vertoning, zoals vertolkt door een v v d-kamerlid, wat futiel. Hij zei: er zit toch een knop op de televisie? Ook, of juist, liberalen lijken niet echt over vrijheid na te willen denken. Ja, de vrijheid van wegkijken, die verdedigen ze.

*

De vraag was: als we kijken, raken we dan niet alsnog betrokken bij een schending? Is dát niet de eigenlijke verkrachting? Dat we tóch gaan kijken, terwijl we weten dat het een verkrachting is?

Zo beschouwd was er een overeenkomst tussen deze vertoning, en die, in 1994, van de geruchtmakende documentaire *Dood op verzoek*, waarin een zeer verzwakte, aan een ongeneeslijke spierziekte lijdende man van zijn dokter het laatste spuitje kreeg. Op eigen verzoek; ook dat verzoek hadden we te zien gekregen. En het sterven zelf, natuurlijk, daar ging het om. Om de eerste vrijwillige enscenering en registratie van het sterven. De vraag voorafgaande aan de vertoning was: ga ik kijken of niet.

Ik heb toen gekeken, en ik vraag me nog altijd af waarom. Was het niet genoeg om simpelweg te weten dat er voor het eerst in de geschiedenis een 'dood op verzoek' op filmmateriaal was gezet? Op een mooi en zorgvuldig uitgelicht plaatje? Waarom moest ik kijken? Ik had mijn stukken over deze affaire, en over mijn afschuw van het gerationaliseer over wat 'de mooie dood' werd genoemd, indertijd ook zonder mijn nieuwsgierigheid te bevredigen kunnen schrijven.

Achteraf is het alsof ik bezweken ben voor een bekoring. Dit klinkt precies zo ouderwets en christelijk als ik het bedoel. Toen ik in de NRC over deze kwestie schreef, is mij de vergelijking met voor het eerst naar porno kijken het meest kwalijk genomen. Die trok ik, omdat ik mij de sensatie van al kijkend in overtreding te zijn zo sterk herinnerde van de eerste keer de seksbioscoop *Parisien* binnen gaan. Bij *Dood op verzoek* was het heel duidelijk: de dokter de dodelijke injectie zien toedienen, het kijken tot er geen leven meer was, het staren naar het constateren van de dood... Het heiligste, meest mysterieuze van een mensenleven werd aan nieuwsgierigheid prijsgegeven... het was opwindend... dood werd gebruikt om een discussie mee te voeren; het sterven gepresenteerd als een object van studie... Er werd 'Komt dat zien!' geroepen, en: 'Zo moet sterven!', en: 'Schaam je niet, deze mensen zijn *consenting adults!*' geroepen.

Wie aanwezig heeft mogen zijn bij het doodsbed van een intimus weet één ding zeker: dit is alleen van de stervende. Zoals de liefde, bedreven door twee mensen, alleen van hen is.

Dat mensen hun heiligste zelf prijsgeven aan de objectiviteit, en laten vallen onder de regie van een derde, en dat het 'materiaal' dat ervan geschoten wordt op film kan worden vertoond: dat is iets nieuws in de geschiedenis van de mensheid, en dus is ook de deelname eraan, als toeschouwer en betreder van deze gefilmde heiligdommen iets nieuws.

Kijken naar de seks die Linda Lovelace met terugwerkende kracht liever niet had willen hebben is misschien nog kwestieuzer dan kijken naar een gefilmde zelfmoord. En ongetwijfeld veel moeilijker te weerstaan, want het is op een bepaalde manier 'niet zo erg' wat je zult zien. Er wordt steeds iets gedaan wat 'van voorbijgaande aard' is, vooropgesteld dat er geen kind van komt.

Bovendien herinner ik me Linda Lovelace (ik moet haar eind jaren '70 in *Parisien* gezien hebben) als hartveroverend. Ze had niets van een seksidool; ze was niet *stunning* zoals Marilyn Monroe. Ze was ten enen male niet 'van het witte doek'. Ook niet mooi, zeker niet op de vacuümverpakte wijze van latere pornosterren. Dat ze nauwelijks kon acteren maakte een belangrijk deel uit van haar aanminnigheid. Misschien is dat ouderwetse woord het juiste, al zal ik dat toen niet gebruikt hebben. Ik weet dat ik boven alles ook geïntimideerd was door haar schaamte-loosheid. Eén van de dingen die ik dacht was: als mijn geliefde zo was, dan zou ik geen leven hebben. Dit wakkerde de opwin-ding in niet geringe mate aan. Ze maakte me bang, *omdat ze deed wat ik droomde, terwijl ik er niet aan moest denken dat mijn lief het zou doen.* Toch was alle doorgewinterdheid haar vreemd. Het is ge-heimzinnig dat zo'n ontwapenend en leesbaar gezicht aan het begin van de Grote Pornificatie staat.

Deep Throat is nog geen pornografie zoals die van tegenwoor-dig, die voor huiselijk gebruik bedoeld is, en downloadbaar, dan wel verkrijgbaar op DVD's, met scènes die geacht worden gelijk op te gaan met het gerief van de kijker. *Deep Throat* is nog he-lemaal bedoeld voor de bioscoop, voor een zo groot mogelijke groep toeschouwers die hun ontlading veelal na de film pas zul-len beleven, niet zelden door zich het gebodene voor ogen te toveren.

Ik denk dat diegenen die zeggen dat *Deep Throat* het sluit-stuk en de vervulling van de Seksuele Revolutie is, gelijk heb-ben. Het was de bedoeling dat er onbekommerd, zonder al dan niet religieus schuldgevoel wordt gekeken naar lust zonder last. Er werd een vrijheid gevierd. Het grote gebod van de jaren '60, 'gij zult u niet schamen', werd door Linda Lovelace vervuld. En *natuurlijk* zou dit het feest van de orale seks zijn. Van de triom-fantelijke ontkoppeling van seks van voortplanting. Geprocla-meerd werd het recht op klaarkomen.

Deep Throat was ook het begin van een nieuwe tijd. De era van de africhting, ook wel: de mechanisering van de geilheid. Want in *Deep Throat* is meteen al, en onvermijdelijk, sprake van man-nen die geregisseerd aan hun gerief komen.

In mijn herinnering speelden mannen, in hun totaal, ik be-doel: van kruin tot teen, in de film nauwelijks een rol. Zwa-german wees er in zijn bijdrage aan het debat op dat ze 'Sadam

Hoessein-grote' snorren hebben, wat in de jaren negentig absoluut taboe is geworden.

Ah, de taboes *binnen* de taboeloze zone, die porno is... op schaamhaar, op schaamlip, op leeftijd, en vooral op voortplanting. Steeds gladder en jonger moeten de modellen eruitzien, terwijl in de echte wereld de pedofobie groeit... Wat we van mannen zien is, gedurende de daad, exact dat wat Linda Lovelace nodig heeft om haar aandeel zo goed mogelijk te leveren – maar toch, de mannen voegen zich, terwijl ze bedaan worden, naar wat een onzichtbare derde wil.

Deze voyeuristische driehoek is sinds *Deep Throat* een steeds grotere greep op de seksuele huishouding van het Vrije Westen gaan krijgen. We zijn gaan kijken naar een seksbeoefening die op commando van een onzichtbare Derde plaatsgrijpt. Het zijn vooral de mannelijke modellen die zich hiernaar hebben moeten voegen. Hun genot is echt, en aantoonbaar, deze echtheid is *de* obsessie van het genre, daarom zijn buitenvrouwse ejaculaties voor porno even onontbeerlijk als hoge noten voor een diva. En precies dat wat ons uit ons bewustzijn doet tuimelen, het orgasme, wordt nu tot het uiterste beheerst, en getimed, het voegt zich naar het plan van de regisseur. En de vrouw is hier instrumenteel. Zij is de rechterhand waarmee de regisseur zichzelf, belichaamd door de man in beeld, en namens de zichzelf bevredigende beeldschermstaarder, bevredigt.

Wat is hierop tegen? Het is toch opwindend?

Het is een misverstand te denken dat de mensen die wij zien seks *met elkaar* hebben. In werkelijkheid doen ze wat een derde wil. En dat is het opwindende. Het idee dat er een macht is waar de modellen zich naar voegen, dat zij in feite beheers- en manipuleerbaar zijn, dat ze doen wat iemand wil – dat is onweerstaanbaar. Voor onze ogen wordt er iets gerealiseerd wat in de werkelijkheid van ons liefdesleven onbestaanbaar is: we krijgen een almacht, mensen worden eigendom.

Het is de droom van de slavenhouder die ons met de evolutie is ingeweven.

We willen mooie jonge mensen afgericht zien worden omdat we zelf zo machteloos staan tegenover de begeerte. We kunnen ze kopen. Ze in de DVD-speler schuiven. Ze doorspoelen op zoek naar de scènes die ons bevallen. Ze dan afdraaien. Ze stop zetten. Op slowmotion. En al die tijd beheersen we het onbeheersbare – de liefde. En we hebben niet door dat wij, op onze beurt, worden afgericht.

*

Het was uitermate verhelderend om op een dag, anderhalf decennium geleden, in te zien dat het een verslaving was, mijn omgang met pornografie, iets banaals en wraakzuchtig, iets wat, net als een sigaret, het lichaam omtovert tot een zichzelf straffende machine. En het grote voordeel van niet meer verslaafd willen zijn was dat ik, toen er weer eens, naar aanleiding van de vertoning van *Deep Throat* door de Publieke Omroep, een debat werd gevoerd over de toestand van onze seksuele huishouding, ik de pornografie niet meer hoefde te verdedigen. Ik hoefde niet meer te zeggen dat Linda Lovelace op het moment dat ze haar film maakte vrijer was dan toen ze zich begon te schamen.

Toen ik een jaar eerder in *Beperkt houdbaar* (van documentairemaakster Sunny Bergman), de spraakmakende film over vrouwen en hun fysieke zelfbeeld, het interview zag met het zeventien-jarige Amerikaanse meisje dat op het punt stond een schaamlipcorrectie te ondergaan, was één ding zeker: ze modelleerde zich naar de laatste porno.

Ze was nog niet met een jongen naar bed geweest.

Toch vreesde ze bij voorbaat zijn blik, die, wist zij, gevormd was door porno, door het zien van vagina's die niet de hare waren. Met zijn blik, die weer de blik van de Derde was, van de Regisseur, keek zij nu naar zichzelf.

Ik weet niet of ik dat jaar een desolater jong mens heb gezien dan dit meisje, met haar zwemmende puberblik, dat door naar porno gekeken te hebben de eerste, schijnbaar onherroepelijke stap naar zelfobjectivering had gezet, naar kijken door de ogen van de regisseur, en nu een tweede reuzenstap ging zetten: de feitelijke operatiekamer in. Ze was, nog vóór haar liefdesleven was begonnen, al afgericht.

Om van porno te genieten moet ik de herinnering aan dit meisje wegduwen, en botweg ontkennen dat de modellen die je de liefde ziet bedrijven uit dezelfde ribbe gesneden zijn. Ook zij was wat je noemt een *consenting adult*. Ook al was ze niet meerderjarig en had ze de toestemming van haar (hondsverdrietig kijkende) moeder nodig, we beschouwen haar als vrij. Niemand dwong haar, integendeel, haar moeder zou haar liefst van deze beslissing afgehouden hebben.

Als ik naar porno kijk moet ik het idee dat de mensen, die het ten gerieve van mij doen, *zoals dit meisje zijn*, uitschakelen, zoals ik het idee dat van seks een kind kan komen al veel eerder hebt moeten uitschakelen.

Ik moet *iedere* gedachte aan kinderen uitschakelen, aan de kinderen die dit per ongeluk te zien zouden kunnen krijgen, aan het kind in mijzelf dat dit eens met beschaamde verbijstering heeft gezien, aan het kind in mijn geliefde dat, zonder dat het bestaat, al door haar beschermd wordt, zelfs al bleef ze haar hele leven kinderloos. Er moet niets meer te beschermen zijn – dan kan ik genieten.

Berlijnse geloofsbrieven

Eerste college: de beweging het personage in

Komende weken zal het hier in deze collegezaal van de Freie Universität Berlin om verhalen gaan – om het vertellen daarvan. Ik definiëer 'verhaal' ruim: epossen, verhalen, romans, toneelstukken en films zijn verhalende kunstwerken. Ook mijn eigen werk, of het nu een toneelstuk is, of een episch gedicht, of een roman, zelfs een essay is om te beginnen verhalend. Mijn leven bestaat grotendeels uit het oplossen van vertellersproblemen.

Ik heb begrepen dat u enkele van mijn romans gelezen hebt. U verwacht dat ik het ook over mijn eigen werk zal hebben. Nu en dan zal ik inderdaad het voorbeeld van een eigen verteld verhaal geven. En ik zal u komende weken een paar van mijn vertellersproblemen voorleggen.

Ik besef dat mijn problemen niet de uwe zijn. Ik bedoel: u bent bezig om een *Literaturforscher* te worden. U wil om zo te zeggen *weten wat u leest*. Waar het over gaat. Wat de schrijver bedoelt. Motieven, thema's, metaforen, symbolen, stijlfiguren, strekking, zegging – dat zijn uw toverwoorden.

Mij houdt bezig *hoe het werkt*. Hoe komt het dat iemand een mens wordt? Levend?

Voor ik van wal steek, vertel ik u een scène uit een film die ik in 1995 voor het eerst heb gezien, en niet meer vergeten ben. Hij heet *Smoke* en is van Wayne Wang. Belangrijker dan de regisseur is voor ons doel de scenarist: Paul Auster, een New Yorkse schrijver van inmiddels een dozijn boeken die niet alleen spannend zijn, maar vaak ook het schrijven, het bedenken van plots en personages, zélf overpeinzen. In het eerste boek dat ik van hem las, *Het spinsel van de eenzaamheid*, construeert de verteller zijn vader, die hij nauwelijks heeft gekend, en die een patholo-gische leugenaar was, een soort herschrijver van zijn eigen le-ven... Een zoon die zijn vader moet bedenken om zelf vader te kunnen worden, wat altijd wil zeggen: zichzelf verzoenen met het eigen zoonschap, dat is een thema dat mij in al mijn romans en toneelstukken in mindere of meerdere mate heeft beziggge-houden. En vaderschap, die mysterieuze conditie waarvoor een man helemaal geen kinderen hoeft te hebben, is ook het onder-werp van de scène.

De handeling van *Smoke* voltrekt zich voor een deel in een sigarenzaak, gedreven door de acteur Harvey Keitel. Op een avond nodigt Keitel William Hurt uit in zijn appartementje, om te komen kijken naar zijn levenswerk. Van William Hurt weten we dat hij twee jaar geleden zijn vrouw, Ellen, verloren is. Ze was hoogzwanger. Ze is bij toeval in een vuurgevecht tijdens een postkantoorroof terechtgekomen. Ook het kind heeft het niet overleefd. Hurt is weduwnaar en zoonloze vader en schrij-ver. Hij lijdt onder de overtolligheid van zijn bestaan. Sinds twee jaar heeft hij niets bruikbaars geschreven. Zijn rouw maakt hem apathisch. Op een Abramitische wijze lijkt hij buiten de orde te glijden.

Harvey Keitel wil Hurt zijn project tonen. Dat is in al zijn eenvoud het volgende: elke ochtend om even na negenen, vlak na de opening van de sigarenzaak, maakt hij een foto. Van de winkel. Van precies dezelfde plek aan de overkant van de straat. Weer of geen weer. Precies een minuut over negen. Deze foto's, inmiddels duizenden, heeft hij in albums geplaatst. En deze laat hij de diep gedeprimeerde Hurt zien.

Het gaat me natuurlijk om de afstand tussen Keitel en Hurt. Die is groot; het is niet overdreven om te zeggen dat de een in een andere zone verkeert dan de ander. Hurt in de doffe on-ontvankelijkheid van de rouw. Keitel in het onbevangen dag-licht van het observerende leven, dat hij elke ochtend weer de moeite van het vangen waard vindt. Het kost ons, na het voorafgaande, weinig moeite om in de klik van het fototoestel een dagelijks ja te zien. Misschien ontdekt een kordate filoloog nog eens dat er in het Onze Vader eigenlijk staat: geef ons heden ons dagelijks ja. En *natuurlijk* vraagt Hurt zich af waarom hij naar deze duizenden lukrake foto's, waar telkens andere lukrake passanten op staan, moet kijken. Hij is op Keitel gesteld, zijn sigarenboer. Hij is verbaasd dat die een dergelijk artistiek, modernistisch project uitvoert. Maar waarom zou hij deze oneindige reeks lukrake snapshots ook moeten bekijken?

Ik heb deze scène tientallen keren gezien, want ik vertoon hem bijna altijd wanneer ik tijdens een lezing iets wil vertellen over 'wat speelfilm vermag', en wil illustreren wat ik over identificatie en inleving te zeggen heb, iets wat nu niet van belang is. Alle twintig keren ben ik getroffen geweest door de speciale intimiteit van de scène. Het avondlijke, intieme, van twee mensen, mannen, die door een oneindige kloof worden gescheiden. Hoe is het mogelijk dat twee mensen zo dicht bij elkaar kunnen zitten, in vriendschap – en toch bewonen ze, om met Constantijn Huygens te spreken, twee werre werelden. De een die van de rouw, die hem bijna doodt, innerlijk, en die in ieder geval op een haar na zijn schrijverschap heeft omgebracht. De ander die van het leven, dat hem een rituele vorm heeft geschonken vergelijkbaar met wat, in onze ogen, zingen voor een merel is. Een dagelijkse liefdevolle, om niet te zeggen verliefde beaming van het bestaan, per fototoestel.

En toch – altijd op hetzelfde onnaspeurlijke ogenblik in deze korte, bijna zwijgzame scène, gebeurt er iets. Hurt bladert, en bladert, beleefdheidshalve, en nu en dan zien we een zwartwitfoto van een toevallig in beeld gebrachte voorbijganger. En plotseling – eigenlijk precies op het moment waarop je begint te begrijpen wat mogelijk zou kunnen zijn, zie je Keitel ingespannen naar Hurt kijken, en Hurt verstijven. Nee, zegt Hurt. En dan, min of meer fluisterend: ja.

En: Dzjiezus.

En hij grijpt naar zijn gezicht, vechtend tegen het redeloze dat op dat ogenblik op handen is, zijn tranen.

Ellen, zegt hij. *O God, my sweet darling.*

Vervolgens zien we – wat misschien niet eens nodig was – wat hij ziet: een hoogzwangere vrouw die niets vermoedend voor de lens liep op het moment dat Keitel, automatisch en gehoorzaam aan zijn project, zijn dagelijks foto nam.

My sweet darling.

Waar het me – bij alles waar het in deze fenomenale en extatisch eenvoudige scène óók om gaat is het personage van Harvey Keitel. De sigarenboer. Uit alles maken we op dat hij van meet af aan geweten heeft wat er zou gebeuren. Dat Hurt als bij toeval op zijn vrouw zou kunnen stuiten. En dat het dan als bij toeval zou zijn alsof zij verrees. Tot leven kwam. Opdat, als bij toeval, er iets in het stenig geworden innerlijk van Hurt zou smelten, of opspringen, of bewegen. Als bij toeval.

Opspringen, dat is misschien het woord.

Daar draait het om, in deze bijna onverdraaglijk delicate verhouding tussen die levende, bezielende Harvey Keitel, de bewoner van de wereld der ja-zeggers, en de levende dode, die er buiten staat. Alleen wanneer het uit het innerlijk van Hurt zelf opspringt, de eindelijk weer levende herinnering aan Ellen, zal zij leven, en hem doen leven.

Wat ik u te bieden heb is niet een theorie, niet een interpretatie van mijn of van andermans werk, geen literatuuronderzoek, geen esthetische filosofie. Ik ben schrijver, dat wil zeggen: ik ben een werkwijze. Thomas Mann heeft gezegd dat het verschil tussen een schrijver en de meeste andere mensen is dat een schrijver weet hoe moeilijk schrijven is. Iedere schrijver heeft het op zijn speciale wijze moeilijk met schrijven. Dat is wat ik met u wil delen de komende weken: mijn manier om schrijven moeilijk te vinden. U krijgt van mij een aantal kwesties op uw bord. Problemen, of: bochten die ik altijd weer moet nemen, flessehalzen waar m'n verhaal doorheen geperst moet worden, of: opgaven waar ik altijd weer voor kom te staan.

Hoe ik ze oplos is van minder belang dan dat ik ze benoem. Vergelijk het met het huwelijk. Als je zielsgraag getrouwd bent wil dat nog niet zeggen dat je altijd gelukkig getrouwd bent. Het is, voor het project van het huwelijk, goed om Manns woorden te parafraseren: een echtgenoot is iemand die weet hoe moeilijk getrouwd zijn is. Als je getrouwd wil zijn, is het van belang om zo geduldig mogelijk na te denken over *wat* er zo moeilijk is. Het stellen en benoemen van het probleem is de oplossing.

De vergelijking met het huwelijk is een vruchtbare. Een huwelijk begint met een ja-woord, tegen iemand die je welbeschouwd pas echt zult leren kennen als je getrouwd bent.

Voor ik ga schrijven is er een verhaal, dat ik in enkele zinnen kan opschrijven, en in enkele minuten kan navertellen. Meestal is het een al bestaande geschiedenis, of een variant daarop.

Ik geloof niet dat er heel veel verhalen zijn; ik heb zelf sterk de neiging om, zodra ik een verhaal hoor of lees, de verbinding te leggen met andere, verwante verhalen en plotwendingen, het is alsof er families van vertellingen zijn. Ik heb dan ook bij geen van mijn stukken of romans ooit het gevoel gehad dat ik origineel was. De plot van *De wijde blik* lijkt op die van *Laughter in the Dark* van Vladimir Nabokov, die van mijn eerste toneelstuk *Henry II* is regelrecht ontleend aan het verhaal 'De onwaarschijnlijke oplichter Tom Castro' van Jorge Luis Borges (die het óók ergens gevonden had), de eerste verhaalwendingen in *Alexander* komen goeddeels uit de roman *Iskander* van Louis Couperus (die ze weer van de historici Arrianus en Curtius had), *Een Sneeuw* heeft een belangrijke laatste draaipunt te danken aan de film *La Grande Bouffe* van Marco Ferreri; een andere lijn in hetzelfde stuk, dat van de zwijgende man, was ik tegengekomen in *Close of Play* van Simon Gray. En al deze plotten zijn te herleiden tot nog elementairder verhalen – Orpheus en Euridyce, Oedipus, Amphytrion, het laatste boek van de Odyssee, het Evangelie en vooral, en bijna altijd: het verhaal van de Zondeval, Genesis, Adam, Eva en de Boom.

Het is niet de bedoeling dat de lezer dit meteen allemaal weet. Het is voldoende dat hij beseft via de draad van mijn boek in het Grote Web van de verhalen terecht te komen. Ieder nieuw verhaal is de vertolking van een bestaand verhaal.

En toch – juist omdat ik het verhaal nooit echt zelf bedenk, juist omdat het niet mijn eigen werk is, wordt het speciale verhaal waar ik 'ja' tegen zeg ontzettend van mij. En dringt zich de vergelijking met het huwelijk op. Een verhaal is iets dat bij je blijft omdat je bij het verhaal blijft. Het past bij je, dat wil zeggen: je wil het steeds vertellen omdat je denkt dat je er iets mee kunt zeggen, maar het omgekeerde gebeurt ook: het dringt zich aan je op, alsof het iets van je wil, alsof je er juist *niet* bij past, alsof het zegt: pas als je me echt goed vertelt, zul je begrijpen wat je te zeggen hebt.

U merkt het – ik maak een onderscheid tussen iets vertellen en iets te zeggen hebben. Wat ik te zeggen heb heeft een verhaal nodig om mee gezegd te worden. Maar het verhaal kan zó verteld worden, dat ik ontdek, of beter: besef, wat ik te zeggen heb. Het verhaal weet iets wat ik, door het te vertellen, kan zeggen. Vreemde formulering, die om een voorbeeld schreeuwt – het komt er misschien wel op neer dat ik over deze wisselwerking tussen verhaal en zegging het beste kan spreken door een verhaal te vertellen.

Laat ik een verhaal nemen dat inmiddels wel heel aantoonbaar niet van mezelf is. Er was eens een schrijver wiens vrouw dood werd geschoten tijdens een bankroof. Ze was in de zesde maand van haar zwangerschap. Ze stierf, en ook haar ongeborene stierf. De schrijver moest doorleven, en wilde na verloop van jaren eigenlijk ook weer schrijven – maar het lukte niet. Wat wilde hij schrijven? Iets wat zijn vrouw wat minder helemaal ontzettend dood zou doen zijn. Maar juist zijn poging om haar op papier te herinneren als iemand die even werkelijk weer leeft, liep op niets uit. Hij wilde zielsgraag de Orpheus zijn die haar uit haar onderwereld naar de bladzijde lokte. Maar.

Eigenlijk kon hij maar één ding: proberen in het geheel niet aan zijn gestorvene te denken. Maar hoe meer hij dat probeerde, des te minder dat lukte. Het is een wrede eigenschap van verdriet en rouw – dat ze naar je toe komen als je ze probeert te ontvluchten. Hoe dan ook: de schrijver raakte in slechte doen; zijn vrienden, ook de sigarenboer waar hij elke week zijn sigaren kocht – van het merk Schimmelpenninck – maakten zich zorgen over de schrijver, en noemden wat hij had een depressie. Een ernstige. En toen, op een dag, besloot de sigarenboer iets te doen aan de zorgelijke, roerloze toestand van de schrijver. Hij nodigde hem uit bij hem thuis – om hem zijn foto's te laten zien. Die maakte de sigarenboer namelijk – elke ochtend ging hij met zijn camera op de stoep tegenover zijn zaak staan, en precies om 09.01 uur drukte hij af – ongeacht wat er te zien was, wie of wat er tussen zijn zaak en de camera in beeld verscheen, ongeacht het weer of de lichtval. Elke dag. En de foto's plakte hij in albums, inmiddels alweer bijna een decennium lang.

Het plan van de sigarenboer was sprookjesachtig eenvoudig. Het lijkt overigens op een plan van Shakespeares personage Hermione, zoals uitgevoerd in *A Winter's Tale*, een stuk waarover we nog komen te spreken. De sigarenboer dacht: ik laat de schrijver de foto's zien. Natuurlijk zal het hem niet echt interesseren, niets interesseert hem echt, dat is juist zijn probleem. Hij zal beleefd een heleboel foto's bekijken. Steeds met andere, toevallige mensen erop. Maar ik weet dat op één van de foto's ook zijn vrouw staat. Zwanger en wel. Vlak voor haar dood liep ze toevallig met haar dikke buik door het beeld toen ik om 09.01 uur afdrukte.

Ik weet natuurlijk niet *wat* er gebeurt als de schrijver zijn Ellen zo onverhoeds in levende lijve, zich van geen enkel noodlot bewust, ziet. Maar ik denk dat het goed zal zijn. Dat het hem iets zal geven wat hij nu al zo lang niet heeft. Een emotie. Een schok van verdriet. Misschien breekt het de autistische lethargie waarin hij verkeert open.

Zo gezegd zo gedaan.

Een echt verhaal voor een roman of een toneelstuk is dit natuurlijk niet. Het is meer een verhaalgegeven voor een kort verhaal – maar het voldoet aan één criterium dat volgens mij veel vruchtbare verhaal-ideeën kenmerkt: het draait om een verandering.

Er is een beroemde Duitse dichtregel, één van de bekendere van de twintigste eeuw, de laatste zin van een sonnet van Rilke: *du musst dein Leben ändern*. Dat zegt een kouros, een archaïsch, liggend standbeeld van een jongen, tegen de dichter die het geheim van het beeld tracht te vangen. En dus wordt het ook tegen de lezer gezegd. Je moet je leven veranderen.

Natuurlijk denkt de schrijver van ons verhaaltje dat ook – hij is even roerloos en versteend als het beeld. Dat de sigarenboer het al eveneens denkt, en dat hij met zijn merkwaardige fotoproject over een methode beschikt om de verandering, de metamorfose van verstikte rouw in vloeibaar verdriet, een eerste zetje te geven – dat maakt dit tot een compleet, veelbetekenend verhaal. Dat wil zeggen: als ik het goed vertel, dan kan ik er iets mee zeggen over waar 'het' mij om gaat. Wat? Mijn werk. Mijn leven.

Hier moet ik oppassen. Ik zeg met opzet: als ik het goed vertel, dan... Als ik ga proberen te zeggen waar het mij om gaat *zonder* het verhaal te vertellen, dan word ik iets wat ik niet wil zijn – een geest zonder lichaam, een rivier zonder bedding. Een filosoof, en een rommelige, slechtopgeleide bovendien. Het meesterlijke van Paul Austers verhaal is juist dat de sigarenboer *niet* in abstracto over de depressie van de schrijver begint te theoretiseren. Hij wil juist *niet* de geest, de ratio, de theorie, of hoe noemen we het, het werk laten doen, maar iets zintuigelijks, iets fysieks, en ontzettend zichtbaars: het beeld. Daarom: als ik het verhaal van Paul Auster goed zou vertellen – even goed als hij, en zijn regisseur, en de acteurs Harvey Keitel en William Hurt het doen – dan zou ik met het verhaal iets belangrijks over kunst kunnen zeggen. Over waar het me in essentie om gaat.

Inmiddels is er iets met het verhaal gebeurd. Ik ken het alleen van de vertolkte versie, van de film. Ik heb het op mijn beurt vertolkt, door het na te vertellen. Wat u precies gezien zou hebben de eerste keer, weet ik niet.

Er is een verschil tussen zien en kijken – eenzelfde verschil als tussen vertellen en zeggen. U had kunnen *kijken* naar de beelden die, omdat ze pixel voor pixel op hun DVD zijn gefixeerd, altijd voor iedereen hetzelfde zijn, net zoals in een boek de woorden, de lettertekens en de spaties tussen de woorden altijd op dezelfde plaats staan. Maar u zou ieder afzonderlijk het uwe gezien hebben.

Ik ben geen denker, zonder verhaal begin ik te glibberen; ik moet me dus niet wagen aan het filosofische onderscheid tussen de *Dingen An Sich* en de dingen zoals ze zijn als ze waargenomen, of gedacht, of gerealiseerd worden. 'Things as they are, are changed upon the blue guitar', schreef de Amerikaanse dichter Wallace Stevens. Hij stelde zich in zijn beroemde gedichtencyclus *The Blue Guitar* de dichter voor als iemand die, als een kubistisch geschilderde gitarist op een blauwe gitaar speelt. Wat we weten van de wereld zijn vertolkingen van de wereld. En als alles vertolking is, uitvoering van een onkenbare tekst, belichaming van iets dat veranderd wordt door het lichaam waar het zich in realiseert, dan speelt verbeelding, wat voor Wallace Stevens speciaal zeggen wil: poëzie, een heel bijzondere rol. Dichters vertolken de wereld. 'Poetry is the supreme imagination, Madame', heet een gedicht van Wallace Stevens.

Het is een manier van beschouwen die het mogelijk maakt om de kunst het gat te laten vullen dat geslagen is door de verdwijning van God, uit de levens van moderne mensen. Als God een projectie is, een *imagination*, een *supreme* poëzie, dan kan de plek van Zijn priesters worden ingenomen door de kunstenaars, en wordt hij Kunst, en op den duur: kunst om de kunst.

Ik weet niet of ik Stevens' positie, die verwant is aan die van heel veel schrijvers aan het eind van de negentiende, en gedurende de twintigste eeuw, met hun epifanische, vaak anti-christelijke mystiek, correct weergeef. Het is een begoochelende, labyrintische gedachte – dat wat wij 'de wereld' noemen, is een verbeelding, *a supreme imagination*. Maar wat de schrijver die zijn vrouw en zijn kind verloren heeft, daar precies aan heeft, weet ik niet. Wat heeft hij er tijdens zijn *writer's block*, zijn bevroren verbeelding, aan te weten dat haar dood een vertolking is, de zijne, louter de zijne? Zijn probleem is dat alles, waar hij ook maar kijkt, dood neervalt. Er valt niets te vertolken. Er moet iets met hem gebeuren, hij moet veranderen – er moet iets *van buiten* in hem inbreken. Als de wereld is zoals je hem vertolkt, hoe kun je dan ooit veranderen – als je vertolking een overslaande grammofoonnaald is die 'dood, dood, dood' zegt? Er moet, als je wil veranderen, iets zijn wat *niet* is zoals je het ziet.

Een religieus iemand van vóór de dood van God zou zeggen: er moet een wonder gebeuren – een handeling van genade.

Laat ik nog eens proberen mij te herinneren wat ik, toen ik u de scène uit *Smoke* vertelde, probeerde duidelijk te maken: er was een man van wie de film me vertelde dat hij 'schrijver' was; er was de voorwetenschap van zijn rouw; er was het toeval van de ontmoeting in de sigarenzaak, de foto-albums, de onwil van de schrijver om er iets aan te vinden, zijn onontvankelijkheid – en dan, plotseling, terwijl we hem niet zien, de zucht. O Jezus. Ellen. Het is een zeldzaam goed geregisseerde, dat wil zeggen: vertelde, vertolkte, scène, ik herinner me althans van de eerste keer dat het 'oh, Jezus, Ellen', precies op het moment kwam dat ik zelf ook dacht: hij zal toch niet zijn vrouw te zien gaan krijgen.

Dat is één van de grote technische, muzikale kwesties van het

vertellen van een belangrijke scène: dat je de emotionele ommekeer van een personage – een ommekeer die bijna altijd: een
dagend besef is, een realisering van iets wat er is, maar nog niet
tot je is doorgedrongen – niet laat plaatsgrijpen vóór de toeschouwer of de lezer begint te begrijpen wat er gaande is.

We hebben het hier over een scène-type waarbij we ertoe
aangezet worden om, min of meer systematisch, het hoofd, het
bewustzijn, de emotionele huishouding van een personage in
te bewegen. Het is een scène-type dat dikwijls in het begin van
een vertelling of drama gesitueerd is. Nogmaals: het *kan* dus eigenlijk niet, iemands hoofd in bewegen, zeker niet als alles in
dat hoofd roerloos is, leeg, dood. Als iemand zo verstomd van
verdriet is als William Hurt, dan valt er niets te bewegen – ik bedoel, als hij met zijn doffe , afwerende blik naar de foto's kijkt,
dan voelt hij iets anders dan wij, hij voelt om zo te zeggen 'niets',
terwijl ik, hoe dan ook, met een nieuwsgierige interesse aan het
kijken was: waar gaat de scène heen, geven de foto's een clue,
wat betekenen ze, wat wil Harvey Keitel?

Toch is er, terwijl ik naar de scène keek, op zeker moment
datgene gebeurd wat zich misschien het beste laat omschrijven
als 'de beweging het personage in' . Ik ben, kijkend naar een mij
persoonlijk onbekende man, met een dicht, gesloten gezicht,
van een kijker veranderd in een ziener. Dat is een iets te groot
woord – Elia was een ziener, David op zijn goede momenten,
en sommigen noemen Nietzsche er één – maar ik zocht natuurlijk naar het pendantwoord voor 'kijker'. De scène is zo geor-
ganiseerd door Paul Auster (en vervolgens door regisseur, ca-
meraman, geluidsontwerper en vooral door de acteurs) dat je,
terwijl je *naar* William Hurt kijkt *langzaam begint te zien wat hij
meemaakt.* Of: beseft. En precies op het moment dat hij 'o Jezus,
Ellen' zucht, *zien* we wat hij ziet. Het is belangrijk om je te herinneren (want zo is het) dat we op het moment van dit zien, nog
helemaal *niet* de foto van de zwangere Ellen zien. Dat is de crux.
En het enigma. Om niet te zeggen het mirakel. Wij zien iets wat

niet te zien is, en wat niet wij, maar William Hurt ziet; we 'zijn hem in bewogen', we *zijn* nu William Hurt.

Ik hoop dat ik eens iets zal begrijpen van het werkwoord 'zijn', zoals dat zich in dit soort cruciale, verbeeldingsomstandigheden gedraagt.

We zullen desgevraagd nooit kunnen beschrijven wát we zien als we samenvallen met het zien van Hurt, of welk personage dan ook.

Dat we deze beweging het personage in kunnen maken, is in mijn ogen een even groot wonder als dat we elkaar verhalen kunnen vertellen. En ik denk dat ze onlosmakelijk met elkaar verbonden zijn – de verteller, de toehoorden, en dit vermogen van de lezer/toeschouwer om de beweging het personage in te maken. Ze zijn een Drievuldigheid, en als ik die van het christendom niet al heilig noemde, zou ik zeggen: dit is de Heilige Drie-eenheid van de vertellende verbeelding.

Tweede college: het pact met de lezer

In Berlijn gebeuren de beste dingen, heb ik gemerkt, in de u-bahn en op de s-bahn (volgens mij zijn dat de voorzetsels: *in* de u, *op* de s?). Dat wil zeggen: meteen na het college van vorige week, besefte ik al ter hoogte van Dahlem Dorf dat ik iets heel belangrijks niet had doorgedacht van de scène uit *Smoke*. U herinnert het zich: de gedeprimeerde schrijver die, door het zien van een schijnbaar toevallig onder zijn ogen geschoven kiekje van zijn gestorven vrouw, eindelijk weer zoiets beleeft als een emotie. Toen we de scène analyseerden, merkten we dat we niet alleen een beweging de schrijver in maakten, maar ook: de fotograaf annex sigarenboer in. Zodra we van tevoren beseften dat hij *wist* dat de gestorvene te zien zou zijn, bewogen we ook hem in – en keken we, zoals we het noemden, door zijn ogen naar de scène, naar de reactie van de schrijver.

Welnu. Ter hoogte van Dahlem Dorf bedacht ik dat het wonderlijkste van deze scène, die eigenlijk een wonder wil zijn (een verdampende depressie is een even groot wonder als de opgewekte Lazarus of de ziende blinde), is dat Harvey Keitel, de sigarenboer, over geen enkel machtsmiddel beschikt. Terwijl hij tóch een ander wil veranderen, om niet te zeggen: verlossen. Hij kan geen machtswoord uitspreken, geen enkel dwangmiddel, zelfs geen geneesmiddel aanwenden.

Vorige week opperde iemand van u dat Keitel in de scène de positie inneemt van God; zijn foto's maken hem alwetend; hij weet dus ook dat hij uit de eeuwigheid het ene partje tijd kan isoleren waar hij de verstikte Hurt mee kan raken, treffen of zelfs verwonden... U noemde dit de 'epifanie' van deze scène...

En Hurt wordt volkomen vrij gelaten. Als Keitel de God Almachtig en Alziend is, dan gebruikt hij zijn macht niet – maar gaat hij te werk als, inderdaad, een kunstenaar. Hij geeft een teken, hij verschijnt per epifanie, hij kan te allen tijde ook afgewezen, miskend, terzijde geschoven worden.

Bij alle uitspraken die deze kleine, eenvoudige scène doet, is deze misschien wel de diepzinnigste. *Du musst dein Leben ändern.* Dat zegt de god in ons, zelfs in het diepst verscholen binnenste van ons versteendste hart. Maar hij verandert ons op de wijze van een kunstenaar – door ons volkomen vrij te laten.

Ook vandaag beginnen we met een scène – uit een veel luidruchtiger, gewelddadiger film. Hij heet *Crash* en is geschreven (en geregisseerd) door Paul Haggis. Het is net als *Smoke* een weefsel van door elkaar heen vertelde korte verhalen, die ditmaal allemaal draaien om het racisme waar we, in de smeltkroezen van culturen waarin we steeds meer komen te leven, in verwikkeld raken. Het is een film vol geweld, maar er waait een andere wind door deze verhalen.

Wanneer het begonnen is moeten toekomstige cultuurhistorici maar uitmaken – misschien met de film *Magnolia*, misschien al met *Himmel über Berlin*, misschien met *Smoke*, of met *Dead Man Walking*, of met *Breaking the Waves* van Lars von Trier – maar er lijkt sinds begin jaren negentig een soort tegenbeweging te zijn ontstaan in de bioscopen, er is onmiskenbaar sprake van een stroom van verhalen die tégen het cynisme in gaat, tegen de dramaturgie van het geweld om het geweld, tegen de enscenering van de paniek, met zijn personages die zichzelf alleen nog kunnen realiseren in orgieën van destructie.

Ook *Crash* draait uiteindelijk om een aantal wonderbaarlijke verzoeningen. De meest uitgesproken wraakgierige racist, wiens haat tegen zwarten realistisch en genadeloos intelligent wordt gemotiveerd (we maken *de beweging het personage in* van een virulente negerhater, gespeeld door Matt Dillon) wordt getransformeerd in een mensenredder – tijdens de *Crash* waar de film zijn titel aan dankt sleept hij een zwarte vrouw uit een brandende auto, in een scène die zo wordt verbeeld en gevisualiseerd, dat hij een vrijage lijkt, een liefdesdaad.

Als deze scène uit het vuur van rassenhaat gesleept kan worden, lijkt Paul Haggis te zeggen, dan is eens verzoening mogelijk, tussen de grootste vijanden. Iedere echte verzoening is een wonder, wil hij zeggen. Het grote van deze film is dat hij laat zien hoe moeilijk verzoening is. Maar zij bestaat. Er bestaat een dramaturgie van de vergeving – wat ongeveer betekent: er zijn weer filmers en verhalenbedenkers die in wonderen geloven. Wonderen als de verdamping van een depressie door een foto. Of als de ontbinding van haat door geloof.

De verhaallijn uit *Crash* waar het me om gaat draait om een kind. Haar vader is een slotenmaker. Hij brengt zijn kind naar bed en ontdekt dat het doodsbang is voor het geweld in de buurt – het heeft schoten gehoord, en wij weten dat die dodelijk zijn geweest, een afrekening.

De vader ontdekt dat er maar één manier is om het kind rustig te laten slapen – en dat is: door haar het volle vertrouwen te geven. Ze moet geloven dat haar niets kan overkomen.

Of ook anders: de vader zal een *fictie* voor haar moeten bedenken, één waar ze in kan geloven.

Dus vertelt hij haar dat hij een onzichtbare mantel heeft meegenomen. Eén die haar zal beschermen tegen de kogels uit de buurt. En in één van de roerendste scènes die ik ken doet de vader zijn dochter heel voorzichtig deze onzichtbare mantel om.

Straks, aan het eind van het college vertel ik hoe het afloopt met de onzichtbare mantel die het meisje moet beschermen tegen de haat en het geweld. Wat vermag haar geloof tegen echte wapens?

Merk intussen op dat we het meisje 'in zijn bewogen'. We geloven, of: zouden willen, geloven wat zij gelooft.

Pas in de s-bahn, ongeveer ter hoogte van Bahnhof Schöneberg, besefte ik overigens hoe vreemd het woord 'sigarenboer' is. Ik denk dat er oorspronkelijk alleen groenteboeren en melkboeren waren; daarna kwam de sigarenboer. We kunnen dit wellicht nakijken in het onvolprezen Chronologisch Woordenboek van de Nederlandse Taal. Het lijkt me een typisch grotestads-suffix, dit 'boer', en twintigste-eeuws; het klinkt, maak ik me sterk, licht kleinerend, en dat zegt iets over het beeld dat Nederlanders, die zich zelf vooral als middenstanders zien, van de boerenstand hebben.

Ik denk dat het bijna onmerkbare standsbewustzijn het best bewaarde geheim van de Nederlandse volksaard is. Louis Couperus is er de begin twintigste-eeuwse blootlegger van geweest, van de subtiele, maar onverbiddelijke sociale uitsluitingen binnen de grootsteedse burgerij. Ian Buruma noemt het in zijn boek over de moord op Theo van Gogh (*Moord op een gezonde roker*) het Hollandse Clubbewustzijn. We beschikken over subtiele methoden om mensen te laten weten dat ze er nooit helemaal bij zullen horen, en vooral: om ons zelf te laten weten dat we er, als vanzelfsprekend, wél volkomen bij horen. O ja, we hebben ook nog schillenboer, en de palingboer.

Het begrip 'de beweging het personage in' is intussen niet van mezelf, ik ben het halverwege de jaren '80 tegengekomen in een interview met Jean-Pierre Melville, de grote Franse film-noirfilmer uit de jaren vijftig en zestig.

Vorige week heb ik Thomas Mann geciteerd: een schrijver verschilt van veel andere gewone mensen omdat hij weet hoe moeilijk schrijven is. Ik herhaal het nog maar: wat ik met u deze weken wil delen is *mijn manier om een verhaal vertellen moeilijk te vinden*. Ik heb proberen uit te leggen dat er één speciale eerste vraag is als ik een verhaal wil vertellen (of ik nu een toneelstuk schrijf of een roman), en dat is: hoe laat ik de lezer samenvallen met het personage?

Ik weet dat dit mogelijk is, sterker nog: ik maak deze 'beweging het personage in' dikwijls mee, als lezer, als toeschouwer, als bioscoopbezoeker, en ook als observator van mensen in het dagelijks leven, en dan besef ik: deze inlevende beweging is, hoe summier ook, voor het verhaal wat de wind is voor een zeilboot. Je kunt het ook omdraaien: ik weet pas of ik met een verhaal ook werkelijk iets zou kunnen gaan zeggen, als ik de eerste beweging het personage in gevonden heb.

Als voorbeeld heb ik de scène uit het begin van *De wijde blik* voorgelezen, waarin de ik-persoon met zijn geliefde heeft afgesproken buiten bij de apenrots van Artis. Hij is te vroeg, en slentert het mensapenhuis binnen – en daar ziet hij zijn geliefde zitten. Ze is gebiologeerd door de orang-oetang, en merkt hem niet op. En hij laat niet merken dat hij haar heeft opgemerkt. De beweging het personage in begint als ze elkaar vervolgens op de oorspronkelijk afgesproken plaats treffen. Bij de apenrots dus – *als ze allebei veinzen daar zonder iets anders in de dierentuin gedaan te hebben direct heengelopen te zijn.* Hij vraagt haar of ze zin heeft om naar de mensapen te gaan. En zij zegt dat het daar 'vast veel te warm is'.

Het is een heel simpele beweging. De lezer *weet* dat de verteller haar heeft gezien. En als hij *niet* zegt: 'maar ik heb je net minutenlang gebiologeerd naar een loerende orang-oetang zien staren', dan maken we een soort mentaal sprongetje zijn gedachten in, we beginnen met hem mee te denken – juist omdat hij iets verzwijgt. Het is alsof er nu in het verhaal een briesje is opgestoken, het bootje begint te varen. En als we ook nog merken dat hij begint te beseffen dat zij, op haar beurt, hetzelfde verzwijgt, vallen we eens te meer met hem samen. Het windje wakkert aan... Niet omdat wij per se hetzelfde gedaan zouden hebben als hij – zwijgen – maar omdat dit zwijgen een keuze is. Iets wat hij ook niet had kunnen doen. En als hij nu dan dus zwijgt, dan... Waarom weet ik niet, maar het is iets waar we bijna als vanzelf mee méé bewegen, met het verzwijgen, en het jokken, en het liegen van een personage.

(In de scène van *Crash* bewegen we óók mee met een soort leugen – want wat is het verhaal van de beschermende mantel anders? Maar of het nu een leugentje om bestwil is, of een leugen uit angst voor andermans seksualiteit – zoals in *De wijde blik* – we bewegen van nature graag mee met de poging van iemand om iets onwaars waar te laten lijken. Kennelijk is ook de lezer, op zijn manier, een soort schrijver; zonder zijn verbeelding zou er überhaupt geen beweging in enig personage mogelijk zijn.)

Als ik aan het schrijven ben, en ik heb de beweging het personage in te pakken, dan is het alsof ik het personage als een masker heb opgezet – en door zijn ogen naar de realiteit van het verhaal kijk. Dit voelt als een soort bevrijding, of zelfs: verlossing van mezelf. Niet ik, maar mijn figuur beleeft het boek. Het is een soort 'niemand weet dat ik repelsteeltje heet'-effect. Ik durf nu meer dan wanneer ik denk dat de lezer mij persoonlijk denkt te leren kennen. Ik durf, om maar wat te noemen, net als Lex, de verteller van *De wijde blik*, openlijk te liegen, en hem de consequenties van zijn bedrog radicaler te laten aanvaarden. Jokken is iets waar ik in werkelijkheid, ook als het moet, slecht in ben. (In het Duits is jokken: *lügen, schwindeln*; er is geloof ik geen echt apart woord voor deze halftoestand van het liegen, waar de vreselijkste tragedies uit voort kunnen komen. Bijvoorbeeld: de Oedipus, die begonnen is met de koning en de koningin van Korinthe die tegen hun zoon jokken dat hij echt hun biologische zoon is, terwijl hij een vondeling is.) Ik ben niet slecht in bewust jokken omdat ik zo'n eerlijk man ben, dat ben ik geloof ik helemaal niet. Maar er is één nachtmerrie waar ik regelmatig door word bezocht: dat ik als enige een misdaad heb zien plegen, een gemene diefstal, en dat ik gevraagd word om te getuigen. Ik weet dat ik, al getuigende, mezelf een verschrikkelijke leugenaar zal vinden, omdat ik zo slecht heb opgelet. Ik heb, ook zonder de druk van een rechtszaak of een eed, de grootste moeite om me, als ik een echt gebeurd verhaal moet vertellen, te houden aan de feiten, die ik eigenlijk altijd te onbeduidend vind. Er komt altijd iets bij, als ik vertel, en juist dát dik ik aan, dat is gebeurd voor ik goed en wel besef wat er is gebeurd, het is alsof een dramatisch effect hebben met mijn woorden belangrijker is dan de waarheid. Dat weet ik, en ik weet ook dat het een soort liegen is. Daarom ben ik ongebruikelijk bang om doorzien te worden – als kind geloofde ik echt dat mijn leugens op mijn voorhoofd, achter mijn pony, te lezen waren. Of althans, ik vond het idee dat dat zo zou *kunnen* zijn zeer angstaanjagend.

Toch is God, nu u het mij toch vraagt, voor mij de persoon die dwars door mijn pony en mijn voorhoofd heen kan kijken en al weet wat ik ga vertellen voor ik het aan het vertellen ben.

Als ik een toneelstuk schrijf, zet ik evenveel maskers op als er personages zijn – juist omdat ik in werkelijkheid zo slecht toneelspeel, wat zeggen wil: heel snel het gevoel heb me aan te stellen. Over schaamte, als buitenboordmotor van het literatuurbootje, komen we in het vierde college uitgebreider te spreken, als het over loochening en verraad gaat.

Een schoolvoorbeeld van de beweging het zwijgende, verzwijgende personage in, is Hamlet. Zijn moeder is, als het stuk begint, zojuist getrouwd met zijn oom, de broer van zijn vader. Lastige situatie voor een adolescent, maar dat is nog geen reden voor ons om met hem mee te bewegen. We horen dat zijn echte vader nog maar twee maanden geleden is overleden – wat het huwelijk van zijn moeder extra schokkend maakt, en in Hamlets ogen ook verraderlijk en zelfs verdacht. Dan krijgt op een nacht Hamlet de geest van zijn vader te zien, en die vertelt hem dat zijn dood geen natuurlijke is geweest: hij is vermoord door zijn broer, die nu dan dus Hamlets stiefvader is.

De vraag of spoken wel bestaan, en of dit speciale spook de waarheid spreekt, is irrelevant, van geen belang. Weinig is dramaturgisch gesproken zo kinderachtig geweest als de pogingen, in vooral de jaren zeventig en tachtig van het Nederlandse en Duitse toneel, om de geest te ensceneren als een soort stem uit Hamlets binnenste. Waarom men *coûte que coûte* het bovennatuurlijke wilde omdenken tot iets psychologisch hoef ik niet uit te leggen: men dacht dat Hamlet ongeloofwaardig en infantiel, om niet te zeggen: achterlijk zou lijken als hij zou geloven in geesten. Maar als je ons niet kunt laten geloven in iemand in een harnas die met sombere stem zegt dat hij een gestorvene is – kun je ons dan wél laten geloven dat de acteur die 'Te zijn of niet te zijn' zegt Hamlet is?

Het resultaat was nooit een geloofwaardige Hamlet, nooit een werkelijk geslaagde beweging het personage in – en altijd iets halfs, iets intellectualistisch, een soort gespeeld essay *over* Hamlet. Het was een soort moord op de kinderlijkheid waarmee we, nog altijd, willen doen alsof iets wat we zien waar is.

Hoe dan ook: de Geest vertelt ons zijn verhaal zoals gestorvenen, als we 's nachts eindelijk van ze dromen, soms hun verhaal vertellen: over hun laatste momenten, hun sterven. En Hamlets vader vertelt hoe hij vermoord is. Hij verstrekt de informatie, die een 'als' creëert. Als het waar is wat deze spookvader zegt, dan...

En het eerste wat Hamlet na deze misschien wel beroemdste scène van het wereldtoneel tegen zijn vrienden die hem vergezeld hebben zegt, is dat ze moeten zweren nooit met een mens over het spook te spreken. Hamlet besluit, met grote pathetische heftigheid, te zwijgen. En daarmee is de beweging het personage in begonnen – en we zullen die zeldzaam sterk voelen in het volgende bedrijf, als Hamlet voor het eerst weer in levenden lijve opduikt. We weten dat een hoveling, Polonius, hem zal gaan uithoren over zijn merkwaardige gedrag (sinds zijn terugkeer van de transen spreekt Hamlet, zegt men, wartaal).

Polonius: Mijn waarde prins Hamlet, hoe gaat 't met u?
Hamlet: Goed, God zij dank.

Het kan niet soberder, alledaagser, terloopser. En toch kijken we niet alleen naar een jongen die opkijkt uit zijn boek, maar *zitten we in hem*. We willen wat hij wil: zwijgen, verzwijgen, desnoods onzin uitkramen teneinde niet gezien te worden als iemand die de waarheid kent. We weten dat hij *doet alsof hij Polonius niet kent*. Zelfs al zouden we zijn gedrag afkeuren – toch willen we dat het hem lukt om, desnoods met de krankzinnigste woorden, te zwijgen. Het is volslagen irrelevant geworden – of we het juist vinden wat Hamlet doet. We zijn medeplichtigen, niet Hamlet alleen zwijgt, wij zwijgen óók, met hart en ziel, en als de scène goed gedaan wordt ('zoals Shakespeare het bedoelde') gebeurt er hetzelfde als met 'o Jezus, Ellen' in *Smoke*: Hamlet wordt het antwoord dat wij willen geven. We kijken door zijn ogen naar de wereld, naar zijn tegenspeler, we luisteren met zijn oren naar diens nieuwsgierige vragen. We *zijn* Hamlet. Niet dat wij ook maar één van Hamlets antwoorden ook letterlijk zo gegeven zouden hebben (we zijn Shakespeare niet) – integendeel, Hamlet geeft krankzinnige, provocerende, scandaleuze antwoorden die Polonius de fameuze verzuchting ingeven: 'Dit mag dan waanzin zijn. Tòch zit er lijn in.' Die lijn: die kennen wij, lezers en toeschouwers, exact, want wij zitten in Hamlet. En onze medeplichtigheid wordt alleen maar versterkt door Polonius' onbegrip.

Het hele Tweede Bedrijf van de Hamlet is één grote beweging het personage in, en eindigt met het plan om rondreizende acteurs die juist aan het hof zijn gearriveerd, een toneelstuk te laten spelen waarin een koning vermoord wordt door zijn broer – precies zoals het spook gezegd had. Als ooit de toeschouwer met de ogen van een personage heeft meegekeken, werkelijk helemaal van binnenuit, dan tijdens deze *Player's Scene*, het begin van het Derde Bedrijf. Hier wordt de beweging het personage in voltooid, er is geen verschil meer tussen wat wij zien en wat Hamlet ziet – kijken is werkelijk zien geworden, Hamlet kijkt door onze ogen naar het toneel, dat op dat moment bestaat uit een toneelstuk waar de mensen die verdacht worden van een misdaad kijken naar mensen die hun misdaad vertolken. Wij kijken, met Hamlet-ogen, naar de toeschouwers – en bewegen hén in, we vallen samen met Hamlet met hén samen, terwijl zij, op hun beurt de personages op het toneeltoneeltje in bewegen...

We zijn op de helft van de tragedie. En tot nu toe is alles, heel het drama, een afgeleide geweest van het eerste moment waarop we, samen met Hamlet, begonnen te zwijgen. De dure eed die hij zijn kompanen laat zweren hebben wij ook gezworen.

De *Hamlet* is één van de ontelbare voorbeelden van een verhaal dat scharniert om een scène waarin een belofte wordt gedaan. Er wordt een gebod ingesteld – de Geest vraagt Hamlet en zijn vrienden om te zwijgen; dat moeten ze zweren. Zo ontstaat er een verbond, een pact – tussen de jonge mannen, en vooral: tussen Hamlet en ons.

In Hamlets geval is het gebod wel te begrijpen. Door te zwijgen kan Hamlet zijn wraak voorbereiden, en erachter komen of het werkelijk waar is wat de geest heeft gezegd.

Maar wat te denken van de belofte die bijvoorbeeld Orpheus doet, in de Onderwereld, waar hij zijn gestorven Euridyce vandaan wil halen? Je mag haar meenemen, zegt de God van de dood, als je onderweg naar het daglicht maar niet omkijkt.

U kent het verhaal. Het is zo spannend dat we ons vergeten af te vragen: maar *waarom* mag Orpheus niet omkijken? Wat is dit voor raar gebod?

Of neem de belofte die Assepoester moet doen: ja, je mag in deze kleren gaan dansen op het bal van de prins, maar je moet vóór twaalven thuis zijn, anders vallen de kleren je van het lijf. Opnieuw: het verhaal werd, toen het ons in onze kindertijd werd voorgelezen, van het gebod zo spannend, dat we helemaal niet *wilden* weten waarom klokslag twaalf zo belangrijk was.

Dichter bij huis, maar bijna even sprookjesachtig, zijn de

beloftes die filmers moeten doen als ze voor het Deense productiehuis Dogma een film willen maken: ze mogen niet met kunstlicht werken, bijvoorbeeld; of ze beloven elke scène in één opname te maken, zonder te monteren. Waarom zou je *beloven* je te houden aan onnodige afspraken?

Ten slotte natuurlijk de aartsscène, waar het om beloven gaat: die waarin Adam en Eva beloven nooit te zullen eten van een boom – in een tuin waarin het voor het overige wemelt van de bomen met heerlijke vruchten.

De scène waarin Adam en Eva deze belofte doen komt overigens niet met zoveel woorden in Genesis voor, maar wordt geïmpliceerd in het verhaal van de overtreding, eerst door Eva, dan door Adam. Ook als je helemaal niet van plan bent om in God te geloven, kun je je voorstellen dat Hij tijdens de overgeslagen scène alleen maar heeft gezegd: één ding, Adam. En Eva. Je weet dat je alles mag eten hier. Alleen... als je van die en die boom eet, dan is het afgelopen met het eeuwige leven, dan ga je dood en zul je lijden.

Misschien hoefden Adam en Eva helemaal niet met zoveel woorden te *beloven* nooit te eten. Ja, zullen ze gedacht hebben. Als we eten, dan... Dus niet. Natuurlijk. Dus eten we niet. Waarom zouden we.

Ik ben geen theoloog, toch is dit het verhaal dat het geheim van alle verhalen bevat, zelfs al vertel ik het nog zo krakkemikkig na. Het is bij uitstek het verhaal dat niet kinderlijk, niet simpel genoeg verteld kan worden. En – als het het geheim van alle verhalen bevat, dan bevat het 't geheim van mijn leven, want, zoals ik vorige keer heb proberen uit te leggen, om verhalen draait mijn leven.

Want wat is het geval?

Het gebod wordt overtreden; Eva en Adam komen de afspraak niet na, ze blazen het 'als' op.

Wat is het 'als'?

Laat ik mij een situatie voorstellen die op ditzelfde moment een soort nachtmerrie voor me zou zijn: dat ik nu gevraagd word de rest van dit college in het Duits te geven.

Laten we aannemen dat niemand mij ooit Duits heeft horen spreken. Ik heb de taal geleerd – en ik weet: zolang ik zwijg, spreek ik schitterend Duits. Dat zeg ik u dan ook. Mijn Duits is als ik zwijg schitterend.

Dat wil u best geloven. Samen met mij leeft u in de Hof van het Paradijselijk Duits.

Maar u bent enorm menselijk, en dus nieuwsgierig. *Hoe* schitterend zou zijn Duits wel niet zijn?

En dus verleidt u mij tot spreken in het Duits, wat wellicht helemaal niet zo moeilijk is. En mijn eerste zin is nog niet ten einde, of ik ben al gevallen uit het Paradijs van het Schitterende Duits. En wat erger is: ook uw Paradijs is in duigen gevallen, als een zeepbel waarvan u *wist* dat u die niet mocht aanraken.

U had de drang om mij aan het praten te krijgen kunnen weerstaan. En uw verleiding, of beter: verzoeking, had ik, op mijn beurt, kunnen weerstaan. Door schitterend te zwijgen. We waren eendrachtig helemaal vrij om het spel te spelen, en om helemaal niet te merken hoe het met mijn Duits gesteld is.

Dat is de kern van deze poedel.

De vraag *waarom* stelt God het gebod in, is zinledig. Suggereren dat het een gebod van onszelf is, iets wat uit ons innerlijk voortvloeit, is even onzinnig als van Hamlets Geest een innerlijke stem maken. We zouden ons uit eigen beweging nooit een verbod opleggen, en als we het deden, dan een verbod dat we razendsnel een beetje anders formuleren op het moment dat we het willen overtreden.

Nee. De vraag is niet: *waarom* is ons dit verbod opgelegd. De vraag is: geloven we dat we vrij zijn, of niet. Zijn we het niet – bijvoorbeeld omdat we zeker weten dat we gedetermineerd worden door ons erfelijk materiaal, of omdat we ervan overtuigd zijn dat al onze beslissingen economisch zijn bepaald, of door mediabeïnvloeding voorgekookt – dan is er ook geen goddelijk gebod, dan zijn er alleen maar oorzaken waar wij het noodzakelijk gevolg van zijn. Vrijheid is dan een 'gevoel', een illusie, een zelfbedrog van mensen die de harde, gepredestineerde werkelijkheid niet onder ogen durven te zien.

Als dat zo is, dan heeft het in dit onwrikbaar gepredestineerde universum ook geen zin om verhalen te vertellen – anders dan om de tijd te verdrijven en de mensen aan het lijntje van een cynisch, sentimenteel, exploiterend entertainment te houden, wat in de praktijk betekent: aan het lijntje van pornografie en geweld, want daarmee kun je verhalen vertellen waarin de illusie van de vrijheid wordt omgezet in de thrill van de denkbeeldige macht.

Geloof ik daarentegen wél dat ik vrij ben – dan geloof ik dat er iets is waar ik al dan niet *tegenin* zou kunnen gaan. We geloven dat mensen slaaf kunnen worden van iets wat ze zelf willen. Dat ze vrij kunnen zijn ondanks slavernij. En dan is ieder verhaal dat we vertellen, als het eropaan komt, een verhaal over willen, kunnen en moeten, over kiezen dan wel gedwongen worden, over slavernij, verslaving en vrijheid – en zullen we moeten erkennen dat de eerste en de laatste wijsheid al zit opgesloten in het eerste verhaal van onze cultuur: het Paradijsverhaal, met zijn schepping waarin mensen door hun schepper vrijgelaten zijn, en met zijn overtreding die het begin is van lijden en dood.

Want tegen iemand zeggen: jij bent vrij, en hem vervolgens niet de mogelijkheid geven om die vrijheid ook te gebruiken, is zinledig.

Ik heb u gevraagd om ter voorbereiding van dit college de eerste pagina's van *De brief voor de koning* van Tonke Dragt te lezen. Dat boek, en zijn zo mogelijk nog meesterlijker vervolg *Geheimen van het wilde woud*, zijn in de jaren zestig verschenen. Het heeft vorig jaar de Griffel der Griffels gekregen, de belangrijkste Nederlandse jeugdboekenprijs. Het was voor het eerst dat hij werd toegekend. In Nederland is er, net als tussen allochtonen en autochtonen, een schot tussen literatuur en jeugdboeken. De literatuur is een Club, waar ook Tonke Dragt niet in is gekomen.

Voor mij is zij – met Arthur van Schendel, Jorge Luis Borges, Maria Dermoût – boven alles de schrijver voor wie vertellen belangrijker is dan het verhaal, en het verhaal belangrijker dan het boek. Ik weet niet of ik dit zal kunnen uitleggen. Bij de meeste schrijvers is het boek het belangrijkste, het boek van zijn of haar hand. Hij heeft zijn wereld, zijn verhaal, zijn kijk op het leven, in het boek gekregen. Als hij of zij een gevestigd schrijver is, een naam, bijvoorbeeld: Arnoldine Sutorius, dan zullen we bijvoorbeeld in de winkel vragen naar de *nieuwe Sutorius.* Als we dat dan openen dan lezen we *haar.* Zo zeggen we dat. Heb je Sutorius gelezen? Bedoel je haar laatste boek? *Slapeloze wolken?*

Bij sommige schrijvers – zeldzamer soort – is het verhaal belangrijker dan het boek. Bij zo iemand kun je in de winkel vragen: hebt u van Nabokov het boek met die man die verliefd wordt op een meisje van veertien? Op een of andere manier kennen we van bepaalde schrijvers het verhaal voor we het gelezen hebben, en dát willen we lezen. Er worden ons personages in het vooruitzicht gesteld, levens, wendingen. Marquez is zeker zo'n schrijver. Louis Couperus was er zo een.

En dan is er dus de merkwaardige categorie waartoe ook Tonke Dragt behoort. Zij schrijft geen boeken, al kun je haar alleen in boekvorm ter hand nemen. Hoe belangrijk het verhaal dat zij vertelt voor haar ook is – heel veel mensen zeggen bij de naam Tonke Dragt ogenblikkelijk: de schrijfster van de boeken van Tiuri – toch is het bij haar alsof haar verhaal niet in het boek met haar naam erop staat.

Ik zou hetzelfde kunnen zeggen van Arthur van Schendels *Waterman* of van zijn *Fregatschip Johanna Maria.* Er zijn schrijvers wier verhalen vertellingen worden, alsof zij niet de schrijvers zijn, maar de vertolkers, de doorgevers, de bemiddelaars. Daarom is het juist om Jorge Luis Borges bij deze groep te plaatsen – hij is misschien wel het radicaalste voorbeeld van het schrijverstype dat ik voor ogen heb. Die vertelt zijn verhalen alsof ze ergens anders, in een ander boek, allang verteld zijn.

In de negentiende eeuw waren vooral de sprookjesschrijvers de schrijvers voor wie het vertellen belangrijker was dan het verhaal en het verhaal belangrijker dan het boek. Hans Christiaan Andersen, bijvoorbeeld (ofschoon hij vrijwel al zijn verhalen echt helemaal uit zijn eigen duim gezogen heeft), uw Gebroeders Grimm natuurlijk, Edgar Allen Poe, Robert Stevenson.

Het is niet vreemd dat de enige levende Nederlandse vertegenwoordiger van dit schrijverstype een jeugdboekenschrijfster is. Volgende week beginnen we, bij wijze van rest van deze week, met haar openingshoofdstuk van *De brief voor de koning*, dat, u zult het gemerkt hebben, een voorbeeldige 'beweging het personage in' veroorzaakt – het hoofd en het hart van Tiuri in – en tegelijkertijd dát zegt waarover ik het vandaag heb willen hebben: de vrijheid waarin het personage gelaten moet worden, willen wij het gevoel hebben dat het werkelijk over onszelf gaat.

Want dat is waar inmiddels alweer meer dan twee generaties jonge Tonke Dragt-lezers zeker van zijn geweest – jongens én meisjes (dat laatste heb ik altijd interessant gevonden: het gaat om boeken vrijwel zonder meisjes) tussen de tien en de vijftien herinneren zich deze twee boeken steevast als boeken waarin hún leven wordt verteld. Dit is des te raadselachtiger als je bedenkt dat er werkelijk niets 'van deze tijd' voorkomt op de pagina's van Tonke Dragt.

Een studie van de Nederlandse literatuur is, zo komt het me voor, lapidair, en volstrekt willekeurig, als zij zich geen rekenschap geeft van dit mysterieuze, buiten zovele literaire en intellectuele categorieën vallende schrijverschap. Het is, zeg ik hier met enige wellust, een soort schande dat de beste vruchten van de Neerlandistiek tot op heden nooit over Dragt zijn gegaan.

Ten slotte willen we weten hoe het afloopt met het meisje dat van haar vader een onzichtbare mantel heeft gekregen, dat haar moet beschermen tegen het realisme van Los Angeles.

Weet dat haar vader, de slotenmaker, door een Iraniër ervan verdacht wordt *expres* een waardeloos slot bevestigd te hebben, zodat de zaak van de Iraniër 's nachts totaal leeggeroofd kon worden, en dat de Iraniër in het begin van de film een pistool heeft gekocht, en dat hij uitgevonden heeft waar de slotenmaker woont.

In de scène zal hij de slotenmaker dood willen schieten.

Het dochtertje ziet dat en rent het huis uit.

Ze is ervan overtuigd dat ze beschermd wordt door haar onzichtbare mantel.

Ze werpt zich tussen haar vader en de Iraniër.

De vader probeert haar vergeefs weg te duwen.

De Iraniër haalt de trekker over.

We weten zeker dat we het schot gehoord hebben.

We zien het afgrijzen op het gezicht van de vader.

Maar het meisje leeft.

De Iraniër denkt dat hij haar gedood heeft, we zien ook op zijn gezicht het afgrijzen, hij beseft nu wat hij gedaan heeft.

Maar het meisje leeft.

Even denk je: een film met een wonder!

Je wil dat dit wonder bestaat.

Je bent bereid naar een film gekeken te hebben waarin dit wonder mogelijk is.

Pas in tweede of derde instantie wordt het wonder 'verklaard' – je herinnert je de scène, in het begin van de film, toen de Iraniër zo moeilijk deed over de aankoop van het wapen, en speciaal over de munitie.

Je beseft dat hij, in zijn machteloze woede over zijn gebrek aan talenkennis, *losse flodders* heeft gekocht.

Ook dat is een wonder. Niet minder dan dat het overleven van echt een kogel dat zou zijn geweest. Of dat de onzichtbare mantel echt zou hebben bestaan.

Derde college: theater van de beproeving

Wat ik u te vertellen heb gaat steeds over hetzelfde: *hoe en waar-om* raak ik betrokken bij een verhaal, een toneelstuk, een film. Uw hoogleraar Jan Konst zei na afloop van het college dat ik au fond met 'wirkungsästhetik' bezig ben. Dat klinkt goed, maar ik blijf me ervan bewust dat er iets verwrongens zit aan hoe ik op deze plek iets wat voor mijn persoonlijke schrijfpraktijk, mijn eigenste 'worstelperk', om met Vondel te spreken, van zeker nut kan zijn, als het ware opblaas tot een theorie met universele reikwijdte.

We kennen de situatie meteen na afloop van de film die je met een vriendin of een paar van je kennissen bezocht hebt: altijd is er één iemand die zijn oordeel al klaar heeft. Je hebt hem horen zuchten tijdens belangrijke scènes, en terwijl je knipperend wegloopt, en eigenlijk weinig anders kunt doen dan de aftitelsong meeneuriën, hoor je de eerste zinnen waarmee de film op zijn plaats gezet wordt al geformuleerd worden. Het grote interpreteren is begonnen. Want altijd zegt de snelle oordeler 'wat hij ervan vindt'. Dat is zijn talent: hij formuleert al tijdens het kijken wat het allemaal betekent. Dat is imponerend, hier is een begrip werkzaam dat het onze duidelijk overtreft. Wij zijn voorlopig alleen maar een beetje verdoofd van wat we gezien hebben, we zijn om zo te zeggen alleen maar een lichaam, een zenuwrijke ruimte tussen netvlies en hersenen waar de zintuigelijke, lichamelijke indrukken, waaruit een kunstwerk in de allereerste plaats bestaat – ook een literair kunstwerk – hun beslag nog moeten krijgen.

Hier is iets belangrijks gezegd: een kunstwerk is een lichaam, en in principe reageren we erop als op een persoon.

Afgelopen week ben ik naar *Who's Afraid of Red, Yellow and Blue II* van Barnett Newman gaan kijken in uw Neue National-galerie. Het schilderij is zeven meter breed en twee meter hoog en bestaat uit drie vlakken – links een diep rood vlak van twee bij drie, rechts een even groot stralend geel vlak, en precies in het midden een loodrechte pikzwarte balk van een meter breed, of vermoedelijk smaller. Het is een schilderij dat om te beginnen een mise-en-scène afdwingt. Min of meer als vanzelf ga je voor de zwarte balk staan, en loop je vervolgens voor- of achteruit tot je het punt hebt bereikt waarop de beide kleurvlakken om zo te zeggen van ooghoek tot ooghoek je blikveld vullen. En daarna – ja wat?

De uitwerking van het zusterschilderij in Amsterdam (een reusachtig rood vlak met aan zijn uiteinden een balk van geel en van donkerblauw) is ooit zo groot op me geweest, dat ik me op een bepaalde manier wel kon indenken dat hetzelfde ding een ander soort kunstgevoelig type tot een soort razende, machtelo-ze woede had kunnen brengen. Zoals dus is gebeurd – het schilderij in Amsterdam is met een stanleymes verwoest, en de verwarde dader bewees eigenlijk maar één ding: dat hij het schilderij bezield had met een persoonlijke macht over hemzelf, ongeveer zoals Bush Osama bin Laden met een persoonlijk macht over hemzelf heeft bezield, of Alexander in mijn stuk zijn onzichtbare tegenstander Dareios. Of de terrorist Atta het symbool Twin Tower.

Over deze toekenning van macht, die een vorm van jaloezie is, wil ik het vandaag hebben.

Ik behoor dus (met vele kunstliefhebbers) tot de bezielers van het werk van Newman, en ben een paar jaar geleden speciaal naar Londen gegaan om er een grote overzichtstentoonstelling van zijn werk te zien. Een hele vleugel van de Tate vol kleurvlakken en verticale balken. Er waren veel bezoekers – en allemaal waren ze elk afzonderlijk de enige die wist wat hij mee-maakte. Ik bedoel: ik heb nog nooit een bevredigende beschrij-ving gelezen van hoe en waarom een Newman werkt.

Wat er gebeurt *terwijl* ik voor een Newman sta is onachter-haalbaar – om dat te weten zou ik op een soort hersenscan aan-gesloten moeten zijn die – ja wat? Wat weet ik van wat ik mee-maak als ik na afloop een verslag zou kunnen lezen van hoe het neurologisch gesproken in mij is toegegaan?

Wel weet ik dat ik, al kijkende, mij niet afvraag wat ik zie.

Wat het betekent is tijdens het kijken irrelevant.

Het werkt.

Het is sterk de vraag of ik, op het moment dat het werkte, nog wel *keek*. Ik zag – daarover beschikken we kennelijk, over het verschil tussen kijken en zien. Als je kijkt, zoek je met je blik, je tast af, of er nog méér te zien is, of je het wel goed gezien hebt, je vergewist je – kijken is een actieve, willende bezigheid. Zien lijkt daarentegen meer op horen: je hoort iets door zelf stil te zijn, en je luisterende verstand om zo te zeggen uit te schake-len, en als je werkelijk echt hoort wat er te horen valt, dan is er niets anders dan het geluid – dat we op dat moment vaak ook 'stilte' noemen. Stilte is bij uitstek dat wat we horen als we goed hebben geluisterd. Zo is zien dát wat je doet als je niet meer hoeft te kijken om het te zien. In beide gevallen, van horen en van zien, is het je te moede als *werd* je dat wat je hoorde of zag. Je kunt geen stilte horen zonder zelf stil te worden.

We hebben, voor zover ik kan nagaan, in de Nederlandse taal geen woord voor de visuele pendant van stilte. Wat je op een schilderij van Vermeer, Mondriaan, Newman ziet is inderdaad 'stilte', dat is helemaal geen rare omschrijving ervoor. 'Leegte' is misschien het zusterwoord. Dat is een woord dat in ieder geval zowel in de christelijke als in de boeddhistische mystiek gebruikt wordt. Daar wordt ons voorgehouden dat we onszelf leeg kun-nen maken, ontledigen, teneinde ons te laten vullen met *het an-dere*. Dit andere is overduidelijk niet iets waar je naar kunt kijken. In het christendom wordt het Gods genade genoemd; bij de boeddhisten Satori, het al, dat ook naar de naam Niets luistert.

Dat is het mysterieuze van voor een Newman plaatsnemen. Je ogen, je visuele zintuig, wordt uitgeschakeld want er is niets om naar te kijken. Toch is er iets. Ik bedoel, zomaar ergens op een willekeurige plek in Berlijn je ogen dicht doen en gaan staan zien, is iets anders dan voor een Newman staan. Er is iets wat gemaakt is, door iemand die maar één ding wilde: dat het zijne gezien werd. Dat 'het' gezien werd. Wat? Dat wat te zien is als je hem ziet.

Er bestaat zoiets als de ervaring samen te vallen met het kunstwerk, erin op te gaan en daardoor jezelf te verliezen, en zelfs: van jezelf, van je gekijk en geluister en je eigen duiderij en betekenistoekenning verlost te zijn – en tijdens dit zelfverlies, deze ontlediging (die niet zelden een deconditionering impliceert) gevuld te worden met iets nieuws, anders, onbekends, iets wat je zelf nooit had kunnen bedenken en tóch is het je vertrouwd, lijk je het te 'herkennen'... daar ging het de maker van dit schijnbaar zo onpersoonlijke, abstracte, autistische kunstwerk om. Er spreekt uit zijn werk een diep vertrouwen in de ontvankelijkheid van de ander. Newman *gelooft* in mij, hij vertrouwt erop dat ik hem, zijn kunst, zal herkennen.

Ik geloof dat mij dát, toen ik hier in de Neue Nationalgalerie weer eens voor hem kon gaan staan, weer ontroerde. Dat ook deze *Who's Afraid* geduldig en vol vertrouwen blijft wachten op steeds de ene museumbezoeker die bereid is, of zelfs: van plan, om samen te vallen met wat hij ziet. Zich te laten vullen. Of, om een woord te gebruiken dat wij, die zich met scènes en drama en personages willen bezighouden, geneigd zijn te gebruiken: zich te vereenzelvigen.

Te worden wie hij ziet.

Een kunstwerk is een lichaam, en we reageren erop als op een persoon – waar we het deze weken over hebben is een eroti-

sche literatuurbenadering. Wij, lezer, toeschouwer, zijn vereen-
zelvigers. En ook de kunstenaar is een vereenzelviger. Toen hij
'ja' zei tegen zijn verhaal ging hij op zoek naar het geheim van
het personage, hij wilde haar of hem vertellen maar ook worden, hij maakte de beweging het personage in waardoor hij, als
van binnenuit, ging verlangen en vrezen en willen wat het personage verlangde, vreesde, hoopte, wat zeggen wil: hij keek met
de blik van een ander, een nog onbekende, naar het verhaal – en
wat hém, de schrijver overkwam, dat zou ook de ontvankelijke
lezer of toeschouwer kunnen overkomen: het samenvallen met
het kunstwerk als was het een persoon.

Vorige week hebben we het, naar aanleiding van het Paradijsverhaal, al even gehad over de 'mystieke voorwaarde' waaraan
het leven, en dus ook een verhaal of een toneelstuk, lijkt te
moeten voldoen. Als het leven een verhaal is, dan hangt het,
zegt G.K. Chesterton in *Orthodoxy*, aan een veto. In de stich-
tingsmythe van onze cultuur – het Bijbelse Boek Genesis –
worden de eerste androïde maaksels van God mensen *doordat*
ze iets niet mogen, iets schijnbaar willekeurigs en onbenulligs.
Niet wát ze niet mogen is van het allergrootste belang, maar
dát ze iets niet mogen. Alleen daardoor kunnen ze dat gaan beseffen wat hen bij uitstek menselijk maakt: hun vrije wil. Zonder gebod valt er niets te willen; willen houdt in dat er iets *niet*
mag.
      Dat wij, via bewegingen het personage in, met bedachte, pa-
pieren constructen van taal méé kunnen leven als waren ze personen (pleonasme!), heeft uitsluitend met de vrije wil, de keu-
zevrijheid te maken. Zou ik ook? Zou ik heus niet? Als *ik* Eva
was zou zij dan ook? Het zijn de elementaire poppenkastvragen
die maken dat je in het verhaal opgaat – en je stelt je deze vragen
a. omdat je weet hoe het afloopt (slecht), maar zeker ook b. omdat je weet wat Eva moet *willen* (het tegenovergestelde). Je weet
waar ze 'ja' tegen heeft gezegd. Je kent de afspraak, het pact dat

zij en Adam met God hebben gesloten, of beter: God met hen. Je kent het 'als': als je eet van de boom, dan –

We hebben bekeken hoe bijvoorbeeld ook de Hamlet deze structuur van het Paradijsverhaal volgt: de hele handeling tot en met het Derde Bedrijf hangt af van het veto, de dure eed, zoals gezworen aan het eind van de eerste grote scène: te zullen zwijgen. 'Het bestaan hing af van iets nalaten,' had Chesterton in zijn *Ethiek van Elfenland* gezegd. En: 'Het visioen hing af van een veto.' En als we goed rondkeken zagen we werkelijk overal de veto-, verbonds- of beloftescènes: in *Orpheus en Euridyce*, in *Smoke*, in mijn roman *Specht en zoon* (het hele tweede hoofdstuk), in de *Aeneis*, in de *Faust*, in *Scoop* (de film van Woody Allen die juist in Berlijn in première is gegaan), in *Casino Royale*, enfin, om met Chesterton te spreken: we ontdekten met grote moeite en levensverachting iets wat allang algemeen bekend was.

En toch: telkens hebben we weer een Chesterton nodig om, bijna als een kind, te ontdekken dat gras groen is, en dat groen zeer wonderlijk is.

Ten slotte stelden we, op de valreep, vast dat het grootste twintigste eeuwse jeugdboek van de Nederlandse literatuur – eigenlijk zijn het twee boeken: *De brief voor de koning* en *Geheimen van het wilde woud* – beginnen met een archetypische vetoscène. Namelijk die waarin Tiuri, die, om ridder te kunnen worden, beloofd heeft om een nacht lang te waken en zich doof te houden voor welke invloed van buiten de kapel dan ook, een stem hoort. Een dringende, bange, ongeruste stem, van iemand die dringend hulp nodig heeft.

Tonke Dragt laat op dat moment haar Tiuri iets wonderlijks denken: 'Nu is het gebeurd, dacht Tiuri. Het was vreemd, maar hij had het gevoel dat hij daar op gewacht had, al die tijd die hij had gewacht.'

Het pact is: niet ingaan op stemmen, als je ridder wil worden. En áls de gevreesde stem dan te horen is, 'is het alsof Tiuri daar op gewacht had'. Waarom? Om er *niet* op in te gaan? Als Tiuri zeker wist dat hij zich volmaakt doof kon houden, zou hij niet zeggen dat hij er 'al die tijd' op gewacht had...

Hij wil kennelijk iets *weten* van zichzelf. Hoe het is om beproefd te worden. Wie hij is als hij –

Hij zal pas kennis hebben van wie hij, Tiuri, is als hij de stem hoort, en... Met dit eenvoudige zinnetje (Tonke Dragt kán niet anders dan eenvoudig en rustig schrijven) wordt iets essentieels over de vrijheid gezegd waarin mensen gelaten zijn. Dat is in een brief van de apostel Paulus de formulering: mensen zijn door hun schepper in een vrijheid *gelaten*. Tiuri is vrij en wil *dus* beproefd worden.

Met dit zinnetje begint de Beweging Tiuri In. Hij kijkt om zich heen en ziet dat de vijf andere ridders in spe niet reageren. Hij loopt naar de deur. De stem klinkt steeds dringender. En als het al niet duidelijk was, dan toch nu: de beweging het personage in maken we omdat we beginnen te willen wat het personage wil – het is dat zijn vrijheid de onze wordt. We ervaren zijn vrijheid; hij vertolkt onze vrijheid.

En we begrijpen nu goed dat het verhaal, dat thans kan beginnen, één grote beproeving zal worden. *We zullen onszelf leren kennen.*

En tegelijkertijd is er, als Tiuri de deur heeft geopend (en zijn ridderschap verspeeld), een nieuw verbond gesloten. Hij belooft naar de ridder te gaan die de brief heeft. Als daar blijkt dat Tiuri de enige is die de brief nog naar zijn bestemming kan brengen, is er een avontuur begonnen dat thuishoort in de verhalenfamilie waar ook *The Lord of the Rings* thuishoort. Het zijn de verhalen die het universele vermoeden voeden dat we wezens zijn die iets ongrijpbaars en onbekends onaangetast naar het levenseinde moeten zien te loodsen – in sommige verhalen wordt dat ongrijpbare de ziel genoemd.

Verzoeking is in uw taal *Versuchung*, bekoring is *Verführung*. Nederlandse christenen bidden in hun belangrijkste gebed: leid ons niet in bekoring, althans dat zeggen katholieken, protestanten zeggen, als ik het goed heb: verzoeking. Bekoring klinkt naar de slang, iemand die iets bekoorlijks, iets lekkers, genotvols in het vooruitzicht stelt; verzoeking is duidelijk kloeker: dan word je meer gevraagd om deel te nemen aan een zeer lucratieve en onoplosbare middelgrote bankroof.

Je kunt je soms niet indenken dat God, als Hij bestaat, überhaupt zou willen bekoren of verzoeken. Maar wel beproeven. Misschien zouden christenen dat dan ook moeten bidden: leid ons niet in beproeving. Maar menen we dat? Vinden we, met Tiuri, niet dat we *eigenlijk* beproefd moeten worden? Willen we niet juist dat de vrijheid waar we in gelaten zijn door God, *iets waard* is?

Hoe zelfs in de hemel de schepselen worden beproefd – en vooral: hoe de engel die de hoogste positie, die van stedehouder, inneemt aan een immense beproeving wordt onderworpen; en hoe deze stedehouder vervolgens zijn vrijheid neemt, en op een verschrikkelijke manier zijn ondergang tegemoet raast – daarvan vertelt de *Lucifer* van Vondel.

Het is een tragedie, of, zoals Vondel het zelf noemt, een treurspel. Veel mooie Nederlandse woorden zijn in Vondels zeventiende eeuw bedacht, zoals schouwburg, wiskunde, driehoek, loodlijn, tuimelgeest en worstelperk.

'Treurspel' is bij benadering de kortste paradox die het Nederlands kent. Volgens Vondel is het 'wit en oogmerk', het doel, 'der wettige treurspelen [...] de mensen te vermorwen door schrik, en medogen'. Vermurwen is: *besänftigen, erweichen*. Het is mooi hoe Vondel met het woord 'vermurwen' de toeschouwer in zekere zin als een hoogheid benadert, een autoriteit: dat we vermurwd moeten worden, betekent dat ook wij aan arrogantie, hoogmoed, de hardheid van een verstokt gemoed kunnen leiden. Daar is een tragedie dus voor – om ons in zekere zin te verzwakken.

Dit is een klassieke gedachte, die al werkzaam was in de eerste gouden periode van de tragedie, in de vijfde eeuw voor Christus. De Franse classicus Jean-Pierre Vernant stelt voor de eerste Griekse tragedies te zien als uitdrukkingen van een bijna subversief besef van menselijke futiliteit en kwetsbaarheid, in een periode van politieke, militaire en vooral intellectuele hoogmoed. Waar het publieke (Atheense) domein gedomineerd werd door lieden die geen machten meer boven zich gesteld wisten, filosofisch georiënteerde mensen zonder godsdienstige neigingen, rationalisten zonder vrees of blaam, daar bevolkte Euripides zijn stukken met vrouwen wier leven door goden en oorlogen verwoest waren. En Sophokles zette met zijn Oedipus een soevereine koning op het toneel die *als enige* niet wist wat alle toeschouwers wisten: dat Apollo hem vervloekt had, en willens en wetens in de val van twee kardinale taboeschendingen gelokt.

Tragedies maken, ook voor Vondel tweeduizend jaar later, deel uit van wat van meet af aan vermoedelijk het grote project van de literatuur is geweest: de mensen op hun plaats stellen. Ze vertellen wie ze, ondanks hun illusies van soevereiniteit en hun ongeëvenaarde veroveringen en instituties en hun zeer zeer hoge torens, *in feite zijn*. Het gaat om hun sterfelijkheid, hun futiliteit – maar het is niet voldoende om soevereine personages alleen maar gruwelijk ten val te laten komen; het gaat, zegt Vondel (in navolging van Aristoteles, en pertinenter) juist ook om mededogen. Om vereenzelviging, zouden wij hier deze weken kunnen zeggen, om inzicht in wat, ongeveer in dezelfde jaren als Vondel, de Franse filosoof Pascal 'de redenen van het hart' heeft genoemd. Die redenen kunnen we pas kennen als we de overmacht van de goden, van het noodlot, op tragische wijze erkennen.

Ook de *Lucifer* begint met een hoogheid, of beter: een groep hoogheden op het toppunt van hun macht. Zij zijn engelen, en allemaal door de godheid zelf op hun hoge bestuursposities geplaatst, elk met een eigen gebied. De handeling begint op het moment dat de engel Apollion aan andere engelen verslag doet van zijn reis naar de aarde, waar een nieuw schepsel ten tonele is verschenen. De mens. Anders dan de engelen – die alleen geestelijk zijn, en al helemaal af – kennen mensen een lichaam én een ziel.

Gelukkig heeft Vondel zich niets aangetrokken van de logische problemen die zijn plan in feite onwerkbaar maken. Hoe laat je menselijke acteurs geestelijke entiteiten spelen die zich afvragen wat het betekent om een lichaam te hebben?

Vondel vertrouwt volledig op onze bereidheid om ons sceptische ongeloof op te schorten. Hij weet dat wij ons willen vereenzelvigen – dat we er simpelweg naar verlangen om in constructies mensen te zien. Hij vertrouwt op onze bezielende inborst.

Als hij begin twintigste eeuw op mijn idee was gekomen om voor een verhaal een schildersdoek als verteller te nemen, zoals in *Specht en zoon*, dan zouden we echt wat hebben meegemaakt. En in feite *spelen* Beëlzebub en Apollion aanvankelijk eenzelfde rol als mijn doek. Ze hebben iets niet wat mensen wel hebben. En daar zijn ze nieuwsgierig naar, ze willen alles weten van hoe het is om een lichaam te hebben, en zintuigen, en voortplantingsorganen, een lucht om in te ademen, en neuzen om mee te ruiken.

Er heerst op de eerste pagina's een Star Trek-achtige opwinding over de nieuwe planeet. Intussen zullen we geen mens te zien krijgen. De afspraak is simpelweg dat wat we zien *niet* de materiële wereld is.

Wat de engelen, en speciaal hun leider, de eerste man vlak onder God, Lucifer, óók te horen krijgen, is dat er een plan is. De nieuwe schepselen, met hun wonderlijke, curieuze vermogen tot bijvoorbeeld genot, en hun tastbare, aanraakbare schoonheid, hun dubbele entiteit: ze zijn van tastbaar spul, *klay*, gemaakt, en door dat spul héén schemert iets ontastbaars, hun ziel, welaan, deze schepselen zullen een ontwikkeling gaan doormaken. Ze zullen in de loop van de tijd (iets wat voor engelen tot op dat moment irrelevant is, want ze zijn volmaakt geschapen, en zullen eeuwig zichzelf blijven) een groei doormaken en uiteindelijk aan de rechterhand van God terechtkomen. Op een plek naast, nee, hoger dan Lucifer.

Zodra we merken, in het Tweede Bedrijf, dat Lucifer heel goed beseft wat Gods plan met de nieuwkomers is, beginnen we de Beweging zijn Personage in te maken. We weten dat hij trouw heeft gezworen, hij wordt door een belofte gebonden – het feit dat hij deze eed gezworen heeft impliceert dat hij, net als de mens, vrij is. Maar tot dusver heeft Lucifer dat woord om zo te zeggen niet nodig gehad – het is nog niet in hem opgekomen om iets te doen wat onwettig is.

Om met Chesterton te spreken: Lucifer weet nog niet wat het betekent dat het visioen afhangt van iets nalaten. Dat visioen is in dit geval: Lucifers heerlijke, volmaakte bestaan als engel. Hij kan niet afzien van de ene, aanzwellende, onbeheersbare gedachte: dat de mensen hém zullen overtroeven. Dat hij *onder hen* zal komen te resideren.

Er zijn in het stuk engelen die de komst van de mens aanvaarden, simpelweg omdat het Gods plan is; ze vertrouwen erop dat het geheel van de schepping volmaakt zal zijn, en dat hun plaats erin, net als nu, de juiste zal zijn.

Ze zijn zeer wijs, deze Michaël, Rafaël, Gabriël en Uriël. Maar we bewegen ze niet in, niet zoals we Lucifer in bewegen. We hebben het al eerder geconstateerd: de beweging het personage in is pas mogelijk wanneer wij de vrijheid waar het personage voor staat beseffen – als zijn wil, zijn vrije, al te vrije wil, in volle ontplooiing wordt gebracht. Als hij voor de tweesprong staat en van zijn keuze *hangt alles af.* Dat is het moment waarop we ons maximaal vereenzelvigen – en de wereld door zijn ogen zien.

Wat Lucifer speciaal heel onrustig maakt, en dus speciaal heel vereenzelvigbaar, is zijn besef dat de mensen *nu nog* onbedui-dend als wormen zijn, maar *ooit eens* op de troon naast God te-recht zullen komen. Hier is, geloof ik, iets diepzinnigs gaande. De mens, op zijn heerlijke nieuwe wereld, *is nog niet zover*. Hij zal zich ontwikkelen, in de tijd. Dat is nog niet gebeurd. Het is het plan. Het zal. Ooit. Eens. Onheilspellende begrippen. Niet voor alle engelen, maar wel voor Lucifer, de hoogst geplaatste, degene die het dichtst tegen de perfectie mag aanleunen. In dat futiele woordje 'nog' zit de hele verscheurdheid van Lucifer op-gesloten. Wat 'nog' is is ook 'nog niet'. Wat 'nog niet' is kan ook 'nooit' zijn.

De mens beschikt over iets onbekends – tijd – en zal zich ont-wikkelen tot iets – waar Lucifer in zichzelf, als Lucifer, volmaakt is en uitontwikkeld. En de mens kan bovendien iets waar de ge-slachtsloze, zintuigloze engelen geen weet van hebben – iets wat door Vondel, ongetwijfeld de zinnelijkste, lichamelijkste dich-ter die het Nederlands heeft voortgebracht – met water in de mond slaande finesse wordt beschreven: zich verdubbelen. Er is een moment waarop Lucifers angst voor het nieuwe schepsel lijkt op de angst van de bij u volkomen onbekende Nederlandse parlementariër Geert Wilders voor de zich als 'konijnen voort-plantende' Marokkanen in de Nederlandse grote steden. Deze Wilders weet zeker dat wat op één hoogte met hem geplaatst zal worden – of hoger – hém zal willen onderdrukken.

De *Lucifer* is een tijdloze weergave van het vijanddenken – hoe het nieuwe, onbekende, en vooral: zinnelijke, erotische, jonge onweerstaanbaar wordt omgedacht tot het bedreigende en overvleugelende en ten slotte: onderdrukkende.

Het adembenemende bij dit alles is dat Lucifer geen vijan-den heeft. Die bestaan in dit stuk domweg niet. Niemand – God niet, de andere engelen niet, de pasgeboren mensen niet – nie-mand heeft Lucifer de oorlog verklaard, er is geen sprake van dat hij van zijn speciale positie beroofd zal worden, dat hij *min-der engel* zal worden dan voorheen...

Het gaat in *Lucifer* werkelijk heel anders toe dan in *Casino Royale*, waar het geweld altijd eerst tegen James Bond wordt aangewend, waarna hij reageert met altijd iets slimmer, uitgekookter geweld... De vijand heet daar 'terrorisme' en wij weten, per axioma: terroristen zijn het eerst begonnen, die hebben het op ons gemunt, wij mogen niet leven van hen.

Maar tegen Lucifer is geen enkele daad van haat gepleegd. Toch weet hij het, gedurende een ademstokkend proces, steeds zekerder: áls die nieuwe creaturen zich mogen ontwikkelen zoals door God beloofd... En dan gebruikt hij het woord *slavernij:* dan word ik gebracht onder hun slavernij... verlies ik dat waarin ik naar Gods evenbeeld geschapen ben: mijn vrije wil...

Alles zal ten koste gaan van Lucifer. Hij zal niet meer de enige zijn. Er zal...

We komen uit bij de poedelkern van vandaag. Bij het verschrikkelijke idee dat er maar één is zoals ik. Dat ik alleen Otten ben als er niet nog een Otten is. Dat als ik Otten ben dankzij een God die mij Otten heeft laten zijn – zoals ik ben, op mijn positie in het grote weefsel – dat er dan één nachtmerrie is – dat er ergens iemand geboren wordt waarvan het plan is dat hij ook Otten wordt.

Vraag mij niet waarom Lucifer zich, toen het alleen nog om Michaël en Gabriël ging, zich niet heeft afgevraagd waarom God evenveel van hen houdt als van hem, evenveel in hen ziet, als in Lucifer. Ik geloof dat het 't gruwelijke, onuitstaanbare 'als' is wat Lucifer parten speelt. Het moet nog gebeuren. Terwijl jij al gebeurd bent. Het probleem is niet dat er, zeg, een Tomas Lieske is – die gelijktijdig met mij zijn mooie, maar ook: geruststellend andere boeken schrijft – maar dat er een Otten zou zijn die nog Otten moet worden.

In feite gaat het in de *Lucifer* om het dubbelgangersmotief – zoals ik hem afgelopen week hier in Berlijn werkzaam heb zien zijn in *Amphytrion*, het prachtstuk van Von Kleist dat in een zwakke, postmoderne vertoning te zien is bij het Deutsches

Theater. In dat stuk gaat Zeus in de gedaante van een echtgenoot naar bed met een vrouw, en verdwijnt. De volgende dag arriveert de generaal – om te bemerken dat zijn vrouw de nacht van haar leven heeft gehad... met hem... Het is misschien een ingewikkelde manier om gek te worden van naijver, maar het is wel een inzichtelijke, ware manier.

Maar ook bij Kaïn en Abel gaat het om de dubbel: Kaïn interpreteert de liefde van God voor Abel als een liefde *tegen* hemzelf. Ook 'mijn' Alexander, met zijn vijanddenkspiraal gericht tegen Dareios vertelt dit verhaal. En de jaloezie van Othello wordt gewekt doordat Jago hem ervan overtuigt dat er voor Desdemona nóg een Othello, een dubbel, een rivaal bestaat. Het dubbelgangersmotief draait, per definitie, om begeerte. De mens is voor Lucifer fascinerend en verontrustend, omdat hij beseft dat God van de mens houdt.

Dat God exact evenveel van Lucifer houdt, blijkt uit het genadebod dat Lucifer, ondanks dat hij zijn legers (één derde van alle engelen!) tegen God heeft samengetrokken, tot het laatst toe doet. En uit Gabriëls fenomenale monoloog, wanneer duidelijk wordt dat het te laat is, dat Lucifer het niet zal, niet kan, niet wil aannemen (de woorden lopen hier, op het moment suprême door elkaar), blijkt dat God zielsbedroefd is. Hij heeft ook zijn stedehouder, zijn bevoorrechte engel, begiftigd met vrije wil... Je hoort hier het verdriet van een vader; in vaderverdriet is Vondel de meester, zijn gedichtje over zijn gestorven zoontje Constantijn is onbetwist één van de mooiste in ons taalgebied.

Dat Lucifer in opstand blijft; het genadebod afwijst *terwijl wij (en Gabriël) voelen dat hij grondeloos twijfelt en de andere kant uit zou willen vallen*, dat is een triomf van de beweging het personage in. Het is voldoende voor Lucifer om te zien, voor zijn geestesoog, dat de mens al evenzeer een speciaal plekje in de liefde van de schepper inneemt, om te volharden in de opstand, en het sein ten oorlog te geven. En er is geen toeschouwer die het niet begrijpt – hoezeer hij of zij inwendig ook zal roepen: doe het niet!

Van wat wij begrijpen van Lucifer heeft de franse filosoof René Girard een schitterende theorie gemaakt. Girard heeft, voorzover ik weet, Vondels *Lucifer* niet gelezen, maar hij zou zeggen: Lucifer is ten prooi aan de *mimetische begeerte*. Hij is gefascineerd geraakt door de nieuwkomer zoals Kaïn door Abel. Kaïn ziet dat het offer dat Abel voor God plengt wél geaccepteerd wordt; het zijn, evenwaardige, niet. Hij trekt de menselijke conclusie: dan houdt God dus meer van Adam dan van mij. Kaïns volgende stap is: er is maar één manier om de meest geliefde te zijn, de enige echte: Abel uitschakelen. Of hij denkt: als Abel de meest geliefde is, dan maakt de liefde van God mij geen barst meer uit, dan dood ik liever die liefde, dan te moeten aanzien dat Abel haar ontvangt.

De mimetische begeerte zegt dat we begeren wat een ander begeert. Als ik een aantrekkelijke vrouw zie, maar niet speciaal van plan ben om haar te willen – dan kan mijn rustige kijk op haar op slag in een hebberige onrust verkeren op het moment dat ik mijn vriend, met wie ik uit ben, tegen me hoor zeggen: onweerstaanbare vrouw, vind je niet?

Met horloges gaat het sowieso zo: als James Bond in de film zegt – met onmiskenbare begeerte in zijn stem gelegd, tegen een onverdraaglijk begeerlijke vrouw (onverdraaglijk begerig, overigens, omdat we hem haar hebben zien begeren), dat hij een Omega-horloge beter vindt dan een Rolex, dan steekt er een mondiale begeerte naar Omega's op. Deze begeerte is bemiddeld door James Bond.

U bent zo leergierig geweest om op mijn verzoek mijn roman *De wijde blik* te lezen; daarin hebt u kunnen zien hoe, in een glimp, de ik-persoon de begeerte voor een orang-oetang ziet, van zijn vriendin Susan. Nog eerder in het verhaal is er iets anders gebeurd: hij heeft een zeer behaarde, aapachtig rossige man een crush zien hebben op Susan, die hij toen nog helemaal niet kende of had opgemerkt. Deze roodharige man – Rozemond – is zijn bewonderde leermeester. En ik, de verteller, ben pas verliefd op haar geworden ná het zien van deze crush.

Ik kende Girard nog niet toen ik *De wijde blik* schreef. En toen ik in 1988 zijn *De romantische leugen en de romaneske waarheid* (uit 1967) las, was het alsof er schellen van mijn ogen vielen. In latere boeken en toneelstukken, vooral *Braambos, Specht en zoon* en *Alexander*, zijn de verhalen wél bewust door het Girardijnse denkbeeld van de mimetische begeerte aangestuurd.

Girard is een denker die je niet ongedacht kunt denken. Lucifers fascinatie voor de mens, en de transformatie van die fascinatie in mortale afkeer, verloopt via God. Uiteindelijk richt zich de agressie niet alleen tegen de mens, maar juist tegen de bemiddelaar, God. In dit proces is er geen sprake van zoiets als een externe kwade macht, die Lucifer determineert – geen satanische dwang, zelfs geen Jago-figuur, zoals in de andere onvergetelijke jaloezie-tragedie, de *Othello* van Shakespeare. Lucifer wordt niets ingefluisterd. Het kwaad van de jaloezie, en de tragedie van de opstand zijn louter en alleen het gevolg van conclusies die Lucifer in alle vrijheid trekt uit de nieuwe, onverhoedse verschijningsvorm van Gods liefde: die blijkt ook de allergeringste, wormachtige creaturen der schepping te betreffen, evenzeer als de hoge engelen.

Nogmaals, er is geen toeschouwer die niet *precies* begrijpt hoe en waarom Lucifer tot zijn conclusies komt. Er is een proces gaande dat we al kunnen bedenken vóór Lucifer het beseft. Het is een spiraal van nabootsende, en bemiddelaar-minnende-en-hatende denkbewegingen die we van haver tot gort kennen, herkennen, erkennen, en hevig meebeleven.

We worden, als het om deze dingen gaat, de werkelijk tragische dingen, niet door noodzakelijke machten geregeerd. Het gaat er juist om dat er een andere macht is, de *eigenlijke* macht, waar we alles, onze hele existentie, aan te danken hebben – de liefde, en die laat de mensen vrij. En ook Lucifer. Dat betekent dat we tegen God, tegen de liefde in kunnen gaan – wat in al zijn eenvoud wil zeggen: we kunnen jaloers zijn. We kunnen denken dat we minder geliefd zijn dan een ander. We kunnen ons laten grijpen door de vreselijke, verterende, wanhoop zaaiende gedachte dat we *buiten de liefde* staan. En dat de ander, de o zo onbeschrijfelijk geliefde en door God zoveel tederder beminde dubbelganger, daar de schuld van heeft. Domweg omdat hij wél en wij niet. Vul maar in: succes heeft. Bij de zweminstructeur te eten is uitgenodigd. Talent heeft voor ongedwongen vriendelijkheid. Het hart van een echt zachtmoedige man wint.

Wat is deze mimetische begeerte, die van Abel, en van Adam, en van Desdemona, en van Hermione, zoals we volgende week nog zullen zien, maar ook van Oedipus, en in *Alexander*: van Filotas, en in *Specht*: van het doek – om ons te beperken tot een paar literaire voorbeelden – zondebokken maakt (we laten de grote religieuze zondebok, Jezus, of de collectieve historische zondebok, de joden, gemakshalve buiten beschouwing)? Wat is deze spiraal: een noodzakelijke, noodlottige macht, of is het de mensen gegeven ertegenin te denken, zich eraan te onttrekken?

Chesterton schreef: de wereld hangt af van dat we iets nalaten. Als het waar is, wat Gabriël aan het eind van Lucifer zegt, dan blijft Gods plan onverlet – dan wordt er eens een mens geboren die Gods wil doet en alles omkeert. Gods Zoon. Of: Zijn Woord. Maar de nieuwe, onaffe schepsels die én met een lichaam én met een ziel begiftigd zijn, deze 'dubbelsterren', zullen deze mensgod niet begrijpen, en zelfs doden, tijdens een spiraal van geweld die sprekend zal lijken op die welke Lucifer in zijn tragedie doorloopt. Maar na de dood van deze Zoon zullen mensen kunnen begrijpen wie hij was; zij zullen – dit is Vondels geloof – weer kunnen gaan willen. Wat in hun rampzalige, in zichzelf verdeelde, oorlogszoekende toestand eigenlijk voornamelijk betekent, dat ze kunnen blijven hopen. De hoop is een geheimzinnige variant van de wil, een zusje van vertrouwen. Hoop en vertrouwen zijn even menselijk als welbeschouwd bovenmenselijk.

Het ontbrak Lucifer aan hoop. Aan vertrouwen in het Plan.

Hij wantrouwde. Dat is de kern van de nijd, de naijver, de jaloezie. Lucifer verviel in wanhoop.

Gelukkig voor ons was hij maar een engel. Iets anders dan een mens, bedoel ik. Misschien helpt het dat God de Zoon is geworden, en zou het met mensen heel anders gesteld kunnen zijn.

Vierde college:
de kamer van het diepste verlangen

Vorige week stuurde de professor mij met een vraag naar huis: of ik wat kon zeggen over de diversiteit van mijn voorbeelden – ik vind ze, zoals u gemerkt hebt, in Pinoccio, in jeugdboeken van Tonke Dragt, in *The Chronicles of Narnia*, in de Neue Nationalgalerie, bij Vondel, in de Hamlet, in *Himmel über Berlin*, in kinderbijbels, *Crash* en in Genesis. Hoe zit dat, zijn deze bronnen gelijkwaardig?

Vandaag zullen er minstens twee bronnen bij komen: de film *Stalker* van de Rus Andrej Tarkovski, de jaloezie-tragedie *Othello* van Shakespeare, en een paar pericopen uit het Evangelie volgens Mattheüs.

De vraag of deze bronnen 'gelijkwaardig' zijn kan ik beantwoorden: ik zie genoemde kunstwerken en teksten als takken en twijgen van één boom die tot het eind van het menselijk bewustzijn zal door groeien. De korte stam wordt gevormd door het Paradijsverhaal; alle andere zijstammen, -stammetjes, takken en twijgen groeien uit dat verhaal voort, wat zeggen wil: ze zijn van dezelfde substantie, maar kennen een andere groei. Het is niet zo dat een dikke, stevige zeventiende-eeuwse halfstam als de *Lucifer* een sappige, lichte negentiende-eeuwse tak als *Pinoccio* overtreft. Ze spruiten simpelweg uit dezelfde stam voort, wat zeggen wil: ze proberen met hun bladeren, hun woorden, hun scènes, hun 'bewegingen het personage in', hetzelfde licht op te vangen. En het laatste twijgje voedt, al lichtvangend, de vorige takken en die weer de aartsstam. Ik bedoel, hier is de zin van de Nederlandse dichter Hans Faverey geldig: dat zijn laatste gedicht de voorgaande poëzie niet ongedaan maakt. Integendeel:

het laatst geschrevene verlicht het eerste; soms, als een hedendaags kunstwerk heel erg binnen de hier geschetste traditie past, zoals *Dogville* van Lars von Trier, dan is híj de voorganger van het Zondevalverhaal – de profeet van het eerst geschrevene.

Er is een gedicht van de Australische dichter Les Murray, 'Poetry and Religion' heet het, en daarin zegt hij:

Zo is God de in elke religie opgevangen poëzie
opgevangen – niet gevangen – als in een spiegel
die hij opriep door in de wereld te zijn
wat poëzie is in het gedicht: een wet tegen afbakeningen.

Hier staat dat een religie God opvangt op de wijze van een spiegel: weerkaatsend, dus, opvangend zonder het te fixeren, vast te leggen, *af te bakenen*; en dat God zich in de wereld manifesteert zoals poëzie in een gedicht. Probeer het maar eens – dat wat je 'poëzie' noemt te scheiden van het gedicht, en 'God' los te denken van het religieuze. Dat kan niet. En toch is God geen attribuut van de wereld. Als hij er niet is, dan kan de wereld, net als een spiegel, er nog wel zijn, maar hij kaatst God niet, hij is een spiegel zonder spiegeling. Op dezelfde manier weten we heel goed wanneer een groep woorden geen poëzie opvangt; we noemen het dan proza, of wartaal. Een al even lege spiegel.

Voor mij is de literatuur (waarin opgenomen het drama, en dus ook film) één onafgebroken poging om hetzelfde op te vangen. Mijn literatuuropvatting zou je orthodox kunnen noemen – op de wijze waarop Chesterton dat woord gebruikt. Elk verhalend kunstwerk is een manier om te ontdekken wat er al is, een mysterie dat altijd weer het ene bewustzijn, het ene scheppend organisme van de ene kunstenaar, de ene lezer, de ene *realiseerder* nodig heeft om beseft te worden. Gevat. Opgevangen. En wat er opgevangen wordt is steeds hetzelfde raadsel, dat de spiegel van verhalen en scènes nodig heeft om weerkaatst, en door het menselijk bewustzijn gekend te worden: het mysterie van de vrije wil.

Hoe ik ook mijn best doe – wat vrijheid 'is', zal ik nooit kunnen weten los het handelen van een mens, of mensen: van scènes en verhalen, dus. Het gaat altijd en per definitie om een daad, en dat die *in vrijheid* wordt gepleegd, dat wordt door de handeling opgevangen. Niet gevangen, om met Les Murray te spreken. Opgevangen.

Als Lucifer, na het genadebod dat hem door Gabriël wordt gedaan, toch de oorlog verklaart aan God, dan is hij vrij. Daarvóór noemden we hem dat misschien ook al, maar toen 'merkte' hij om zo te zeggen niet dat hij gehoorzaamde. De vrijheid waarin hij gelaten was om stedehouder van God te zijn was nog geen besef. Hij 'kende' zijn vrijheid niet. Daar was de daad voor nodig – op het moment van de onherroepelijke handeling ('ten oorlog') staat hij pas echt in de vrijheid. Zelfs al wordt hij ogenblikkelijk daarop slaaf van het Kwaad.

Merk op dat Lucifer met zijn daad blijkt te kiezen voor een bestaan waarin niets meer valt te kiezen – hij valt naar de uiterste krochten van de schepping, en kan van daar uit alleen nog maar een invloed ten kwade zijn. Dat wil zeggen: anderen in tweestrijd brengen, zonder zelf in tweestrijd te raken. Zonder zelf nog te kunnen handelen. Dat moet hij anderen, mensen, laten doen. De duivel parasiteert op de vrijheid.

Hoe dan ook: wij (en de collega-engelen in de tragedie) beseffen pas als hij niet alleen 'nee' zegt maar ook *doet*, hoe totaal zijn vrijheid was.

Volgens mij ontstond er vorige keer een misverstand (waar ik de hele week, misschien vruchteloos, over ben blijven nadenken) toen de professor zich tijdens het college afvroeg wat vrijheid dan eigenlijk *is*, als Lucifer alleen door het gebod te overtreden vrij kan zijn.

Vrijheid 'is' niet iets, althans niet buiten de handeling om. Je kunt Lucifers handelwijze altijd zo analyseren en beschrijven dat hij *moest* doen wat hij deed, zoals je – wat de professor opperde – het toehappen van Eva kunt beschouwen als de *enige manier* waarop zij kan weten wie zij is: hoe zou zij dan iets anders hebben kunnen willen dan happen?

Maar iedere beschrijving van de oorzaken waar Eva het noodzakelijk, en dus: willoos gevolg van is, maakt het éne grote gevolg van de daad, van de overtreding, niet ongedaan: dat we ogenblikkelijk, eigenlijk al *precies op het moment van de hap* ten volle kunnen gaan beseffen wat het betekent om niet gehapt te hebben. En dat besef maakt dat wij haar 'vrij' noemen. Te laat, dus. Te laat.

Zoals ik de verzoekings- of beproevingsscène nu beschrijf (anders dan in het vorige college), is er een fundamenteel verschil tussen kunnen kiezen tussen happen of niet happen, en happen. Tussen in dilemma verkeren en doen gaapt een letterlijk onbeschrijflijke kloof.

Het misverstand is nu, volgens mij, dat wij zeggen dat Eva vrij is zolang zij in dubio verkeert: de tweesprong is haar vrijheid. Kijk haar toch helemaal vrij en in tweestrijd zijn.

Maar is dat wel het moment waarop wij haar vrijheid ervaren? Maken wij nu niet juist mee hoe *gebonden* zij dan is, aan het gebod? Toen zij nog niet in verzoeking verkeerde, was het gebod een vriendelijke, paradijselijke conditie waar Adam en Eva *natuurlijk*, en zonder een seconde in tweestrijd te verkeren, 'ja' tegen hadden gezegd. En nu, tijdens de tweestrijd, ontdekt zij pas hoe onbedaarlijk vast zij zit aan haar 'ja'. Ze ontdekt, met andere woorden, haar onvrijheid. Daar wordt zij zich bewust van.

Pas tijdens de daad, het splijtende ene ogenblik waarop zij *los* raakt van het gebod, en dus van God, is zij vrij. Zo vrij als God! En pas dán wordt zij maximaal inleefbaar, begint de grote vereenzelviging, wat zeggen wil: wordt zij het personage dat ons, dankzij de beweging haar in, dankzij het verhaal dat haar bestaan nu geworden is, leert wat het betekent om een mens te zijn, dat wil zeggen: geschapen naar Gods evenbeeld omdat zij beschikt over iets goddelijks: de vrije wil.

Dat nu dan eindelijk iets betekent. 'Gekend' wordt. Te laat. Te laat.

Pas dan is Eva zo grandioos als een mens maar kan zijn, namelijk: zij weet voor eens en voor altijd wat zij had moeten willen. Zij weet het nu werkelijk. Oneindig veel beter dan toen zij haar vrijheid op paradijselijke wijze welbeschouwd *nog niet kende*. Niet kón kennen. En elke keer als zij moet beseffen dat zij sterfelijk is, dat zij lijdt, zal zij ook haar vrijheid beseffen.

Er is niets voor vrijheid te zeggen – het is, als je het bekijkt zoals de schrijver van Genesis het heeft bekeken, het enige waar mensen echt last van hebben. Ik vermoed dat dat één van de redenen is waarom dit verhaal maar niet ophoudt te fascineren. Het is zo schrikbarend realistisch. Mensen voelen zich grandioos omdat ze vrij zijn. Ze voelen zich tegelijkertijd nietig omdat ze vrij zijn. Vrijheid is dan ook precies waar zij het liefst vanaf willen. Dat merk je aan de Tom Tom, het Nederlandse auto-navigatiesysteem: mensen willen helemaal niet meer zelf, in vrijheid, de weg zoeken, ze willen geleid worden. Het is geen toeval dat de Tom Tom in het land van Calvijn zo'n succesverhaal heeft kunnen worden.

Beseffen waar je vrijheid uit bestaat – of, om met de apostel Paulus te spreken: wat de vrijheid is waar wij door God in gelaten zijn – houdt in: beseffen dat je onophoudelijk allang gekozen hebt voor het verkeerde. Voor de eerste sigaret die, na een leven van verslaving, je lichaam verkankert. Voor de wending in je loopbaan die je materieel gewin heeft bezorgd, maar ook: angst om het te verliezen. Voor de abortus, die je een vrijheid heeft gegeven, maar die je, als je veertig bent en geen kinderen meer hebt kunnen krijgen, begint aan te staren als een spookbaby. Voor de carrière-move die je aan de top brengt, maar je ook onmerkbaar verhardt en je het belangrijkste doet verliezen: je onbevangenheid, je vrienden. Voor de eerste keer hardcore pornografie meenemen uit de videotheek, waardoor je een bepaald soort erotische onschuld verliest. Voor het veilige lidmaatschap, op je achttiende, van de Waffen ss, waar je tegen het einde van je leven een beschamende, verexcuserende verklaring voor gaat geven. Voor de affaire met een vrouw, waardoor je de moeder van je kinderen vernedert en je onherroepelijk van je kinderen wegdrijft.

We zijn te klein voor datgene waarin God ons op Hem heeft laten lijken, en toch maakt het ons groter dan wij zijn. Aan de ene kant *maken* we ons klein, door van, zeg, de eerste kennismaking met pornografie te zeggen dat het 'de tijd', de 'samenleving' is, die ons 'nu eenmaal' naar de maakbare seksualiteit drijft. O, dolgraag waren we mieren in een KaDeWe-hoop. Het succes van de biologen die ons trachten te reduceren tot noodzakelijke uitvoerders van ons erfelijk DNA-materiaal spreekt boekdelen .

Aan de andere kant blijven we, ondanks onze verslavingen, beseffen dat we *niet willen wat we willen*. Dat er – zelfs al begrijpen we niet meer goed hoe en wat – iets anders te willen valt dan we willen.

Het loopt met de mensen in het scheppingsverhaal fundamenteel anders af dan met Lucifer in de hemel. Lucifer valt en heeft vanuit zijn hel niets meer te willen, niets anders dan: de kwade, verzoekende, bekorende macht te zijn.

Er is een geheimzinnig zinnetje in het Evangelie van Mattheüs, waar Jezus zegt: 'ik zag Satan vallen als de bliksem'. Het is in een flits gebeurd – zelf vraagt Lucifer zich in één laatste zin voor zijn onherroepelijke handeling af of het wel 'tijd' genoemd kan worden, 'dees kortheid, tussen heil en endeloos verdoemen'. Onze zustertalen hebben er hetzelfde geniale woord voor: ogenblik, *Augenblick*. Daarna is hij de verslaver, de belover van almacht, de handelaar in zielen – en hij is in enkele weergaloze personages opgevangen, zoals in Shakespeare's Jago, in Goethe's Mephistopheles, in C.S. Lewis' *Brieven uit de hel*. Jago kan zelfs de minst jaloerse man van Shakespeare's hele oeuvre, Othello, laten geloven in de trouweloosheid van zijn geliefde Desdemona.

Over Jago heeft Samuel Coleridge halverwege de negentiende eeuw een college gegeven dat één van de mooiste essays over het kwaad is dat ik ken. Coleridge merkt van Jago op dat die geen motief heeft. Althans: op elke pagina van het stuk bedenkt hij een ándere reden om Othello gek te maken. De ene keer zegt hij dat Othello Desdemona van hém, Jago, heeft afgepikt, en daarom te gronde moet worden gericht. De andere keer dat Othello hem, Jago, heeft gepasseerd bij een benoeming tot officier. Nog weer een andere keer beweert hij dat Othello met Jago's vrouw Emilia naar bed is geweest. Hij is verwikkeld, zegt Coleridge, in 'the motive-hunting of the malignant'. De jacht op argumenten, op zelfrechtvaardigingen, van de kwaadwillige. Of ook anders: Jago hééft geen drijfveer, hij moet er steeds één construeren. Hij wil simpelweg dat er geen liefde tussen Othello en Desdemona meer bestaat. Zoals Lucifer simpelweg niet wil dat God van zijn nieuwe schepselen – hoe nietig en zwak die op dat moment nog zijn – houdt.

Jago is een scherpe, zij het banaliserende psycholoog. Hij weet dat liefde en vrijheid onlosmakelijk met elkaar verbonden zijn – Desdemona was vrij toen ze 'ja' tegen Othello zei. Onuitstaanbaar, in Jago's ogen: aanstootgevend, vrij. Daar heeft Shakespeare in het begin van het stuk veel werk van gemaakt: het was moeilijk voor Desdemona om tegen haar vader te kiezen, vóór deze vreemdeling, die geen enkele dwang heeft uitgeoefend. Geen geld heeft geboden. Geen macht heeft uitgeoefend. Geen druk op haar vader. Alleen maar zijn levensverhaal verteld.

De val van Lucifer is, hebben we vorige week proberen te begrijpen, het resultaat van een proces waarin niemand hem heeft aangevallen, niemand hem heeft gehaat, niemand hem de oorlog verklaard. Er was alleen maar nóg een schepsel, een nieuwkomer, een vrije man, waar God evenveel van leek te houden als van hem, Lucifer.

Uit dit proces zonder aantoonbare agressie of haat is het kwaad ontstaan, in Lucifer, in Jago – de verstikkende gedachte dat de ander zuiver door zijn bestaan er alleen maar is om jou te schaden en zelfs te vernederen. Als de ander *in dezelfde vrijheid staat als ik*, dan *zou hij zich tegen mij kunnen keren*. En omdat ik dit denk, keer ik mij in feite al tegen hém, en is de grote, vernietigende escalatie begonnen, de mimetische spiraal. Ik heb geen leven zolang hij leeft.

Intussen doe ik toch wat ik me in het eerste college, als een soort Hamlet in het eerste bedrijf, gezworen had niet te doen: filosoferen, theoretiseren, in het algemene, terwijl ik ervan overtuigd ben dat je over de kwestie van de menselijke vrijheid, die altijd pas een besef, een ervaring wordt door en na een daad, die het sluitstuk is van een handelingsproces, eigenlijk alleen maar kunt spreken in het bijzondere – met verhalen. Gelijkenissen. Scènes. Alleen door ons concrete personages voor te stellen, en ons te onderwerpen aan een 'beweging het personage in', maken we mee wat een mens tot een mens maakt. Want dat is steeds de inzet van de scènes uit de films, toneelstukken en romans waar ik uit heb geput: het gaat steeds om het ogenblik waarop een personage (of: een engel, een schildersdoek, een stuk hout, een leeg schilderij in de Neue Nationalgalerie) een persoon wordt.

Laten we het zo ook maar noemen, voor het gemak: persoonwording. In het Nederlands beschikken we over het woord 'menswording', waarmee we doelen op de geboorte, het leven, het lijden en de dood van Jezus. God is 'in de gedaante van een mens' verschenen – dit is de menswording 'van boven af'. Die wordt dikwijls ook beschreven in termen van een afdaling, of een ontlediging: God heeft alle luister en macht afgelegd, zich ontledigd, om de gedaante van een sterveling aan te nemen.

Maar het woord 'menswording' kan ook gebruikt worden

voor het proces waarin bijvoorbeeld Pinoccio, die als een stuk hout begint – een huilerig stuk hout, maar toch, een stuk hout – na een moeizame maar spannende worsteling, het stadium van de sprekende pop ontgroeit en 'echt een mens' wordt. In *Specht en zoon* heb ik geprobeerd om het schildersdoek een enigszins vergelijkbaar (zij het passiever, introspectiever) proces van menswording te laten doormaken. Ouders van pasgeboren kinderen kennen bijna altijd het ene afgebakende moment waarop hun kind van een soort diertje voor hun ogen verandert in een mens: dat is als het voor het eerst glimlacht.

Ik stel voor om deze menswording dus *persoonswording* te noemen. Niet omdat God in Jezus *niet* een persoon wordt (dat wordt hij overduidelijk wél), maar vooral om duidelijk te maken dat iemand al een mens kan zijn, en toch ook mens *worden*. Eigenlijk is dat wat er gebeurt met Eva, zodra ze van de Boom eet.

Essentieel voor persoonwording is dat het een ervaring is, een bewustzijn – iets wat je vereenzelvigbaar maakt. Ik weet niet of wij om zo te zeggen van Eva 'meemaken' wie of wat zij is vóór de hap; ik vrees dat we even weinig met haar delen als met de olifant die wij in een documentaire op Phoenix zien. Een mens wordt ze na de hap door haar vrijheidsbesef: nu weet ze wat ze had moeten willen, maar het is te laat. Nu is het Paradijs een herinnering, iets wat niet meer waar is. Dat – deze toestand van missen, van ontbreken, van te laat of niet meer, van herinneren en, dankzij een soort genade, verlangen en hopen – maakt van haar een mens. Hetzelfde als wij. Vereenzelvigbaar. Een verhaal waar we, via haar, in bewegen en in meegaan, van binnenuit.

Het verhaal dat ik wil vertellen wordt verteld in *Stalker*, een Russische film uit 1979. De maker, Andrej Tarkovski, was toen zevenenveertig. Kort na de première is hij naar Italië geëmigreerd, om in artistieke vrijheid te kunnen leven; hij is in 1987 gestorven, in het jaar waarin ik zijn werk begon te leren kennen. Zijn beroemdste film is zijn tweede: *Andrej Roebljov* ('66).

Stalker betekent: verkenner, oorspronkelijk tijdens de herten-jacht. De stalker van de film is een man die zo vaak hij kan de Zone binnengaat, om daar te zwerven. De Zone is een verbo-den gebied waar sinds mensenheugenis geen mensen meer wo-nen. Of er een nucleaire ramp is gebeurd, of een meteoriet is in-geslagen, of een pest heeft gewoed, dat komen we niet te weten. Wel dat niet iedereen er levend vandaan komt; dat overheids-troepen erin verdwenen zijn; en dat áls je er binnen wil gaan, je ongewapend moet zijn, wil je een kans op terugkeer hebben. En, wordt er verteld: in het midden van de Zone staat een ver-laten huis. In dat huis is een kamer. Als het je lukt om het huis te bereiken en je kunt de kamer in – dan zal er gebeuren wat je het allerliefst wil.

Stalker vertelt over dit huis terwijl hij, met twee anderen, een schrijver en een wetenschapper, onderweg is naar het huis. Het is een gevaarlijke tocht. Het is alsof het landschap zich aanpast aan degene die het doorkruist – alsof ze een denkend, bewust-zijndragend gebied zijn binnengegaan. Op zeker moment lo-ten de drie mannen wie er als eerste een heel speciale tunnel van een soort rivierbedding zal binnengaan. Als ze het overleefd hebben vertelt Stalker van zijn leermeester, die luisterde naar de naam Stekelvarken.

Stekelvarken bereikte het huis en de kamer. Het is van belang te beseffen dat Stekelvarken een arm man was – in geldnood. En dat hij onderweg, tijdens deze zelfde tocht, zijn broer had verlo-ren. Ook in de gevaarlijke tunnel. Het was Stekelvarkens schuld: hij had de lootjes vervalst, waardoor zijn broer degene was die als eerste de tunnel in moest. En daar omkwam.

Stekelvarken wist dus heel goed wat hij ten diepste wilde toen hij de kamer betrad. Hij wilde de wederopstanding van zijn broer. Zijn broer, die wilde hij terug.

Hij bereikte enige dagen later de uitgang van de Zone en liep

naar huis, in de overtuiging daar zijn broer aan te zullen treffen. Dat was wat hij toch ten diepste gewenst had. Ik herinner
me niet dat Stalker, als hij in de film dit verhaal vertelt aan zijn
twee metgezellen, hier even pauzeert om het spannender te maken. De scène die wij nu verwachten is de *anagnorisis*-scène, die
volgende week ter sprake zal komen: de herkenningsscène, die
vaak ook een herenigingscène is. Schuldige broer sluit doodge-
waande broer in de armen. Nobele muziek.

Maar Stalker vertelt dat toen Stekelvarken zijn huis binnen-
stapte, hij overal geld zag. Geen broer. Overal stapels bankbiljet-
ten – meer dan hij nodig had.

Ik weet zeker dat Stalker als hij hier is aangekomen *geen* pauze
inlast, maar meteen doorgaat: kort daarna pleegde Stekelvarken
zelfmoord.

Het verhaal is nog niet afgelopen – maar het is goed om alvast
de vraag te stellen: wat is vrijheid als iemand niet kán willen wat
hij wil? Want daar lijkt het in dit verhaal van Tarkovski (ik ben
het nooit bij een ander tegengekomen – ik beschouw Tarkovski, op grond van zijn scenario's, waar hij altijd een beslissende
hand in heeft gehad, als een groot auteur) toch op. Als Stekelvarken toch bij vol bewustzijn naar eigen overtuiging zielsgraag
heeft staan willen dat zijn broer zou verrijzen – en dan blijkt
thuis dat hij 'onbewust' toch nog liever eindelijk rijk had willen zijn – kan hij dat dan helpen? Was hij vrij en heus zelf nog de
willer?

Ik ga hier geen ander antwoord geven dan dat van het verhaal
zelf: kort daarna pleegde Stekelvarken zelfmoord.

Het is duidelijk dat Stekelvarken zichzelf beschouwde als iemand die wel degelijk het geld liever wilde dan de broer.

Zijn einde doet onweerstaanbaar denken aan het einde van
Judas, de verrader van Jezus. Ook die hangt zich op na de wils-
act. Zijn zelfgezochte dood is de enige manier om nog te laten
weten dat hij niet gewild heeft wat hij gewild heeft. Het is zijn
uitspraak over de vrijheid, waar hij in gelaten is.

Ook Stalker bereikt de uitgang van de Zone, en komt thuis. Daar is zijn vrouw, en zijn kind, dat lijdt aan een kanker, een ziekte opgelopen door zo dicht bij de Zone geboren te zijn. De wijze waarop hij gefilmd wordt terwijl hij zijn wonderlijk in doeken gewikkeld kind op zijn schouders draagt, als een soort Christofoor, zal eens zijn plaats in de kunstgeschiedenis, naast Breughel, Rembrandt, Giogione innemen. Maar daarna is hij alleen met zijn vrouw, aan wie hij vertelt dat hij de kamer heeft bereikt, maar weer niet naar binnen is gegaan.

Dat begrijpen we, na het verhaal van Stekelvarken.

Het visioen hing af van iets nalaten, had Chesterton geschreven, in zijn *Ethiek van Elfenland*.

En Stalker zegt tegen zijn vrouw: ik zou ook nooit willen dat jij de kamer binnenging. Ik hou zielsveel van je. Ik heb je liever zoals je bent, dan dat ik weet wat je het liefste wil.

Dit is de afloop van het verhaal na de afloop van het verhaal van Stekelvarken.

Het verhaal van Stalker is een vrije-wils-vertelling. Het is duidelijk dat het uiteindelijk, met zijn laatste tournure, als Stalker vertelt dat hij weer niet naar binnen is gegaan, een religieuze strekking krijgt. Er wordt iets vitaals gezegd over geloven.

Ik moet bekennen dat deze scène voor mij zoiets als de Zone-kamer is. Ik weet niet of ik er veel méér mee moet doen dan hem vertellen. Stalker maakt, zou je kunnen zeggen, Eva ongedaan. Hij eet *niet* van de vrucht die hem kennis belooft.

Iets *niet* willen. Iets nalaten. Tegen je wil ingaan. Misschien is Stalker, met al zijn driftige, vluchtzieke, eenzaterigheid, één van die onmogelijke, en sowieso zeldzame personages die op weg zijn naar wat Lucifer zo vreesde: Gods wil te doen.

Laatste college: de schok van de anagnorisis, en een Berlijnse meteoroloog

Stel u voor: de onweerstaanbaar tragikomische acteur Bill Murray, een man van mijn leeftijd, die met gemak uw vader had kunnen zijn, heeft een roze brief gekregen, vlak na het boze vertrek van een minnares; in de roze brief, van een onbekende vrouw, staat dat hij een zoon heeft en dat die zoon naar hem op zoek is.

De vrouw maakt zich niet bekend, en Bill Murray (wiens leven in een woestijn van eenzaamheid en melancholie is verzand) besluit om de vijf, zes belangrijkste vrouwen – bij wie de kans is er een kind te hebben gemaakt – van zijn leven te zoeken. Steeds blijken ze geen kind van hem te hebben; de één na laatste laat hem in elkaar slaan en kán de moeder zijn; de laatste blijkt overleden. En zo, met een hoofdwond, gaat Bil Murray, die steeds meer een vader is geworden, naar huis. Op het vliegveld ziet hij een jongen. Een dag later ziet hij dezelfde jongen weer, bij zijn cafeetje. En dan weet hij zeker wat wij ook willen vermoeden: dit is hem.

Het gesprek is de laatste scène van de film – de anagnorisis, of herkenningsscène. U herinnert zich *Specht en zoon*, ook dat is een verhaal dat afstevent op een anagnorisis: uiteindelijk zal Specht het schilderij van zijn (verdwenen) zoon op schoot krijgen. In de vorm van een polaroid, maar toch. Het is een hereniging, een herkenning en een erkenning.

Ik laat u het gesprek op de video zien, het is één van de beste filmdialogen die ik ken. Hij is geschreven door de regisseur: Jim Jarmusch.

De jongen is de zoon natuurlijk niet. Toch begrijpen we dat

Bill Murray tijdens deze scène eindelijk vader is. Ook wanneer de jongen van deze, in zijn ogen orakeltaal sprekende, man is weggehold als voor een krankzinnige.

Ik ken geen diepzinniger enscenering van het vaderschap dan deze, of het moest de beginscène van *Koning Lear* zijn. Maar dat is een ander onderwerp.

Een vader is een man met een zoon, ook als die zoon niet bestaat.

De klassieke anagnorisis is intussen die in de *Elektra*: een jonge vrouw wil koste wat kost haar moeder Klytaemnestra doden, want die heeft haar vader, Agamemnon, gedood. Maar de jonge vrouw, Elektra, is machteloos; ze wacht op haar broer, die twintig jaar geleden, als zuigeling, door haar in veiligheid is gebracht. Als die komt, zal hij haar helpen met de wraak op Klytaemnestra (en dier minnaar). Als het stuk begint, hoort Elektra dat Orestes is omgekomen tijdens een paardenrace. Klytaemnestra is erbij als dit verteld wordt.

We maken gelijktijdig twee massieve bewegingen het personage in mee: die Elektra in (van wie we weten dat zij met Orestes haar moeder had willen doden), en die Klytaemnestra in (van wie we weten dat zij heimelijk heeft gehoopt op dit bericht).

Daarna, als Elektra alleen op het toneel is, verschijnt er een man met een urn. Wij weten ogenblikkelijk dat deze man Orestes is. Maar hij zegt dat de as in de urn die van Orestes is. Hij wil zich onbekend houden om het paleis binnen te kunnen en zijn wraak te voltrekken. Hij weet niet dat de sjofele, junkie-achtige vrouw met wie hij praat Elektra is. Dat wordt de eerste herkenning: als Elektra in rouw en ontsteltenis explodeert, met de urn in haar handen – dat is het ikoon van dit stuk geworden: jonge kinderloze vrouw met urn tegen haar boezem geklemd als een baby – dan beseft Orestes dat zij zijn zuster is. En daarna (dit wordt lang gerekt) zal Elektra beseffen dat de onbekende jonge man haar Orestes is.

Ik heb nog nooit een voorstelling gezien van dit stuk waarin deze scène me niet deed wenen. Er gaat een reusachtige poppenkastkracht uit van weten wie de twee zijn terwijl ze het van elkaar niet weten. Deze ironie – de 'dramatische ironie' – is onweerstaanbaar. En de grote emotie die deze scène al tweeëneenhalf millennium, onder allerlei verschillende culturele omstandigheden oproept, duidt op een soort diep grondverlangen bij mensen: we willen dat mensen elkaar herkennen, dat ze verenigd worden, dat ze, juist wanneer ze doodgewaand zijn, levend verschijnen.

Dat laatste is in deze scène vooral des poedels kern.

We leven met een vrouw mee die eerst zeker weet dat haar broer gestorven is – ze staat met zijn as in haar arm als was het hem twintig jaar geleden, een babietje nog – en daarna ziet ze hem levend voor zich. Er is een verlangen naar wederopstanding en wonderen dat niet alleen christelijk is – maar, inderdaad, een aartsverlangen. Dat gerealiseerd zien beroert de ziel.

De anagnorisis komt in allerlei verschijningsvormen voor – in zekere zin zou je kunnen zeggen dat Oedipus *zichzelf* zal herkennen als de laatste getuige, de herder die hem ooit met doorgesneden voetpezen in de bergen te vondeling heeft neergelegd, hem doet beseffen dat ook zijn eigen voeten de lidtekens vertonen van doorgesneden zijn...

De anagnorisis, de herkenning, *moet* optreden. Daarom zal de schrijver het voor de partijen zo onwaarschijnlijk mogelijk maken – zoals voor Elektra, die niet in wederopstanding gelooft, maar toch haar broer voor zich heeft. Wij, de toeschouwers, moeten met al onze wilskracht willen wat zij niet kan geloven. En zelfs als het, volgens de aardse, menselijke logica niet kán, de herkenning (omdat degene die herkend moet worden hem simpelweg niet is, of omdat hij écht dood is, en onder de zoden), dan nog kunnen we willen dat de herkenning optreedt.

De anagnorisis bij uitstek van het christendom vindt plaats in het Evangelie – na de dood van Jezus. Dat is wanneer Jezus is gekruisigd en Maria Magdalena, die in het graf is geweest – dat leeg bleek te zijn – een tuinman ziet staan in de hof naast het graf.

Noli me tangere.

Ultiem, omdat hier het verlangen naar herkenning en hereniging werkelijk niet kán plaatsgrijpen – en toch, als je zegt: wat een flauwekul, die vrouw is gaga, en die tuinman een gemene zwendelaar, dan doe je iets vreselijks: je vermoordt het verlangen waar de scène uit bestaat. Maria Magdalena heeft diezelfde man twee dagen eerder gekruisigd zien worden. Er is niemand van wie zij meer heeft gehouden dan van hem. Zij beseft dat hij voor háár gestorven is, voor haar en voor alle mensen. En nu herkent ze hem. Meer gebeurt er niet, ze mag hem niet aanraken, er is geen ander vervolg op de scène dan dat hij zegt: vertel wat je gezien hebt aan de anderen – waarmee zij, een vrouw, de eerste is die de apostelrol krijgt toegewezen. De verschrikkelijk moeilijke rol van iets te moeten getuigen wat volgens menselijke logica nooit kan zijn voorgevallen.

De anagnorisis is één van de krachtigste wapens waarover een schrijver – die per definitie ongewapend is – beschikt. En dat betekent dat het verlangen naar anagnorisis één van de sterkste verlangens is van de mensen.

Ook het verhaal van vorige week, uit *Stalker*, belooft een anagnorisis-scène. De man Stekelvarken, die de kamer in de Zone betreedt met de wens zijn, door zijn toedoen gestorven broer levend terug te krijgen, verschilt in niets van Elektra die Orestes terug wil, of van Maria Magdalena in de tuin.

Hiermee ben ik, merk ik, aan het eind gekomen van wat ik u te vertellen had.

Ik ben mijn competentie van *writer in residence* aan de Freie Universität Berlin danig te buiten gegaan. Daarvoor mijn verontschuldigingen.

Toch gebeurde er gisteren, nadat ik dit laatste college had voorbereid, nog het volgende: ik moest een *Literarische Vorlesung* houden. En na de lezing kwam er een Nederlander op mij af.

Natuurlijk vroeg ik hem wat ik iedereen vraag: hoe lang leeft u al in Berlijn?

In Berlijn leven is iets bijzonders, zoveel heb ik afgelopen weken gemerkt.

Bijna iedereen die ik ontmoet *is in Berlijn komen wonen*, en het is op één of andere manier van belang om te weten *sinds wanneer*. Wat heb je ervan meegemaakt? Van de Wende? Van de voortdurende veranderingen?

Hij woonde hier sinds '96. Maar het plan was ouder, en, inderdaad, ontstaan meteen na de Wende. Hij was werkzaam in de software-business – programma's die te maken hadden met weervoorspellingen, een uiterst Hollands onderwerp. Daar had hij succes mee in Nederland, en toen was er een vriend met connecties in Berlijn en zo onstond de droom: in Berlijn weer voorspellen. In de winter van '95 ging hij met zijn vriend, die al in Berlijn woonde, zonder weer te voorspellen, en met nóg een echtpaar, een echt Berlijns echtpaar, van lang voor de Wende bedoel ik, naar Zwitserland. Vakantie. Hij en zijn vriend zouden, met hun echtgenoten, en de dochter van het Berlijnse echtpaar skiën; het Berlijnse echtpaar zou gaan kletteren. In de winter, jawel, het waren avontuurlijke mensen. De Matterhorn op. Op een afgesproken dag stonden ze allemaal in de hal van het vliegveld, te wachten op het kletterende echtpaar. Dat niet verscheen. En ook de volgende dag niet verscheen. En nooit meer verschenen is. Daar stonden ze. Twee echtparen en een dochter van omgekomen Berlijners.

De dochter was tien, of elf, en erfde het huis van haar ouders – een groot huis. En plotseling was het zeker: ook de Nederlander, de weerkundige, zou nu naar Berlijn komen, ze zouden de zaak beginnen, en ze zouden zich, samen met de al enigszins Berlijnse vrienden, ontfermen over de dochter.

Dat was het verhaal; het gaat goed met de zaak, de man gaat volgend jaar een huis bouwen ergens in Brandenburg op de rand van Berlijn, de dochter studeert in Maastricht, daar gaat het goed mee. En toen zei de man: sinds ik in Berlijn woon is mijn leven een verhaal geworden.

Hij was geen echt *Literarische Vorlesung*-type. Maar dit trof me. Hij noemde zijn leven een verhaal – sinds het noodlot zijn leven om zo te zeggen in handen had genomen, en hij de uitnodiging van het toeval had aanvaard. Ik zeg het een beetje te literair. Hij zei het eenvoudiger: mijn leven is een verhaal geworden.

Iets wat je kunt vertellen. Een verhaal is iets waar een *wending* in zit, en een gebod, iets wat het personage moet aanvaarden wil het zijn leven veranderen.

Ik had het gevoel dat dit te maken had met ons onderwerp, dat steeds meer 'de vrije wil' geworden is. De scènes en verhalen waar we over na hebben gedacht draaiden steeds om het punt waarop iemand vrij is – dat is voor mij de crux van een verhaal. Het laat zien, maakt bewust, realiseert, dat mensen vrije wezens zijn. Langzaamaan is het me in de loop van deze weken – waarin ik een andere gedachte ben gaan ontwikkelen dan ik, geloof ik, van plan was – duidelijker geworden dat vrijheid dáár een besef wordt, en dus voor ons, lezers en toeschouwers, besefbaar, alsof het om onszelf gaat – en de afstand tussen ons en het personage wegvalt: wij kunnen willen wat hij of zij wil – waar het personage *niet* kan willen wat hij wil.

Toen de weerkundige uit Nederland het verhaal vertelde van hoe hij in Berlijn verzeild was geraakt, maakte hij, zonder het te beseffen, van zijn leven een gelijkenis. Misschien bedoelde hij dat toen hij zei dat zijn leven een verhaal was geworden. Hij kon zijn leven zo vertellen dat hij er iets mee kon vertellen over willen en aanvaarden. Hij had de dochter aanvaard, en Berlijn en, om zo te zeggen, het noodlot. Op een essentiële manier was hij gehoorzaam geweest, had hij gezegd: ik kan nu wel veilig en wel in Holland blijven, maar ik moet nu naar de dochter, naar Berlijn, *dit moet ik nu willen.*

Ik lees een boek om dezelfde reden als waarom ik hoop een man als mijn weerkundige tegen te komen. Om te horen wat er te willen valt. Literatuur bestuderen is geen vrij zwevende activiteit – uiteindelijk begin je aan een boek omdat er iets op het spel staat.

U hebt de studie van de Nederlandse letterkunde op zich genomen. Het was een vreemde en opwindende ervaring om u in mijn eigen taal enkele uren lang te kunnen vertellen wat het volgens mij betekent dat er verhalen zijn. Dat het grote verhaal dat van de vrije wil is, ons verontrustende, verheffende geschenk.

Harry is dood

Op vakantie las ik in de *Irish Times* dat er in 1840, voor de uitvinding van de telegraaf, eens in New York een passagiersschip uit Liverpool afmeerde – met aan boord de eerste exemplaren van de laatste aflevering van Charles Dickens' feuilletonroman *The Old Curiosity Shop*, over het verdwenen meisje Little Nell. Op de rede hadden zich duizenden Amerikanen verzameld die naar de passagiers aan de reling riepen: 'Is Nelly dood? Is Nelly dood?'

We schrijven maandag 22 juli 2007. Sinds ik het laatste deel van de Harry Potter-cyclus uit heb sta ik, samen met miljoenen anderen, aan de reling van dit schip en ben ik *vervuld van kennis van de afloop*. Is Harry dood? roepen ze op de wal, is Harry dood? Het is, in deze eerste dagen na het uitkomen van het laatste deel, ik kan het niet anders zeggen, magisch om tot deze eerste groep Weters te behoren.

Toen ik afgelopen zaterdagochtend om 09:03 uur mijn lang van tevoren gereserveerde exemplaar van J.K. Rowlings *Harry Potter and the Deathly Hallows* in handen kreeg, stond ik ogenblikkelijk voor een Harry-keuze. Zou ik de laatste zin lezen of niet? Voor ik het wist hadden mijn vingers de laatste bladzijde al gevonden en waren de laatste drie woorden onherroepelijk op mijn netvlies gebrand.

All is well.

Ik noem het een Harry-keuze, omdat we sinds deel vijf, *The Order of the Phoenix*, inmiddels ook een film, weten dat Harry kan kiezen of hij de gedachten van zijn vervolger zal lezen of niet. Harry staat via een litteken op zijn voorhoofd in direct contact met deze Voldemort, van wie er een zielsfragment in Harry is geslagen. Dat is gebeurd vlak na Harry's geboorte, tijdens de moord op zijn ouders.

Voldemorts gedachten lezen is gevaarlijk, want Voldemort beseft dat Harry bij hem naar binnen kan. Het omgekeerde is ook het geval, maar is voor Voldemort gevaarlijker dan voor Harry. Het ontbreekt Voldemort aan een cruciaal soort kennis aangaande Harry's ziel; daardoor zal Harry hém altijd dieper doorvorsen dan andersom.

Rowling heeft haar hilarisch precieze en concrete vernuft in stelling gebracht om iets op te roepen waar een duistere verbeelding voor nodig is: het Kwaad. Hetzelfde kwaad als waar het in het Onze Vader om gaat – verlos ons van het Kwade. Naar beproefd christelijk gebruik, heeft zij het kwaad gepersonifieerd, in een personage dat een generatie eerder op dezelfde tovenaarsschool Zweinstein heeft gezeten als Harry. Toen heette Voldemort nog Tom Riddle; hij was de briljantste leerling die Zweinstein ooit had gekend, en speciaal heel geniaal in Zwarte Magie, het vak dat op school met grote waarborgen omgeven alleen in de laatste jaren aan maar enkele studenten voluit onderwezen wordt, wat zeggen wil: er is een vak 'Verdediging tegen Zwarte Magie', waarvoor je in Zwarte Magie moet worden ingewijd. Het is ook Harry's lievelingsvak.

Voldemort is vergelijkbaar met Vondels Lucifer (en dus met John Miltons Satan uit *Paradise Lost*, dat Rowling ongetwijfeld kent) – de geliefde, briljante engel die geen nieuw schepsel, geen gelijke, naast zich duldt en liever in opstand komt tegen God en de liefde, dan zich voegt naar de Realiteit. Dat is in onze cultuur, sinds het Paradijsverhaal, de crux van het kwaad: het is des mensen, en het vloeit voort uit hoogmoed en afgunst. Tom Riddle's eerste schreden op het pad van de Zwarte Magie, met zijn dodelijk spreuken en zijn hatende, verstotende, uitwissende kracht, zijn op Luciferse wijze aangestuurd geweest door afgunst, ressentiment, wrok. Hij is, nog in zijn jeugd, gevallen, tijdens de moordaanslag op Harry's ouders (en op Harry). Zijn allermoordendste toverspreuk is toen als een boemerang op hemzelf teruggeslagen en heeft hem vrijwel gereduceerd tot niets.

Meer dan vijf delen lang is het één van de mysteries van Harry geweest: wat heeft hem resistent gemaakt tegen de spreuk der spreuken van Voldemort? Pas in het laatste deel zullen we het volledig begrijpen – en als je dan aha! denkt, dan wel ach zo (het is een verdrietig raadsel), vraag je je af waarom het vanzelfsprekendste ook het geheimzinnigste is.

De hele Potter-reeks drijft op de wedergeboorte van Voldemort – die langzaam, deel voor deel, steeds meer lichaam, kracht en macht krijgt, terwijl tegelijkertijd steeds duidelijker wordt dat er maar één iemand is die deze kracht kan weerstaan – en dat is Harry.

In Rowlings wereldbeeld draait het erom, dat Harry om zo te zeggen het product is van Voldemorts moordaanslag. Toen is er iets van Voldemorts macht in de pasgeboren Harry geslagen, met het befaamde litteken als gevolg. En in de loop van het verhaal wordt Harry, naarmate hij ouder wordt en sterker en moediger, *opgeladen* door de krachten waarmee Voldemort hem naar het leven staat.

Toen ik in februari 2001, als late bekeerling, aan de Grote Lectuur begon en deel werd van het, op dat moment, 15 miljoen mensen tellende leesleger dat, bij verschijning van het allerlaatste deel, 315 miljoen *kopende* recruten telde, verschenen er berichten dat het Vaticaan waarschuwde voor de boeken, omdat het problemen had met het magisch denken erin. Er waren op dat moment drie delen verschenen. Het derde heette *The Prisoner of Azkaban*, en is, als er zonodig een rangorde moet worden aangebracht, het beste deel – dat waarin de implicaties van Voldemorts ontwaken voluit duidelijk worden. Dat is het deel waarin Zweinstein onder curatele gesteld wordt van de Dementors – cipier-achtige spookgestalten die, als ze je kussen, alle hoop en vreugde uit je kunnen wegzuigen, en je dan voor altijd achterlaten in exact de meest desolate toestand als waarin je in je leven ooit verkeerd hebt. Niet iedereen reageert hetzelfde op een dementor-kus. Harry, die als kind zijn ouders verloren heeft en bij vlagen geneigd kan zijn tot alle wanhoop, is uitzonderlijk vatbaar voor Dementors – die alleen kunnen worden weerstaan door een speciale toverspreuk (de 'patronus', die 'Expecto Patronum!' luidt). De patronus sorteert alleen effect wanneer je werkelijk met grote kracht aan je beste, gelukkigste herinnering denkt. Met andere woorden: hoe meer verdriet je mee hebt gemaakt, des te groter het effect van de Dementors, en dus: des te groter het beroep op je geestkracht. Dat is één van de grote gevechten die door een aantal personages geleverd worden in de reeks: tegen de melancholie, tegen wat Peter Handke 'het gewicht van de wereld' heeft genoemd.

De Dementors zijn een schitterende fictie die verraden dat hun bedenkster Rowling uit een eerste hands-ervaring met depressie werkt. Ze heeft veel te vertellen over de geheimzinnige wisselwerking tussen verdriet, wil en realiteitszin. Het wemelt in de Potterboeken van zulke ficties – ze lijken op de *ficciones* van de grootste verhalenschrijver van de vorige eeuw, Jorge Luis Borges: metafysische spinsels waarmee raadsels van het bewustzijn kunnen worden gevangen – zoals de spiegel, in het eerste deel, waarin je dat kunt zien wat je het gelukkigst maakt, of de spreuk waarmee je dat kunt materialiseren waar je het bangst voor bent, of de formule waarmee je iets van jezelf kunt bewaren in andermans ziel (zonder dat die het weet). Het drijvende denkbeeld van de laatste delen – dat Harry, zo hij wil, *door de ogen van Voldemort kan kijken*, is ook zo'n *ficcion* – en Rowling denkt de consequenties ervan meesterlijk door. Er is geen enkele reden om haar werk lager aan te slaan dan *De ontdekking van de hemel*, het doet bovendien niet aan intellectuele borstklopperij en is geestiger.

Ik ben eigenlijk altijd geneigd om standpunten van het Vaticaan serieus te nemen en zelfstandig door te denken, juist omdat ik de katholieke geloofpraktijk ken als de *ficcion der ficciones* die me een uitweg uit de confrontatie met mijn persoonlijke Dementors biedt – maar ik geloof dat kardinaal Ratzinger het hier niet bij het juiste eind had. De magische krachten zoals aangewend in deze boeken zijn veelal een hilarisch commentaar op hedendaagse vormen van tovenarij – er is soms weinig verschil tussen wat de kinderen van Rowling doen met hun toverstaf, en mijn kinderen met hun mobieltjes, hun afstandsbediening, of hun pc's. Het verschil tussen een auto en een koets getrokken door onzichtbare skelet-paarden is marginaal als je tóch niet weet hoe een cilindermotor werkt. De afhankelijkheid in de Dreuzelwereld (dat is: de gewone mensenwereld) van benzine, medicijnen, middelen is groter en vooral: minder grappig dan die van tovenaarsmensen van hun magie, en Rowling wil nooit beweren dat er 'meer tussen hemel en aarde' is – ik denk dat de Bond tegen Kwakzalverij in Rowling eerder een medestander heeft dan een tegenstander; er wordt geen geloof in voodoo of fetisjisme uitgevent, integendeel, Rowling kan op Voltairiaanse wijze de draak steken met allerlei vormen van bijgeloof. Ze heeft een superb gevoel voor humor, scherp als van Orwell, goedmoedig als van Bomans. En juist wanneer de magie Zwart wordt, zoals in toenemende mate in de laatste vier delen, maakt Rowling duidelijk dat het haar om een uitvergroting, of een veruitwendiging van zeer menselijke, zeer natuurlijke neigingen, begeertes en verlangens gaat. Voldemorts verlangen naar onsterfelijkheid, waar hij alle menselijks aan opoffert, is Faustisch, niet bovennatuurlijk.

Het verbaasde me dat de kardinaal zich met de verschijning van *Azkaban* niet een ándere zorg was gaan maken – en wel over de achterliggende gedachte van de boeken, de theologie, zogezegd. In mijn dagboekaantekeningen lees ik dat ik me na drie boeken af begon te vragen *wat het verschil tussen Harry en Voldemort was*. De laatste was de incarnatie van het kwaad, zoveel was duidelijk, maar wat was Harry? Een uitverkorene, degene die, als al, Voldemort zou gaan weerstaan? In de kritiek werd hij al de 'verlosser' genoemd – een woord dat niet door Rowling gebruikt wordt. (Het is interessant om te zien dat met het verdampen van het christelijk geloof het gebruik van religieuze sleutelwoorden niet is afgenomen. Integendeel, begrippen als verlosser, incarnatie, *evil*, demoniseren, worden lukraker ingezet dan ooit, en verliezen aan betekenis. Het is opvallend dat Rowling geen deel heeft aan deze verslonzing.) Zelfs waar Harry op gegeven moment 'the Chosen One' genoemd wordt, dan zijn het onveranderlijk de journalisten van de roddelzuchtige *Daily Prophet* die zo'n term in de mond nemen; de Grote Woorden worden vrijwel altijd met gepaste ironie ingezet.

Nee, *mijn* kardinale zorg betrof enkele delen lang Harry's ziel. Misschien kwam het doordat ik in die tijd het eerste deel van *The Matrix* zag, een bloedstollend spannende en fascinerende film waarin al eveneens een jonge man, Neo, ontdekt dat hij de enige is die de wereld kan redden van een demiurg, of: een netwerk van kwade krachten. Dat wat wij onze realiteit noemen blijkt van deze demiurg het ontwerp te zijn, dat hij ons collectief laat dromen; in werkelijkheid zitten we in een soort onderwereld gevangen als slaven wier levenskrachten, als door een Globale Vampier, worden afgetapt. Gedurende de organisatie van het verzet wordt duidelijk dat er maar één manier is om de vijand te verslaan – en dat is: met de middelen van de vijand. Met andere woorden: langzaamaan wordt het verschil tussen Neo en de demiurg steeds geringer. Uiteindelijk begreep ik totaal niet meer waarom ik had moeten willen dat Neo de winnaar was – in de finale van deel 1 is hij even verslaafd aan de middelen om *zijn* fictie re realiseren, als zijn tegenstander; de middelen zijn hetzelfde, en precies even dodelijk gewelddadig. Het was moeilijk om de bioscoop niet katerig en kribbig te verlaten, jezelf afvragend of het heil dan dus toch van übermenschen moet komen.

The Matrix was, zo kwam het me voor, een manicheïstische

fantasie – gebaseerd op het denkbeeld van een kwade macht die gelijkwaardig is aan de goede. In een manicheïstisch wereldbeeld kan de schuld van het ongeluk of onbehagen altijd geprojecteerd worden op de ander. Dat zie je nergens zo duidelijk als in hoe er over het menselijk lichaam wordt gedacht. Dat wordt als een tegenstander gezien, bezeten door een kwade macht, die van het verval en de veroudering. Elk gebotoxt voorhoofd bewijst dat we op voet van oorlog staan, en onze tegenstander denken te kunnen verslaan. Maar het middel verslaat onszelf. Net als een verslaafde bestrijden we de vijand door hem onszelf te laten opeten, te beginnen bij ons hart.

Het wemelt van de hedendaagse manicheïsmen – het is misschien wel de naam van de crisisspiralen waar we ons voortdurend in mee laten sleuren, de middelen- en geld- en wapenwedlopen waartoe we ons laten verleiden, het onvermogen om degene die je angst inboezemt niet in de eerste plaats domweg met *shock and awe* te willen *deleten*, en buiten de orde te verklaren. Een manicheeër wordt uiteindelijk vermoord door de angst voor zijn angst.

Ik was er, kortom, steeds maar niet zeker van of Harry, in de delen volgend op *Azkaban*, niet verwikkeld was in een Neogevecht, waarbij hij, als hij eindelijk alleen tegenover zijn grote tegenstander zou komen te staan, niet eigenlijk inwisselbaar zou zijn met Voldemort. Pas in juli 2005, op het eind van deel zes, *The Halfblood Prince*, begreep ik dat ook Rowling haar geesteskind ziet als een niet-manicheïstische fictie. Want toen stierf Dumbledore, die in de (al te Annie M.G. Schmidt-achtige) Nederlandse vertaling van Wiebe Buddingh' Perkamentus heet. En met deze dood, door de hand van een intieme medewerker van Dumbledore, werd duidelijk dat er een andere macht tegenover die van Voldemort staat, en dat Harry in het laatste deel alleen zou slagen als hij van deze macht het gehoorzaam instrument zou worden. Want Dumbledore's dood was een zelfgezocht offer. De geliefde rector van Zweinstein, die ons zes delen lang had doen beseffen hoe tragisch onpersoonlijk en karakterloos het onderwijs in onze eigen Dreuzelwereld is geworden, *wist* dat hij eraan moest gaan, en liet Harry, en ons, het idee na dat zijn dood zinvol was. Een offer. En dat dit denkbeeld, of beter: besef, de sleutel zou zijn van het laatste deel.

In de loop van de delen had de Potter-cyclus zich, met andere woorden, ontwikkeld tot een *drama van het vertrouwen*. Rowling hoedt zich ervoor om een religieuze term als *faith* te gebruiken – toch draait het erom. Voldemort wordt door vertrouwen weerstaan. Het leek erop dat we inderdaad te maken hadden met een proeve van 'joods-christelijke cultuurbewustzijn', geheel in de geest van wat de Britse filosoof Roger Scruton zo indrukwekkend heeft beschreven. Dat wil zeggen: een fictie waarin het, zonder dat er per definitie een godsbeeld in ontwikkeld wordt, draait om vergeving en offer.

Voldemort kan weerstaan worden – maar degene die hiertoe geroepen is verliest, als in een heuse *via mystica*, om te beginnen al zijn zekerheden. Zelfs Dumbledore verliest hij, degene die juist hem, Harry, het vertrouwen heeft gegeven dat hij het zou kunnen, gaat er aan. Niet alleen letterlijk, maar ook figuurlijk. Na zijn dood zal Dumbledore *als mens*, *als autoriteit*, van zijn voetstuk vallen – iets wat bijna verwoestender is dan een dementorkus. Harry komt in het laatste deel met steeds leger handen te staan – eigenlijk rest er uiteindelijk alleen maar het idee dat er een plan, een uitweg *moet* zijn, omdat Dumbledore zich heeft laten doden. Maar de instructies die Dumbledore heeft nagelaten zijn voor tegenstrijdige duiding vatbaar – er zit een wijsheid in verscholen, een anti-voldemortse logica, die alleen begrepen kan worden door op Dumbledore... te vertrouwen.

Dumbledore is, wat mij betreft, de grote, onvergetelijke prestatie van Rowling. Met dit oude schoolhoofd heeft zij iets hondsmoeilijks gedramatiseerd: wijsheid. Schrijvers die 'levende wijsheid' op papier hebben weten te krijgen zijn zeldzaam –

Joseph Conrad met meneer Stein in *Lord Jim*, Tonke Dragt met Menaures in de Tiuri-boeken, C.S. Lewis met de leeuw Aslan in de *Narnia Kronieken*, Dostojevski met de Starets in *De broers Karamazov*. Dumbledore hoort in dit wonderrijtje thuis, niet in het minst omdat hij, zo blijkt uit *The Deathly Hallows*, tijdens zijn leven enkele malen bezweken is geweest voor dezelfde verleiding als die Voldemort niet aflatend obsedeert: het idee dat je jezelf, met je magie, kunt immuniseren tegen dood en onmacht. Inmiddels is duidelijk geworden dat 'magie' zoiets is als wat we 'talent' noemen, 'vernuft', 'scheppend bewustzijn'. Het beste, menselijkste dat we bezitten – en dat, zodra we het ook daadwerkelijk denken te bezitten en te beheersen, in het slechtste kan verkeren.

Ook Harry zal in het laatste deel grondig en hartverscheurend voor de voldemortse bijl gaan; hij heeft zijn vrienden Hermione en Ron harder nodig dan ooit om niet te bezwijken. Veel van de wijsheid die Rowling in de gestalte van Dumbledore heeft gestoken, zit ook in de vriendschap tussen de drie verscholen. Het is soms moeilijk om niet te gaan neuriën bij de gedachte dat er meer dan 300 miljoen mensen in aanraking zijn gekomen met een fictie waarin zoveel waars over vriendschap wordt gezegd – en dus over de moed om elkaar te vertrouwen, en te vertrouwen op elkaars moed.

Is Harry dood? Is Harry dood?

Dat ik, met de hand op het hart, kan zeggen: ja, Harry is dood, nee, Harry leeft, *all is well*, is de uiteindelijke triomf van de cyclus. Het is een literaire prestatie, die, in de voorstelling van de lezer, een dwingende realiteit wordt dankzij iets wat van meet af aan, meteen al in het eerste deel, de magie van de hele onderneming uitmaakte: Harry's rouw. Want heel dit wonderbaarlijke verhaal is opgeweld uit de dood van Harry's vader James en zijn moeder Lily. Het is allemaal begonnen met een kind dat een gemis moest zien te overleven – en ontdekt dat er één ding niet vermoord is. De liefde die hem op de wereld had gezet. Het ene dat voor Voldemort ten enen male ondoorgrondelijk en niet te kraken is.

Hoe Harry door deze liefde gedragen, en bij vol bewustzijn, zijn dood tegemoet gaat, in een scène die niet alleen het slot van *The Lord of the Rings* in herinnering roept, maar ook het offer van Abraham; en hoe Harry vervolgens, door Dumbledore geïnformeerd en geïnstrueerd, weerkeert... daarover peinzen, terwijl het schip met de laatste aflevering de haven binnenloopt en er overal gevraagd wordt of Harry leeft, is een heuse ervaring. Zulk lezen! Terwijl het klimaat in zijn regenbuien verzuipt!

Poging om een lang geweer op Buñuel te richten

De Spaanse filmer Luis Buñuel gold als één van de vernuftigste godslasteraars van zijn tijd. Dat alleen al maakte in het voorjaar van 2007 een hernieuwde kennismaking met zijn werk urgent.

Buñuel was vijfentwintig jaar eerder gestorven. Het Nederlands Filmmuseum wijdde gedurende de hele maand mei een groot retrospectief aan zijn oeuvre (25 van zijn 32 films, waaronder enkele zeldzame), en er verscheen een groot boek, *Buñuel over Buñuel*, een bijna vijfhonderd pagina's durend, rijkgeïllustreerd interview, afgenomen door Tomás Current en José de la Colina, vertaald door Gijs Mulder. Voor dat boek zou ik, bij wijze van inleiding, dit stuk schrijven.

Uit het interview, dat samengesteld is uit de neerslag van jarenlang gevoerde gesprekken, komt Buñuel tevoorschijn als iemand die nooit niet op ideeën aan het komen is, hardop pratend. Iemand ook die het uitwerken en vastleggen minder belangrijk vindt dan het krijgen. Je zou kunnen zeggen: zijn ideeën zijn *realiseringen*, hij tovert werkelijkheden voor ogen. Ideeën zijn in Buñuels geval altijd: verhalende fantasieën, beelden, dialogen. Beraamde realiteiten waar je als het ware alleen nog maar de camera op hoeft te richten. Ofschoon Buñuel in mijn ogen een uitgesproken filosofische en zelfs theologische geest is, weigert hij om abstract te worden. Hij is, zou je kunnen zeggen, de droom van de essayist. Hij onderzoekt met fantasieën zijn geest.

Die weigering om abstract te worden is op elke pagina voelbaar – hij wil met zijn handen, zijn ogen, zijn oren denken, en *ensceneert* zijn gedachten door ze te laten belichamen door personages, situaties, gespreksflarden. Hij was exact even oud als de twintigste eeuw, en toch lijkt hij nooit één ideologische of utopistische of anderszins *theoretische* denkbeweging gemaakt te hebben.

Mijn eerste onthouden Buñuelbeeld is vijfendertig jaar oud en kan worden aangetroffen op het eind van *Le Charme Discret de la Bourgeoisie* (1972). Ik heb het in het voorjaar van 1973 gezien: een bisschop schiet met een vreemd lang geweer een stervende dood. De man heeft zojuist gebiecht, en de bisschop heeft hem de vergeving van God, de absolutie, geschonken.

Alles gebeurt bij Buñuel altijd laconiek, alsof er een droge mop wordt verteld, en ik weet dan ook zeker dat ik om deze sequentie gegrinnikt heb, zo niet geschaterd. Ik was een en twintig, probeerde filosofie te studeren, en te begrijpen wat Wittgenstein bedoelde met 'waarvan men niet spreken kan, daarover moet men zwijgen'. Ik dacht abusievelijk dat hiermee bedoeld werd dat religie onzin was. Overigens heeft de stervende in de Buñuelscène zojuist opgebiecht dat hij de moordenaar is van de ouders van de bisschop.

Alles aan deze opeenvolging van gebeurtenissen is Buñuels. De cartooneske snelheid (de beelden gaan altijd een fractie sneller dan je kunt denken, het is *frapper toujours*, bijna als in een stripverhaal), de absolute tegenspraak – tussen absolutie geven en effectieve wraakzucht, en natuurlijk: de futiliteit van de gebeurtenis, de biechteling is al stervende, wat maakt doodschieten nu nog uit?

Maar het méést Buñuels is de sensatie die ik al grinnikend had, en nog heb: dat je al kijkend in overtreding was. *Dit kan niet*, je hebt het gedacht vóór je het besefte. En zelfs wanneer je alsnog je schouders ophaalt, en mompelt 'maar het was toch niet echt, het was een soort grap', zul je moeten toegeven, als je eerlijk bent, dat je wat je gezien hebt van je af probeert te schudden.

Het moet, inderdaad, zoiets als een grap zijn. Een priester die vergeeft en dan de vergeveling vermoordt.

Ik denk dat ik indertijd naar Buñuel ben gegaan omdat er in recensies was beloofd dat ik de vrucht van een vrije geest te zien zou krijgen. Iemand die durfde. Die dát in beeld bracht wat bangelijker geesten, die gehoorzaam waren aan geestelijke autoriteiten, wel dáchten, maar niet zeiden. Anders dan andere durvers in die jaren vlak na de sixties bleek Buñuels terrein overigens niet de seksualiteit te zijn – zijn domein lag, althans in deze film, elders. Hij liet een groepje verveelde rijken een duur restaurant binnen gaan en op hoge toon een uitgebreide maaltijd bestellen terwijl de eigenaar, even tevoren gestorven, in een zijvertrek ligt opgebaard. Als het groepje later eindelijk wél bediend lijkt te zullen worden in een andere eetgelegenheid blijken zij, als er een gordijn wordt opgetrokken, op een toneel te zitten in een uitverkochte, verwachtingsvolle, naar hen starende schouwburg. En intussen tuimelen we de dromen van personages binnen, die weer dromen dat zij dromen... En altijd was wat je zag geladen met een bepaald soort burgermansparanoia, het ging om mensen die voortdurend iets te verliezen hebben en niet uit hun welvaartstaatdromen gerukt willen worden.

Een in het oog springend mechanisme dat deze Buñuelse bourgeoisie lijkt te beheersen is actueel in onze vreesachtige, eenentwintigste-eeuwse christen-democratie: de zelfvervullende profetie. Iets of iemand wordt zonder een vin te verroeren de bedreiging die er in wordt geprojecteerd. De film heeft iets apocalyptisch, alsof het waar is wat G.K. Chesterton beweerde: dat de ondergang van het avondland, inderdaad, *een kwestie van zelfmoord per gedachte* zal zijn.

Twee jaar later zag ik *Le Fantôme de la Liberté* ('74), ook weer een weefsel van korte vertellingen – met een, als ik me goed herinner, gewelddadiger ondertoon. De film weerspiegelde de tijdgeest met zijn steeds verbitterder terreurgroepen. Hij eindigt met een sluipschutter, de 'moordenaar-dichter', die vanaf een hoog flatgebouw willekeurige mensen op een plein neer-schiet. Hij wordt gearresteerd, ter dood veroordeeld, en dan – vrijwel zonder overgang, alsof het de normaalste zaak is, van zijn handboeien ontdaan, en vrijgelaten. Mensen in de rechts-zaal vragen hem om een handtekening.

Weer was het alsof we naar de vervroegde realisering van on-ze toekomst keken. En zo is het gebleven met zijn films. Toen ik afgelopen week op D V D *El ángel exterminador* (1962) zag, waarin een groep mensen maanden lang door een onzichtbare muur in een villa worden opgesloten, zonder dat je begrijpt waarom ze niet gewoon dwars door die muur lopen en hun eigenlijke leven vervolgen, toen keek ik onze *Gouden Kooi* in. Dat was in 2007 een veel besproken reality-show, waarin mensen, 'geheel uit vrije wil', waren opgesloten in een kapitale villa, die ze konden winnen door de anderen, voor de camera, gedurende enkele ja-ren, weg te pesten. Alles, de hele subhumane ontwaarding, het totale decorumverlies, het gesar en het om zich heen grijpende judasgedrag, alles is met *El ángel exterminador* al verbeeld, in 93 minuten. En tegelijkertijd begrijp je dat ook de Gouden Kooi gezien moet worden als een Buñuelfantasie, het is op schaal de uitwerking van iets wat nog op ware grootte gerealiseerd moet worden: een beschaving te pletter lopend tegen een zelf opge-trokken glazen muur.

Overigens zag ik *El ángel* voor het eerst in 1983, in Berlijn – en toen leek hij vooral de verbeelding te zijn van de Muur, die vlak voor het ontstaan van de film door de Oost-Duitsers dwars door de stad was gebouwd.

Inmiddels was me uiteraard duidelijk geworden dat Buñuel één van de grootste vertellers van zijn tijd is, één van de onder-houdendste ook. Het fascinerende in deze latere films (hij was inmiddels 75 jaar geworden) is dat zij nooit één verhaal vertel-len, maar eigenlijk altijd het verhaal onderbreken om met een ander verhaal door te gaan. Dit kennen we van de *Vertellingen van 1001 nacht*, maar ook van *Don Quichot*, het boek waarzonder

Buñuel ondenkbaar is. De dimensie die Buñuel toevoegt aan dit principe van de raamvertelling is de droom. Niet alleen snijden verhalen door verhalen, maar ook dromen door verhalen, en dromen door dromen. En dat bij voorkeur *zonder overgang*. 'Dromen,' zegt hij zelf, 'krijgen in een film alleen betekenis als je niet van tevoren zegt: "Nu komt er een droom", want dan denkt het publiek: "Ach, het is maar een droom, het is niet belangrijk." Dan is het publiek teleurgesteld en verliest de film zijn mysterie.'

Het feit dat mensen dromen is minstens zo vreemd als dat zij kunnen denken – vreemder, welbeschouwd, want als je droomt ben je ergens waar de wereld niet is. Toch maak je een droom mee zoals je de realiteit meemaakt. Hierover verbazen de mensen zich van oudsher, maar pas sinds de uitvinding van de film kunnen ze elkaar, in de bioscoop, of achter het beeldscherm, in een zichtbare, durende werkelijkheid brengen *waarbinnen* weer gedroomd kan worden. Althans, dat is wat filmers al snel zijn gaan doen, en wat Buñuel tot zijn voornaamste, en invloedrijkste methode heeft gemaakt. Bij hem kan iemand in slaap vallen en als hij plotseling wakkerschiet zien wij aan zijn voeteneind een struisvogel staan, die de wakkergeschotene met reptielsfeminiene blik aanstaart. Dit wil zeggen: wij zien de vogel, en zeggen ogenblikkelijk: nee, de wakkergeschotene ziet hem, *hij droomt*. Wat wij zien is even reëel als de slapende, als de kamer, als alles wat we te zien hebben gekregen. En toch zeggen we: we zien iets wat er niet is, wat alleen in het hoofd van de wakkergeschotene te zien is. 'Te zien' is dus eigenlijk niet de juiste formulering, hoezeer we de vogel ook zien. Buñuel maakt van zien 'zien'. Hij sluit ons aan op een fantaserende binnenwereld alsof die te zien is.

Het allereerste Buñuel-beeld is in 1929 te zien geweest, het is de opening van *Un Chien Andalou*, een film die door Menno ter Braak, nooit te beroerd om niet te begrijpen wat poëzie is, overigens een 'een halsstarrig-dogmatisch bijeengeschraapt restje van de surrealistische maaltijd' is genoemd. Iedereen kent het beeld, al is het maar van horen zeggen: nadat we een man, ge-speeld door de meester zelf, een scheermes hebben zien slijpen, spert hij het linkeroog van een actrice open, en snijdt het door-midden.

Ik ken niemand die dit beeld werkelijk gezien heeft. Iedereen heeft zijn ogen dichtgeknepen of zijn handen ervoor geslagen. Meteen in de allereerste close-up van zijn leven maakte Buñu-el duidelijk wat zijn eigenlijke domein zou zijn: beelden die we niet kunnen of willen of mogen zien. Maar die, zelfs ongezien, als fantomen door je hoofd gaan spoken.

Beelden die, net als dromen, sterker zijn dan je redelijke dag-bewustzijn. Onwillekeuriger.

In het interviewboek zegt Buñuel dat hij het oogbeeld in een droom had gezien. Hij wijst iedere interpretatie van dit, en wel-beschouwd: van al zijn beelden af. Dit levert hilarische gesprek-ken op, alsof de schepper van de rohrschachtest voortdurend het konijntje ontkent dat er in zijn vlekken te zien is. 'Men zou de beelden moeten accepteren zoals ze zijn en ze niet moeten pro-beren te doorgronden.' Voortdurend wijst hij in het boek sym-bolische duidingen van zijn beelden af, maar hij zal nooit nalaten ze allemaal te noemen, de duidingen, want ze zijn vaak surrealis-tischer dan de beelden zelf. Is de beer in *El ángel terminador* Stalin?

De kippen in *Los Olvidados*, de slakken op de dijen van Jeanne Moreau, het hoofd van Fernando Rey als klepel in een beieren-de klok, de ezels die gonzende honingraten vervoeren uit *Las Hurdes*, het doorgesneden oog waar het allemaal mee begonnen is... de lijst kan moeiteloos dit hele stuk vullen, en steeds zijn het de beelden die je je herinnert, niet de films, op één of ande-re manier versmelt zijn oeuvre tot één eindeloze montage van ondoorgrondelijke innerlijke beelden, die zich niet zelden zelfs gaan gedragen als zelfgedroomde beelden – alsof je bent aange-sloten op één gezamenlijke Droom die in 1929 met *Un Chien Andalou* is begonnen. En die beelden zijn, voor het merendeel, *ongemakkelijke* beelden. Je droomt ze zoals je droombeelden zo vaak droomt: alsof ze je willen wekken, alsof ze *niet gedroomd moeten worden*.

Voor mij is dit in de loop van de jaren, waarin eigenlijk altijd als ik in de betere videotheek ben, op zoek ga naar ontbrekende DVD's van de meester, steeds meer het raadsel van Buñuel geworden. Wat ik dertig jaar geleden beschouwde als beelden en scènes die taboes doorbraken, en die van mij een vrijer mens zouden maken, blijken mij ook nu nog onverlet de sensatie van overtreding te berokkenen. Zoals de bisschop die zijn biechteling vermoordt. Ik ben, ondanks (of, denk ik soms: op een gecompliceerde manier *mede dankzij*) Buñuels blasfemieën een keurige katholiek geworden, ik geloof in het sacrament van biecht en vergeving, en toch is de bisschop met zijn idiote geweer door mijn hoofd blijven spoken. Kennelijk ben ik *niet* vrij waar het om de Fantomen gaat, en ik geloof dat Buñuel dat uiteindelijk ook heeft willen zeggen, toen hij zijn één na laatste film *Het fantoom van de vrijheid* noemde.

'Zelf zie ik vrijheid als een spook dat we te pakken proberen te krijgen... maar wat we vasthouden is een schim die in onze handen verdampt.'

Ik kan het niet helpen, maar de gedachte dat ik, als ik deze gedachte van Buñuel denk, niet vrij ben om dit te denken, bezorgt me een gevoel van vrijheid.

Buñuel vertelt in het boek hoe hij op zijn zeventiende van zijn (Spaans-katholieke) geloof viel. Vervolgens heeft hij een corpus ongeëvenaard ongemakkelijke, slappe lach veroorzakende beelden gecreëerd, die, als ze niet een seksuele grens overschrijden, dan toch een religieuze.

Op pagina 293 van *Buñuel over Buñuel* staat een beeld afgedrukt uit de film *Viridiana* ('61). Het is een stilleven: op een wit kanten kussen ligt een kruis, een doornenkroon, drie grote spijkers en een hamer. Had deze afbeelding niet in dit boek gestaan, maar, zeg, in de *Catholic Encyclopedia*, dan zou ik ernaar gekeken hebben met een mengeling van afgrijzen en devotie. Ik mag dan katholiek zijn, aan de martelwerktuigen van de Heer is het moeilijk wennen. 'Grote spijkers gaan er toch door een hand', 'om dat te doen heb je inderdaad een stevige hamer nodig', zulke plastische gedachten gecombineerd met: 'hiermee is Het dus gebeurd, dit heeft Hij dus doorstaan'.

Het is alsof ik dit niet geacht word te zien. Te plastisch, sadistisch. Maar ook: het is *numineus*, ontzagwekkend. Er wordt in deze voorwerpen een uitzinnige, alles te buiten gaande realiteit opgevangen. Een katholiek bewustzijn wordt (ook als de eigenaar ervan zich geen katholiek wil noemen) beheerst door een voorstelling die je niet wil dromen en toch voor ogen tovert.

Nu staat exact dit stilleven in het Buñuelboek. Het komt uit wat algemeen als één van zijn meest blasfemische films wordt beschouwd, *Viridiana*. En kijk ik met Buñuelse blik: alsof ik iets krankzinnigs zie, een uitzinnig droombeeld, een parodie.

Dit mag niet, denk ik grinnikend. *Niet laten zien.*

Vreemde gedachte. Ongemakkelijk gegrinnik.

Is het Buñuel er werkelijk alleen maar om gegaan om mensen als mij ervan te overtuigen dat de christelijke religie een overwonnen standpunt is? Slecht hij met zijn scènes de taboes?

Als dat alles was dan zouden zijn films nu, vijfentwintig jaar na zijn dood, op mij hun uitwerking verloren hebben. Ze zouden een vorm van Youp zijn geweest; niets veroudert zo snel als bourgeois- en religie-epaterende kleinkunst.

Maar Buñuel schaft geen taboes af. Hij heeft een verbeelding die, net als zijn dromen, voortdurend in overtreding is. Hij wil het niet beter weten dan zijn dromen, zijn onwillekeurige gedachten, zijn onderbewuste. Er bestaat, zei hij, geen genot zonder verbod. Hetzelfde geldt voor zijn verbeelding: in feite zijn al zijn scènes en beelden dat wat wij 'fantasieën' noemen. Ensceneringen van het onbewuste. Ook die gedijen het best in een sfeer van overtreding.

De bisschop voert Buñuels fantasie uit: iemand die je absolutie hebt gegeven overhoop knallen. Cartherine Deneuve voert in *Belle de Jour* ('66) de seksuele fantasieën van haar klanten uit. Als Fernando Rey's hoofd in de klok bengelt, is dat een fantasie van zijn jonge vrouw Tristana.

De vijfendertig films die tezamen dit oeuvre vormen, zijn één labyrint van fantasieën. Ze zijn de Hogeschool van het Fantoom. Ze zullen niet mogen, de beelden, zelfs vijftig jaar na dato niet. Als ze mochten, dan zou Buñuel ze niet beraamd hebben – want dat was voor hem doodzonde numero één: iets verbeelden wat je niet de rilling van een fundamentele onzekerheid bezorgt over wie je ten diepste bent.

Schets voor *De barmhartige kapitein*, een filmscenario

Een speelfilm over een cruise-schip dat elke eerste zondag-avond van de maand vanuit de Passagiers-Terminal te Amsterdam vertrekt met aan boord mensen die hebben gezegd dat ze dood willen.

Ze hebben allemaal hun codicillen bij zich, en de Instemmende Opinie van hun behandelend arts, alsook de contra-expertise van de tweede arts. De reis duurt twaalf dagen. Er is verplegend personeel aan boord, en een arts, die tevens de kapitein is. Het is de bedoeling dat niemand van deze reis terugkeert, al gebeurt het natuurlijk soms dat iemand, hoe terminaal zijn lijden aantoonbaar ook is, terugdeinst voor het afgesproken einde.

Wordt het een film met een voice-over? Die van de kapitein, die deze cruise uit idealisme doet?

Werktitel: *De barmhartige kapitein*.

Ze worden *pelgrims* genoemd, de passagiers. Getoond moet worden dat dat niet ironisch bedoeld wordt, maar dat het, in de tijd waarin het zich afspeelt, een eufemisme is. Alle religieuze woorden hebben een nieuwe bestemming gekregen. 'Dit is begonnen in de jaren zeventig van de vorige eeuw, toen de eerste kerken tapijtzaken werden.'

Ze schepen in, de pelgrims, nadat ze, vlak na de douanecontrole, nogmaals hun doodwens hebben bekrachtigd met een handtekening. We schrijven 201* de achtste of negende tocht van de m.s. Mortebella. Het is de kapitein, die altijd even een kijkje neemt bij de Ondertekening in de Lounge, te moede alsof de passagiers elke tocht een fractie jonger zijn. 'Maar misschien is dat de gewenning,' denkt hij. Het doet hem denken aan de middelbare school, de altijd maar kleinere brugklassers.

De afspraak is dat iedereen zoveel mogelijk *plotseling* zal sterven op het schip; zoveel mogelijk zal een *natuurlijke dood naar keuze* worden nagebootst.

Dit vereist, weet de kapitein, veel inventiviteit van de crew, en soms ook een sprankje genialiteit. Na de Ondertekening krijgt hij de contracten onder ogen, en komt hij van de elf of twaalf passagiers te weten wat ze zich voorstellen bij een 'zo natuurlijk mogelijke' dood.

Binnen de crew wordt het 'sudden death' genoemd. Daar wordt in *De barmhartige kapitein* een beeld van geschetst, van de sfeer achter de coulissen, in de bemanningskantine, bijvoorbeeld wanneer het rooster wordt opgesteld: er zijn elf vaardagen en meestal twaalf passagiers.

Zelf is de barmhartige kapitein dit werk gaan doen na het zien van een ontroerende documentaire op de televisie, in 1994, die 'Dood op verzoek' heette, en waarin van begin tot eind iemand een arts deed beschikken over zijn leven. Soms denkt de kapitein, die bij het zien van de documentaire een *semi-religieuze ervaring* had gehad, over zichzelf als over een bekeerling. Dat is meestal 's nachts als hij op zee naar de sterren kijkt en het aan boord heel rustig is.

Zijn vrouw had moeite met zijn beslissing om deze cruises te gaan organiseren en leiden (in overleg overigens met de Vereniging de Einder). Ze zijn inmiddels uit elkaar, 'heel harmonieus'.

De schrijver van *De barmhartige kapitein* zou graag zien dat de lezer *sympathie* met de kapitein kreeg, omdat hij beslist een geluk opgeeft. Hij wordt magerder, hij wordt bezocht door vervelende, wolverige dromen, er zijn fundamentalistische moralisten op de wal, telkens na iedere terugkeer weer, met spandoeken en akelig hese stemmen, die wat zo vreeslijk mooi en waardig zou kunnen zijn: het aan land dragen van de twaalf kisten, de overhandiging ervan aan de familieleden, verpesten. Gelukkig staan er na iedere cruise wel steeds minder van zulke demonstranten. *Cruise-ridders* noemen ze zich.

Vlak voor de afvaart van de tocht, waar *De barmhartige kapitein* om draait, blijkt er nog één passagier op de valreep te staan, die, terwijl hij draait, geroepen wordt, en zich omdraait. De kapitein ziet hoe op de wal een man met een priesterboordje staat. Wat de twee bespreken kan hij niet horen, maar het resultaat is dat de passagier omkeert en verdwijnt.

Het is maar goed dat die niet mee gaat, denkt de kapitein. Wat zou die ons een rompslomp bezorgd hebben.

Maar de blikwisseling met de priester kan hij niet vergeten. Een lelijke, pokdalige, bemoeizuchtige vogelkop.

Ergens halverwege de tocht, als hij ontdekt dat iemand van de crew *wel* de dialoog op de treeplank heeft gehoord, zal hij, met een naarstigheid die hem verbaast en ergert, precies willen weten wat er gezegd is.

Zijn tintelende ontroering tijdens de eerste gezamenlijke maaltijd met de Twaalf, die er nu dus Elf zijn, dat is meteen na IJmuiden. Al deze onwennige mensen met hun vastberaden voornemen... Je weet, zegt de kapitein in zichzelf, dat ze op een essentiële manier *niet bang* zijn; ze zijn vastbesloten om hun Verstand te laten regeren over het Beest dat hen bang zal maken voor de dood, het Bange Beest waar de Voorzitter van de Vereniging de Einder, mr. Nordi, zo gloedvol van heeft gesproken.

Deze tachtigjarige mr. Nordi heeft ook gezegd: als het zover is, en ik ben klaar met leven, dan zal ik meereizen, en wil dan sterven als Seneca, door het zwaard, dat door u, kapitein, zal worden opgehouden, voor ik mij erin laat vallen.

Wie volgt hij na, de kapitein?

Iemand met speelschulden, of die bankroet dreigt te gaan, wordt bijvoorbeeld niet aan boord gelaten. Met schulden kun je immers nooit 'klaar met leven' zijn.
    Schuldeloze, schuldvrije mensen, die zijn ideaal.

Overigens zal er, in de crew-kantine, tijdens een rustige, windstille dag in een fjord, als de cruise halverwege is, en er nog vier passagiers over zijn, gediscussieerd worden door enkele bemanningsleden, over de vraag of God een einde aan zichzelf kan maken of niet.

Iemand oppert dat de Kruisdood een vorm van vrijwillige euthanasie was. Niemand kan aan boord een bijbel vinden.
    Gefilosofeerd wordt over de vraag wat ze zouden doen als een van de passagiers inderdaad om een kruisdood had gevraagd.
    Gelach.
    Dán zou uitkomen dat ze geen bijbel hebben aan boord.

De kapitein houdt van zulke avonden, als de Oude Woorden en

de Archaïsche Begrippen in hun nieuwe, semi-religieuze hoedanigheid het moeilijke werk komen opluisteren.

Het boek krijgt de vorm van een scheepsjournaal. Waarom heb ik, de kapitein, de aanvechting gekregen om dit keer wel een kroniek bij te houden?

Omdat zich tussen de passagiers die op de dag van de afvaart in de loop van de ochtend een voor een de treeplank op liepen, mijn ex bevond, mijn eerste liefde.

We zijn twintig jaar uit elkaar, schrijft de kapitein in zijn logboek, na een kort, kinderloos huwelijk.

Het maakt me ongemakkelijk, ofschoon ik niet twijfel aan de gerechtvaardigdheid van haar doodwens: ze is in de loop van de twintig jaar langzaam blind geworden.

Ze *hoeft* niet te weten dat ik hier thans gezagvoerder ben.

Voor het eerst sinds al die cruises sterft er ditmaal onderweg iemand *een natuurlijke dood*.

Consternatie.

Iemand heeft haar hand moeten vasthouden.

Conflicten.

Acute zingevingsdiscussies, die de kop ingedrukt moeten worden.

Iedere dood wordt overigens op video vastgelegd, en overhandigd aan de nabestaanden. Alleen deze dus niet. Zoeken we nog een argument vóór de goede zelfgekozen dood?

Deze mensen, neuriet de kapitein soms tevreden, die niemand tot last willen zijn.

De ex-vrouw van de kapitein, 'blinde passagier', blijkt in de loop van *De barmhartige kapitein* wel degelijk geweten te hebben wie de kapitein is. Het is haar erom te doen geweest om bij haar dood *zijn* hulp te krijgen, bij wijze van finale verzoening.

Crisis wanneer hem dit duidelijk wordt.

Klem. Als ik dit weiger, schrijft de kapitein, *erken* ik dus dat het ook mogelijk is om de dood niet als een oplossing te zien...

Het beestachtigste, om niet te zeggen: hoogste verraad, zou zijn: iemand die in een worsteling sterft, mea culpa kermend, smekend om vergeving, *zonder om hulp van de crew gevraagd te hebben.*

Er is een ritueel bedacht: er wordt vlak na de afvaart plechtig geloot om wie in welke volgorde sterft. Dusdoende is er toch sprake van een sprank Noodlot. Dat blijkt goed te werken. Sommige pelgrims hebben tijdens vorige reizen geprobeerd te ruilen. Dat is de kop ingedrukt, want dat veroorzaakte zingevingdiscussies. Iedereen weet overigens van zichzelf welk nummer hij getrokken heeft, en ik, de kapitein, weet het als enige van iedereen. Heet het schip niet m.s. Kirillov?

Het moeilijkst wordt de reis na een dag of vijf, zes. Dan krijg je te maken met Overblijvers. Met een neiging om tot uitverkorenheid te concluderen. Met plotselinge oprispingen van onsterfelijkheidsgedachten. En wat misschien nog erger is: er is altijd wel iemand die een van de inmiddels gestorven pelgrims *mist.*

Dit frappeert de kapitein telkens weer.

Dat een dode missen de heldere daadkracht soms zo verzwakt. De ervaring leert dat het, na tien vaardagen, van eminent belang is geen land in zicht te hebben. Iedere suggestie van 'thuishaven' moet worden vermeden.

Na deze tocht ontscheept de kapitein, met onbepaald verlof. Hij heeft vermoedelijk zijn medewerking aan het verzoek van zijn ex geweigerd.

Wat is er op de valreep gezegd, toen de film begon, door de priester die de onbekende doodwiller heeft doen omkeren? Waarom kan hij dat gesprek niet bedenken?

De ex. Als zij nog leeft, moet zij dan niet de voice-over zijn?

De opspringzin

In het ideale en dus roekeloze essay over Ida Gerhardt zou ons uit de doeken worden gedaan wat in onze tijd, en waarom, een profeet is. En het is denkbaar dat de schrijver van dit opstel zijn antwoord zou geven door een omweg te maken – en wel via Bob Dylan.

Want onze essayist zou de gedachte uitproberen dat Bob Dylan, ongetwijfeld de profeet-zanger van zijn era bij uitstek, zich onderscheidt van vrijwel al zijn zingende generatiegenoten doordat hij er een levendig zondebesef op nahoudt en dus een vitaal, strijdbaar schuldbesef. Hij staat in het krijt; hij zingt in afwachting van zijn apocalyps. Hij heeft zijn publiek niet willen bevrijden van taboes, zoals al zijn generatiegenoten en vakbroeders, maar juist willen binden, aan waarden, aan het op handen zijnde oordeel.

Deze mededeling zou de meeste moderne lezers verbazen en ergeren, dus hij zou snel en overtuigend uitgewerkt moeten worden aan de hand van songteksten, waarin Dylan zichzelf, op zijn gribusachtige, zelfkanterige wijze, opvoert als iemand die zich een *gedaagde* weet. Niet door de mensen, of door zijn publiek – was dat maar zo, maar die verafgoden hem voornamelijk, of ze zijn sinds de jaren '70 'afgehaakt', wegens zijn bekering tot het christendom – maar door een Oordeel dat nog op handen is. Wanneer Dylan de wereld uitdaagt, weet hij zichzelf een gedaagde, en richt hij zich, als tot een persoon, tot een vaak onuitgesproken, maar onloochenbare macht boven hem. Of achter hem. Of in hem. De inzet hierbij is niets meer of minder dan verlossing, de kwijting van schuld.

Dat Dylan in aanwezigheid van de Paus heeft opgetreden enkele jaren geleden is in mijn ogen dan ook consequent geweest, en terwijl het gedroomde profetenessay dit uitlegde zou de lezer plotseling inzien dat ook Ida Gerhardt daar had kunnen voorlezen, ondanks dat zij op dat moment achtentachtig jaar oud was, en, naar het gerucht ging, geheugenverloren.

Het vereist een zekere lenigheid van geest om het voor je te zien – Dylan als support-act van onze strenge Grande Dame, die voor deze grote gelegenheid voor enkele uren haar geheugen terug zou hebben gekregen, terwijl de Paus dommelend meeluistert. Het kost ons Nederlanders moeite om de Paus te zien zoals Dylan hem ongetwijfeld zag: als een soortgenoot, een mede-gedaagde, een gribusachtige die, zoals Les Murray het in zijn gedicht 'New Moreton Bay' heeft genoemd, als een soort immigrantendwangarbeider in is gezet om de zware balk van het bestaan mee te helpen zeulen.

Les Murray zou tijdens onze imaginaire jamboree overigens zeker óók zijn uitgenodigd, en er zijn bevrijdende gedicht 'Poetry and Religion' hebben voorgelezen, waarin staat dat er altijd ook religie zal zijn waar poëzie is, 'of een gebrek daaraan'. En Murray zou Achterberg en Nijhoff hebben ontmoet, want die waren ook opgetrommeld, en hadden even veel voorleestijd als Auden, T.S. Eliot en Czesław Miłosz.

Hoe dan ook: in dit uiterst definitieve essay, dat beslist de trekken van een padvindervisioen zou aannemen, zou precies dat wat Gerhardts schrijverschap tijdens haar lange leven voor velen kwestieus maakte – haar roeping tot het dichterschap als tot profetendom – eindelijk en volkomen onomstotelijk begrepen worden als de kern. Dat waar je moet beginnen om te begrijpen waarom haar woorden zo diep snijden.

*

De ideale essayist zou zich overigens moeten afvragen hoe het mogelijk is dat we Ida Gerhardt, wier poëzie van meet af aan vijfentwintig jaar eerder ook al geschreven had kunnen zijn, een *dichter van haar tijd* noemen. Want dat is ze, ondanks de versificatorische schijn van het tegendeel. Het lijkt wel alsof haar positie van grote dichter van de tweede eeuwhelft een steeds centralere wordt. En toch, als je Dylan de singer-songwriter van je tijd noemt, hoe zou Gerhardt dan de dichter ervan kunnen zijn?

Gerhardts roeping tot profetendom was van *na* het modernisme, van na de meesters van de argwaan, die alle transcendentie tot projectie omdachten, en ieder godsbeeld tot illusoir en zelfbedrog. Het is niet juist om Ida Gerhardt te zien als een religieus atavisme uit een voortijd waarin christendom nu eenmaal vanzelfsprekend was, en geloof, zoals Kees Fens meende dat het was, 'moeiteloos'. Nee, ook Ida Gerhardt leefde bij vol bewustzijn in het grote, na-oorlogse krachtenveld van weerleggingen, symboolbraak en ontmaskeringen. Zij kon deze wereld die verslaafd is aan feiten en naakte evidenties, waarin wat we zien is wat we zien, en vooral: wat we meten, waar dood dood is, niet tegemoet treden als iemand die, als een leerstellige, vanzelfsprekend gelovige, *wist waarover ze het had*, als ze het had over, zeg, eeuwig leven of onsterfelijke ziel.

Wat ze wel deed – uit naam van hetzelfde, koppig verdedigde eeuwige leven en haar onsterfelijke ziel – is wat we ondervinden wanneer we haar gedichten lezen. Uiteindelijk spreek je, als je over haar gedichten spreekt, meer dan bij enig andere dichter *uit naam van jezelf*, van wat je zelf kunt opvangen van de eeuwigheid. Dus ook wanneer ik zeg dat dit haar grondtoon is: het moet er zijn, het moet er zijn, het is er, buiten, maar wat ik ervan weet is hier, zing ik mijn eigen deuntje.

En het is al een eeuw lang zo dat wie dit godzoekende deuntje begint te zingen, om te beginnen het gevoel heeft dat hij de laatste is die het zingt. Dat is beslist het speciale profetische wat Gerhardts werk doortrokken heeft, en soms verhard en zelfs verongelijkt heeft doen klinken: het vreemde gevoel iets on-schatbaars op te roepen te hebben, en tegelijkertijd vrezen dat het overal om je heen, in de hele samenleving, aan het verdam-pen is, het onschatbare.

Ik schrijf dit in het besef dat het tot ongeveer mijn vijfender-tigste heeft geduurd voor ik mijn relativistische ergernis over Gerhardts hoge toon kon laten varen, en haar, halverwege de jaren tachtig, begon te lezen als iemand die ook werkelijk voor mij haar poëzie geschreven had. Voor mijn leven, bedoel ik. Om mij te helpen dragen. En sindsdien is haar toon wonderlijker-wijze per herlezing steeds minder hoog geworden.

Eeuwigheid is ongetwijfeld één van de meest belaste en geta-boeïseerde begrippen – zeker als het gebezigd wordt in samen-hang met haar zusterbegrippen: eeuwig leven en verrijzenis. Toch moeten we, als we een gedicht van Gerhardt lezen, deze noties niet willen ontlopen, ook als ze niet met zoveel woorden in het gedicht voorkomen. Gerhardt gebruikte zelden filosofi-sche, laat staan theologische substantiva. Ze was eerder iemand die ze adjectiveerde. Het is niet eens zeker of ze wilde dat we het woord 'eeuwigheid' of 'verrijzenis' *dachten* als we haar lazen.

Ze wist dat het geen feiten, of theorieën zijn, maar beteke-nissen. Ze maken het leven begrijpelijk door het mysterieus te laten. De notie verrijzenis geeft, op het moment dat je, zittend in een coupé, het achterhoofd van een geliefde dode ziet knik-kebollen, betekenis aan wat je plotseling aangrijpt. Natuurlijk – we kunnen er ogenblikkelijk een feit van maken, een vorm van zelfbedrog. Je bent er dan niet ingetrapt. Je reageert dan als de oom van me die altijd wanneer hem tijdens het *Erbarme Dich* de tranen over de wangen biggelen roept: het komt door de noten, niet door Jezus. Maar je dromend, of soezend, of rouwend be-wustzijn hád de dode gezien, en speelde al voor je er, zoals dat merkwaardig genoeg heet, *erg in had* het wonderbaarlijke spel van de wederopstanding.

Het is denkbaar dat je je, op het moment dat op een dergelijke, alledaagse wijze iemand in je verrijst, afvraagt: 'voelde jij toen tegelijk / dat ik verrees in jou?' Zo althans vraagt de Spanjaard Miguel Unamuno (treedt op in het voorprogramma van de Jubeljamboree) zich het af in zijn gedicht 'Een levend boek van een dode vriend', in de vertaling van Robert Lemm.

Er is meer denkbaar, en alles wat op dit gebied denkbaar is wordt betracht in en, omdat we het lezen, *met* de poëzie van Ida Gerhardt. Altijd wordt er het sprongetje der betekenis gemaakt: iets wordt met een schokje eeuwig, zeg je dan, zoals het knikkebollende achterhoofd de eeuwig verdwenene wordt. Maar uiteindelijk is het ongetwijfeld realistischer om te zeggen dat het andersom was: het eeuwige werd met een schokje mens. De Geest pakte zich samen tot tegenwoordigheid. En jij, in de coupé, ving dat op.

*

Het dichtwerk van Ida Gerhardt bestaat voor het overgrote deel uit gedichten die de indruk wekken per gedicht uit één gedachtensprong te bestaan, één vlees wordende herinnering, of één levendig zinnebeeld. Niet zelden is deze kern bij name genoemd (ik sla de *Verzamelde gedichten* lukraak op, en neem drie opeenvolgende gedichten): 1. de grondel (een zoetwatervissoort) die de vaderfiguur eens in het water heeft aangewezen, 2. de watermolen waar de ik-persoon in haar kindertijd een aanval van paniek heeft beleefd, 3. de voorouders die in de dichter slapen als fossielen in zwarte klei.

Dit middelpuntzoekende is een uitspraak over de tijd. Die wordt in Gerhardts gedichten merkwaardigerwijze niet tot stromen gebracht. Al lezende heb je niet de ervaring door de regels meegevoerd te worden, integendeel, je wordt eerder afgeremd en tot stilstand gebracht. Om een beeld van dichter/neerlandicus Tom van Deel, een uitgesproken stilzetter van tijd, te lenen: deze gedichten zijn kiezels, niet de beek. De tijd is er langdurig langs gespoeld, dat merk je aan alles, en heeft het ding volmaakt glad gemaakt. En altijd is het alsof je een gedicht van Gerhardt in één enkele, tijdloze mum in je op had kunnen nemen. In zijn geheel. Pas dan, als het zich, als glad, afgerond, bedriegelijk eenvoudig geheel aan je heeft voorgedaan, begint het te werken.

De tijd stroomt niet door het Gerhardtse gedicht, het is andersom: je herinnering en je vergewissend bewustzijn begint eromheen te spoelen. Wij worden al lezend de flipperkast om de pinball heen. Dat dit kan, en dat je zelfs het vertrouwdste, en letterlijkst onthouden gedicht altijd weer als nieuw ondergaat is voor mij het Gerhardtse mirakel. Er is geen poëzie die mij zozeer de sensatie bezorgt zelf de rivier te zijn, waar geen gedicht tweemaal dezelfde stap in zet.

DE AFGEZANT

Een vis met incarnaten voorhoofsband,
met aan de vinnen incarnaat een teken,
zwom tot de donkere meerpaal waar ik stond,
sprong naar mij op en was in wit ontweken.
Aan u dacht ik; aan wat is omgebracht.

Nòg strijdt ge in uw sterreloze nacht
stom om uzelve, om verloren pracht,
om al wat, stralende, had kunnen zijn.
Aan u denk ik, ik denk aan u altijd
en wis het zilt dat in de ogen bijt.

Ook dit gedicht, uitgekozen om iets aan af te lezen over Gerhardts verhouding tot de eeuwigheid, is geconstrueerd om één enkele visuele beweging, en wel die van een vis opspringend uit zijn element. Je kunt zeggen dat de kern van het ding even bliksemachtig tijdloos is als een gedachtensprong, of een flits van inzicht, of een eerste blikwisseling tussen twee onbekenden in het voorbijgaan.

Gedurende deze duurloze ingeving is alles gebeurd wat het gedicht tot dit gedicht heeft kunnen maken. En wat eraan voorafging wordt in de eerste drie regels opgeroepen met behulp van het incourante, tweemaal gebezigde woord incarnaat. Het betekent bloedrood, het is een schildersterm, maar het veroorzaakt op zichzelf al een sprongetje, naar het woord incarnatus, vleesgeworden, dat in het kerklatijn, speciaal in het Credo, vooral met Christus wordt geassociëerd. Tijdens sommige gecomponeerde Credo's, dat van Bach bijvoorbeeld, in zijn enige katholieke Mis, is het 'Et incarnatus'-deel het bij uitstek fluisterende, huiverende, geheimvolle. Tijdens een Mis gaat de priester tijdens het zeggen of zingen van deze woorden door de knieën en kust het altaar, om weer bij 'et crucifixus' overeind te komen.

Het leerstuk van de menswording van God is even numineus als dat van de verrijzenis. Christus, de vleesgewordene, wordt in de traditie, ook in de poëzie van Gerhardt, soms Ichthus genoemd, vis. Op een bepaalde manier opgeschreven vormen de Griekse letters van het woord het vroegchristelijke monogram voor Christus. De bloedrode voorhoofdband roept een verbinding op met de doornenkroon, en het bloedrode teken aan de vinnen natuurlijk met de stigmata.

Maar het eerst werkzame, zintuiglijke van de drie regels zit 'm altijd weer in: 'zwom tot de donkere meerpaal waar ik stond'. Ik heb eens de Hongaarse vertaler van een van mijn romans proberen uit te leggen welke gevoelswaarde het woord meerpaal voor een Nederlander heeft, dit icoon dat land en water verbindt, aankomst en vertrek, hemel en waterbodem. De Hongaar kwam met poestawoorden als stijgbeugel, waar hij soortgelijke, zij het heel andere, symboolwaarden aan kon toekennen. We begrepen dat we daar waren aangekomen waar we voor elkaar onvertaalbaar aan het worden waren, maar het feit dát we dat waren maakte ons vrolijker dan voorheen.

Iedere meerpaal is donker, en toch is het volstrekt juist om hem ook nog donker te *noemen*, want daardoor komt de vis, die erheen zwemt, onder een raadselachtige lading te staan. Zoals zo dikwijls bij Gerhardt heeft het adjectief de neiging om te verspringen, en bij de vis zelf te gaan horen. Op een of andere manier is het de lezer te moede als zwemt de ondoorgrondelijke vis naar de voeten van degene die zich dit herinnert, en zelfs: naar die van de lezer.

Wie wel eens een tijdje op een aanlegsteiger heeft gestaan, bij een meerpaal, heeft regel vier meegemaakt, de kernflits van het gedicht. Weinigen hebben er meer mee gedaan dan hé roepen. Een vis! En degene die naast je staat aanstoten, maar die keek niet. Dit allemaal alleen al: toevallig daar staan waar de vis heen zwom, door het gevoel bekropen worden dat hij naar jou zwom, en dan gekeken hebben terwijl hij opsprong, en dan hé roepen – is poëzie. Of laat ik zeggen: protopoëtisch. Ongeveer op de wijze waarop in de coupé de knikkebollende dode dit was. Het dichtend bewustzijn is in volle werking op het moment dat je hé roept. Je denkt dan namelijk in een beweging door 'wat toevallig dat ik daar uitgerekend nu stond', en als je een nog dichterlijker, of zo u wilt kinderlijker, of desnoods primitiever karakter hebt, dan denk je misschiene zelfs: 'wat had dit te beduiden?'

Ida Gerhardt gaat een grote, beslissende stap verder wanneer ze schrijft dat de vis opsprong *naar haar*. Ze zegt niet dat ze het gevoel heeft dat de vis dat doet, of dat het is *alsof* hij dat doet. Dat is een eigenschap van haar poëzie: die wil op zijn woord geloofd worden, en niet alsof. Het oprechte veinzen, waar mijn generatie het zo te kwaad mee heeft, wij met onze heimwee naar het vanzelfsprekende geloven (alsof dat ooit echt heeft bestaan) – alsof we liever hebben dat onze overtuigingen voor maaksels worden versleten, dan dat onze maaksels overtuigend zijn – is aan deze dichteres niet besteed.

Natuurlijk, ook bij Gerhardt, nazaat van het symbolisme en leerling van Leopold, is iets van iets het beeld, maar het beeld is bij haar reëler dan de realiteit. Als in het gedicht 'In nevelen', dat tegenover 'De afgezant' is afgedrukt, uit een wolkje zich in water oplossende inkt *het beeld* van de moeder ontstaat, dan is dat geen symbool ergens van, of metafoor ergens voor. Het is, zou een praktiserende katholiek zeggen, een heuse aanwezigheid, een presentia realis, en om zo te zeggen echter dan echt. En als dezelfde praktiserende katholiek de geest heeft, zegt hij dat wie tijdens de Eucharistie deelneemt aan de heuse aanwezigheid, die hij (als hij dik wil doen) transsubstantiatie noemt, deelneemt aan de eeuwigheid. Dit zijn machteloze formuleringen, die ik persoonlijk nooit ergens elders meen te vatten dan gedurende de Communie, of laat ik eerlijkheidshalve zeggen: vooral eraan voorafgaande, en er direct na – maar die ik toch waag te gebruiken om te verduidelijken hoe ik denk dat Gerhardts verhouding tot de eeuwigheid begrijpelijk gemaakt kan worden.

Gerhardt zegt dus dat de vis naar haar opspringt. 'Sprong naar mij op' sleept in vier lettergrepen een immense en mysterieuze lading met zich mee. Kennelijk kan in haar wereld een vis opspringen naar een mens. De vis wordt met deze vier woorden bezield. Daardoor ontstaat er iets wat alleen tussen twee (of meer) mensen kan bestaan: een scène. Want wanneer de ene ziel opspringt naar de andere, om vervolgens, klaarblijkelijk onherroepelijk, te verdwijnen, dan is er aan de achterblijvende, of zo u wilt: overlevende ziel, een vraag gesteld. Op het moment dat iemand na een ontmoeting, hoe blikwisselingkort ook, verdwijnt, blijf je achter met de vraag naar de betekenis van de ontmoeting. Wat moest de verdwenene van me? Wat weet ik van hem? Heb ik goed opgelet? Was het heus een teken, dat hij gaf?

Ook al zijn het maar zeventien woorden, de laatste twee regels van deze strofe maken volkomen duidelijk dat er gedachtensprongen zijn die we niet meer ongedacht kunnen maken. Op het moment dat we van de vis een verdwenene maken, een dode, verdwenen in het onbekende, zwarte element, zullen en moeten we denken aan wat we verloren hebben. Aan 'wat is omgebracht'. Dit is de terugslag die het woord 'dood', als was het een pistool, in petto heeft. Hoe groter de kracht waarmee we wegdenken, des te dieper dat wat we verliezen zich in ons hart materialiseert. Van de dode roepen we datgene het concreetst op wat het onherroepelijkst mee het graf is ingegaan. We kunnen eenvoudigweg een gestorvene niet weg denken, of dood, of verdwenen.

Wel vergeten, maar dat is een ander verhaal. We hebben het hier over poëzie, over ons bewustzijn en ons hart. Over verlangen, hopen en willen. We hebben het dus niet over wat er gebeurt als we niks meer te willen hebben, omdat we alles vergeten zijn, en dus overgeleverd aan de genade van anderen, en aan hun vermogen om dan nog in ons te zien wat Gerhardt in de vis zag: een ziel. We kunnen hoe dan ook niet *willen* vergeten. Juist wat we willen vergeten, kerft zich in het bewustzijn.

'Wat is omgebracht' kan overigens grimmiger, of fataler gelezen worden. Als je de aangesprokene, u, niet ogenblikkelijk leest als Christus (wat wel is gedaan), maar als iemand die tijdens het leven van de ik-persoon is gestorven, dan willen die woorden misschien ook zeggen dat de gedachte aan iemands verdwijning je kan doen denken aan de *kansen* die verloren zijn gegaan. Er is iets voor te zeggen om deze 'u' te vereenzelvigen met bijvoorbeeld de moederfiguur die ook in *In nevelen* per inktwolkje opdoemt en weer oplost. Zij is, weten we van andere gedichten uit dit zeer samenhangende oeuvre, degene die bepaalde vanzelfsprekende gebaren niet heeft kunnen maken, en bepaalde vanzelfsprekende woorden niet heeft kunnen spreken. Van liefde. Met een mens sterft ook alles wat hij of zij niet plaats heeft doen grijpen, en wat zich, ook toen hij of zij nog leefde, had kunnen afspelen: een mogelijke, droombare wereld die er niet was, maar die er toch voor zorgde dat we niet in de rigor mortis van de wanhoop, of van het cynisme hoefden te vervallen.

Voor deze interpretatie dat de 'u' *niet* Christus is, pleiten ook de drie eerste regels van de volgende strofe. De gestorvene wordt daar, hoe dood zij ook is, voorgesteld als volop in worsteling. Wie de moeder-dochtergedichten uit *Het levend monogram* kent, weet welke strijd in Gerhardts poëzie wordt gestreden, en altijd wanneer we haar lezen opnieuw wordt gestreden. Deze perceptie van poëzie als een strijd *om* het leven van de intiemste gestorvene, wier leven als dodelijk, doodsgedachten verwekkend is ervaren, ligt op de bodem onder dit dichterbewustzijn. Het is één van de vijf vuurstenen geweest waar de bundel naar is genoemd – tussen deze jeugd 'die ziel en ribben treft' en het karakter van de dichteres is het hard tegen hard gegaan, met het vuur van de gedichten als uitkomst.

Veel vrouwen wordt op zeker moment het leven van een pasgeborene toevertrouwd – daar worden ze moeder van. Sommige vrouwen evenwel wordt de herinnering toevertrouwd aan een moeder die haar als kind dood wenste. Daar worden ze, als ze het niet begeven, ook een moeder van. Van zichzelf – hoe monsterlijk het ook klinkt. Het kan immers niet. Een mens heeft, om gewenst te zijn, een wenser nodig. En zoals ze herinnerd is, Gerhardts moeder, zo dodelijk voor het kind, zo mocht de moeder niet dood zijn.

Ik vraag me af of er in de wereldliteratuur een oeuvre is waarin ferventer en koppiger tegen de dood in is gedacht dan in dit van Gerhardt. 'Aan u denk ik, ik denk aan u altijd.' De dood, gedacht als een onverschillig, oordeelloos, nergens waar domweg en voor altijd geruisloos in verdwenen wordt – deze dood wordt botweg niet ter zake verklaard. Een sterrenloze nacht waarin een mens stom is kan niet worden aanvaard, want dat zou betekenen dat iedere kans op *alsnog* verloren is gegaan. Als zo'n nacht bestaat, dan wordt daarin gestreden. Om al wat, stralende, had kunnen zijn. Zonder deze strijd geen kans op alsnog een moeder die moeder is, op alsnog, des nachts, halfgedroomd, een stem, 'de eindelijke' heet het in *In nevelen*, die uit z'n verstomming lostrilt en, wie weet, eens het ene, wensende woord spreekt waardoor de ongewenste alsnog een kind kan worden, de gewonde alsnog gezond.

Als de zaken er zo voorstaan, dan komt het eropaan dat de dichter weigert om zich bij de evidenties neer te leggen, en daarbij te vertrouwen op een lezer die hetzelfde wil doen.

Je leest Gerhardt omdat je je niet neerlegt bij evidenties. Het is bij Gerhardt alsof toestemmen in de, o zo plausibele, evident bewijsbare en vooral gerieflijke gedachte dat de ziel niet bestaat, en dat er van een dode dus niets rest, kortom, dat dood = dood, haar in de stortkoker zonder bodem genaamd depressie zou storten, en (wat hetzelfde is) haar poëzie zou smoren. Juist de dode die van het leven, en van haar, af wilde, mag niet van haar, en van het leven af zijn, voor er gesproken is, of een gebaar gemaakt – en de werkelijkheid waarin dat mogelijk is, alsnog, alsnog, is de eeuwigheid, en die moet dus gedacht. Met de rede zal dat niet gaan – die brengt ons de dood als bewezen einde, en een God die niet kan bestaan. Het zal met andere middelen moeten, dwazere, Quichoteskere zou Dostojevski zeggen, harstochtelijkere – desnoods met poëzie.

*

Wat ik op de televisie zag tijdens het schrijven dezes was het volgende: ergens aan de kust van Mexico is een drinkwatertekort waardoor de bevolking verschraalt en verpaupert. Wel steekt er elke ochtend een mist op, uit zee, zo één die we in Nederland een zeevlam noemen.

Deze mist waait omhoog de heuvels in, en verdwijnt. Elke dag, of vrijwel elke dag.

Of deze mist met de eeuwigheid te vergelijken is weet ik niet, we hadden afgesproken dat we van haar alleen kenden wat we zagen; je kunt je voorstellen dat hij aan kwam zetten voor er mensen bestonden en dat hij daarmee door zal gaan wanneer de laatste dorpeling gestorven is. Wel zag ik dat iemand op het idee is gekomen om in de heuvels, haaks op de zeevlam, grote netten op te hangen. Ze werden door de commentaarstem Mistverzamelaars genoemd. Wat je zag was dat de mist er dwars doorheen woei.

Wat een andere blik vereiste, een andere camera-instelling, *poëzie welbeschouwd*, was dat op de netten zich druppeltjes afzetten; dat die druppeltjes druppels werden, en de druppels kleine straaltjes water, en dat die werden opgevangen in een gootje, en dat dat gootje, waar urenlang een flinke straal water doorheen stroomde, geleid werd naar een middelgrote waterleidingpijp die naar het dorp was aangelegd. En de commentaarstem vertelde dat het inkomen per hoofd van de bevolking van het zieltogende dorp inmiddels verdubbeld was.

Mistverzamelaars.

Natuurlijk denken we aan de poëzie, die het moet hebben van zulke woorden, en van de ongrijpbare, maar verklaring verschaffende betekenis die ze verwekken.

Haar hele leven heeft ze opengestaan naar de zeevlam, Ida Gerhardt – daar waar in haar tijd maar heel weinigen durfden geloven dat er betekenis uit zou condenseren. Haar koppige bereidheid dit tóch te geloven maakte haar tot de profeet, over wie het ideale essay beslist eens geschreven zal worden: Gerhardts tijd moet nog komen. De hare is de tijd van druppels eeuwigheid, vleesgeworden mistbanken, getranssubstantialiseerde zeewind. Nooit heeft die niet op punt van aanbreken gestaan.

Moedergeloof

'Wij weten niet, wat God met ons wil doen.'

Iemand die een gedicht met deze regel kon beginnen, maakte na de Tweede Wereldoorlog weinig kans om een stralende ster aan het vaderlandse literaire firmament te blijven. Buiten een protestant-christelijke kring in het noordelijk deel van het Nederlands taalgebied is de schrijver van de regel, Willem de Mérode (1887-1938), dan ook al generaties lang een vrijwel dode dichtersnaam. Toch is er eind jaren zeventig een wat desperate poging ondernomen om zijn reputatie op te vijzelen.

De ridder die De Mérode kwam redden was Boudewijn Büch, en die probeerde aan te tonen dat we hier met een *tragische* dichter te maken hebben, een verdoemde, welbeschouwd. De Mérode is in 1924 immers gearresteerd geweest op verdenking van seksueel misbruik van zeer jonge jongens. Dit heeft hem zijn goede naam en zijn aanstelling als onderwijzer in het Groningse Uithuizermeeden gekost. Volgens Büch nu moesten we De Mérode beschouwen als een man die door een fundamentalistisch calvinisme tot een zeverig christendom *gedwongen* werd, en daarom zijn ware gepassioneerde poëzie had moeten onderdrukken – waardoor de jongensliefdezijde van zijn werk onderbelicht was gebleven.

Het kwam er in deze opvatting op neer dat we geen waardering konden opbrengen voor hoe *gefnuikt* De Mérode in zijn dichterschap was geweest, en dat de christelijke bewonderaars van het werk de misdaad begingen een soort afgedwongen christelijkheid voor poëzie te verslijten. Büch beweerde zelf handschriften van jongensgedichten te bezitten die een ander, 'moderner' licht op De Mérode zouden werpen – maar hij heeft die nooit openbaar gemaakt.

De Mérodes biograaf Hans Werkman, het speciale doelwit van Büchs poging om De Mérode om te denken tot een willoos slachtoffer van de orthodoxie, merkte fijntjes op dat het verzameld werk *barst* van de jongensliederen. Zijn liefde heeft De Mérode nooit geloochend. Maar zijn geloof, dat ook een liefde is, maar (net als de huidige samenleving) de seksualisering van pedofilie verbiedt, heeft hij in zijn gedichten al evenmin geloochend. Integendeel – na de catastrofe in 1924 is zijn poëzie steeds hartgrondiger belijdend christelijk geworden. De spanning tussen geloofsbelijdenis en erotische zucht, en het verlangen naar de genade van verlossing en vergeving, maken De Mérode tot de dichter die hij is. En die wacht nog altijd op de tijd en de essayist die begrijpt dat wat hem schijnbaar zo onleesbaar maakt in de allereerste plaats het taboe op de religie zelf is. En niet het gebrek aan wilde, uit de kast kruipende, jongens seksualiserende verzen.

Het is alweer een generatie geleden, deze episode in de postume waardering van deze dichter. De woorden 'pedofiel' en 'orthodox-christelijk' waren voor velen het enige wat ze met De Mérode konden verbinden, en die woorden werden door Büchs fabulerende interventie zo mogelijk nog grotere struikelblokken voor herwaardering – want het beeld van iemand die 'eigenlijk' zijn echte ei van vrije hartstocht niet had kunnen leggen werd erdoor bestendigd.

Wie in dit imposante en zinderende oeuvre wil doordringen doet er om te beginnen goed aan bij voorbaat te beseffen dat De Mérode niet geïnteresseerd was in het leggen van vrije eieren. De wil is een terugkerend thema in de gedichten – maar dat is de gehoorzaamheid ook. Die twee zijn onlosmakelijk verbonden, en maken vrijheid tot een kwestieus, verwarrend begrip. Het is afgelopen vijftig jaar steeds moeilijker geworden om te geloven dat een oeuvre met een dergelijk apert christelijke grondslag 'ergens iets mee te maken kan hebben'.

Gezelle, Achterberg, Nijhoff en Ida Gerhardt zijn, in het heersende neerlandistieke klimaat, de dichters die nog net *ondanks* hun geloof in het offer van Christus 'groot en geniaal' genoemd kunnen worden. Ze worden dan ook dikwijls gelezen alsof hun geloof uit hun poëzie weggedacht kan worden.

Ik waag me niet aan een verklaring voor deze passieloze manier om kunst te consumeren – ik weet alleen maar dat de emotionaliteit tijdens dergelijke 'Erbarme dich'-ogenblikken voor mij persoonlijk een *andere* is dan tijdens vrijwel al mijn andere twintigste-eeuwse kunstervaringen. Maar die erkenning alleen al stuit op onoverkomelijke problemen bij de verlichte scepticus. Die stelt zich voor als iets dat alleen maar *kan* gloeien van noten en superieure timing, niet van 'lijden'. Het lijkt voor postmodernen soms het allermoeilijkste: erkennen dat een ervaring het gevolg zou kunnen zijn van een mysterie. Van een redeloos verlangen naar iemand die je niet kunt zien en die zich toch over je ontfermt, bijvoorbeeld.

De Mérode verlangde heel zijn dichtersleven openlijk en hardop naar deze Persoon, en is bijaldien nog moeilijker halveerbaar dan genoemde religieuze dichters. Deze Persoon zou hem, wiens begeerte en liefde nu eenmaal niet beantwoord kon worden door degene naar wie zijn verlangen uit ging... beminnen. En 'minnen', schrijft hij, 'dat is een / Trachten te redden uit 't bestaan' (*Van dolen en verloren gaan*).

Voor zijn verlangen naar deze God had hij dringende, uiterst persoonlijke redenen, de hartstocht immers die, zoals gezegd, uitging naar kinderen. Hoe dikwijls en hoe daadwerkelijk hij zijn pedofilie heeft gepraktiseerd, weten we, ondanks de naspeuringen van zijn biograaf, niet. In zijn onontbeerlijke biografie *De wereld van Willem de Mérode* (1983) vermoedt Hans Werkman dat het om enkele masturbatoire incidenten ging, bepaald niet om de woeste praktijk waar Büch van droomde (maar zich al evenmin aan te buiten schijnt te zijn gegaan).

Feit is dat De Mérode (die eigenlijk Willem Keuning heette) ook na zijn onrechtvaardige en hardhandige inbewaringstelling nooit heeft ontkend van jongens te houden. Maar al evenmin heeft hij (ook voor 1924 niet) zijn innerlijke wereld zo willen inrichten dat seksueel contact met kinderen 'kon', al was het maar in fantasieën.

Maar wat hij tegelijkertijd óók nooit heeft gekund is: zijn gevoelens van liefde verdoemen. Het was voor hem daarom onmogelijk om zijn liefde zuiver te beleven. In een gedicht 'De Wet' vraagt hij zijn God om een 'zuivere wil'. Daarmee bedoelt hij niet dat hij hoopt dat God maakt dat hij op iets anders mag vallen dan op een jongen. Dat kan hij niet; dit vallen *is* De Mérode. En toch belijdt hij keer op keer dat het niet kan – zomin als we ongestraft een zeepbel kunnen grijpen. 'Schaduwen dreven in uw oogen. / Zij vlamden een hel ogenblik, / En hebben zich niet meer bewogen, / Geteisterd door een duistere schrik.' De u is de jongen, in de prachtige reeks *De Rouwtoorts*. Die reeks wordt door Werkman beschouwd als afscheid van een van de jongens die door de politie verhoord zijn, en die hij nimmer meer heeft gezien. Deze u is een van de vele personages met wie het gedeelde en wederzijdse ogenblik van liefde denkbaar leek.

Op zuivere wijze verlangen naar het aanraken van een zeepbel... het is menselijkerwijs onmogelijk. Maar De Mérode was ervan overtuigd dat het verlangen *gezuiverd* kon worden. Dit is de aangrijpende en door en door christelijke kern van De Mérode's poëzie. Dat wil zeggen: uit dit verlangen naar een gezuiverde wil (iets waar alleen bij God om kan worden gevraagd) blijkt dat De Mérode zichzelf ten diepste beschouwde als een zondaar.

De overtuiging dat de liefde het hoogste is in een mensenleven, het enige dat er een zin aan geeft bovendien, maar dat diezelfde liefde onzuiver gewild kan worden – klinkt na de seksuele revolutie en de triomfale erotisering van de samenleving als een soort krankzinnigheid in de oren. Het wordt zelfs als scha-

delijk voor de psychische gezondheid beschouwd om jezelf genot en bevrediging te ontzeggen. Iemand die zelfs het *verlangen*
naar (zelf)bevrediging tracht te weerstaan, is een eng en onge-
zond wezen.

In ons hedonistische idee van gezondheid was De Mérode
niet geïnteresseerd. Zijn mooiste gedichten gaan weliswaar over
genezing, maar daar wordt niet een lichamelijk herstel mee bedoeld, maar vooral: een mysterieuze aanraking. 'Er wuifde een
koel een bedarend streelen / over mij heen', schrijft hij in een
van zijn vele ziekbedgedichten. De Mérode heeft levenslang
zenuwaandoeningachtige pijnen ondergaan. De verschrikking
van het lijden was voor hem niet de fysieke afbraak, maar de
sensatie een geloofloze, moederziel allene speelbal van blinde
krachten te zijn, 'een bal tusschen sterken die graag spelen, /
Dood en leven, vloog ik alleen'.

Dat er in het holst van deze ontreddering nog iets bestaat,
is voor hem een tastbare ervaring, waar de gedichten omheen
wentelen als bijen om een bloem, 'Maar nu heeft God mij op
zijn bezonde / Grasveld een oogwenk terzij gelegd'. Dat is een
fenomenaal beeld, een van de talloze oogwenken waarin de verlossende macht gezien wordt als een soort moeder. 'Een stem
heeft aarzelend iets liefs gezegd', eindigt hetzelfde 'Genezing'.

De Mérode is, theologisch gesproken, altijd een protestant
gebleven – maar de laatste regel klinkt anders dan de poëzie van
grote protestanten als Achterberg en Gerhardt. Binnen het va-
derzoekende, onlichamelijke protestantisme van de noordelij-
ke Nederlanden is De Mérode een feminiene intimist, en zeldzaam zintuiglijk. 'Heer! Troost Gij mij zoals een moeder doet?'
Hij zoekt voortdurend naar een godsbeeld dat 'de angst wegneemt', en met angst bedoelt hij dikwijls een doffe kindertijd-
verlatenheid, waaruit men eerder door een gebaar, een streling
of een neuriënde stem, door genade dus, getild wordt, dan door
grote woorden of beloften van trouw.

Zijn poëzie is essentieel die van een eenzaat; zijn regels vangen een innerlijke stem op het moment dat die zich richt tot het ene, zwijgende oor genaamd God. Dit is merkwaardig, want veel van de gedichten staan in de derde persoon, en geven stem aan iemand die de dichter niet letterlijk is; de meeste gedichten in de ik-persoon spreken eveneens met de stem van een persona. Bij De Mérode komen bijbelse figuren tot spreken, maar ook een cactus, Boeddha, een papaver, een kaars, een pauw, een beukenheg, een losgeraakte drijvende zode, ik doe de willekeurigste greep.

De Mérode doet in zijn rijke en tegelijkertijd alledaagse onderwerpkeuze vaak denken aan Gezelle, die hij bewonderde, maar in het geheel niet navolgde, waar het de versificatie betreft. Hij houdt zich alle vijftienhonderd pagina's van zijn *Verzamelde gedichten* virtuoos aan strakke versvormen als het sonnet, het kwatrijn, of regelmatige coupletten.

Waar Gezelle om te beginnen een lofzang op de diversiteit van de schepping is, legt De Mérode verantwoording af, en roept hij zijn verlorenheid op: is hij de liefde waar hij naar snakt, en die hem per genezende oogwenk deelachtig wordt, waard? Vijftienhonderd gedichten in 27 jaar: dat is een reuzen-oeuvre; je zou willen dat er een kleine bloemlezing bestond zoals er van Gezelle enkele bestaan. Heel veel gedichten kunnen dienen als uitgelezen eerste kennismaker, ik geef vijf in mijn ogen erg mooie: 'Dood kindje', 'Het gastgeschenk', 'Genezing', 'De Bekering', 'De Bader'.

Een indrukwekkende kennismaking zou ook de magistrale reeks *De verloren zoon* uit 1926 kunnen zijn, waarin deze parabel der parabels steeds door een ander personage wordt verteld en doordacht. Het thema van de verloren zoon is een weerkerende obsessie van hem gebleven. Een even indringende reeks is *De gedroomde zoon*, waarin de zeer merodieuze regels: 'God weet, wij hebben soms een droom van noode, / Maar doodsbedroefd is die den droom ontrees.'

Misschien is hij eerder een dichter van gedichten met buitengewoon goede regels, dan een schepper van volmaakte gedichten. 'Denkt gij dat dit gelukkig maakt, / Dichter en eenzaamheid?' Het is vooral een Jacques-Bloemse directheid die je soms treft: 'Er is een liefde bitter als de dood', of een bijna prozaïsche precisie: 'Ik moet in iemands denken zijn geweest' (gezegd van een krankzinnige), dan wel een soort zintuiglijke onontkoombaarheid: 'Uw tengere polsen hebben hun gebons / Voor eeuwig in mijn handen ingedreven.' Of deze, gezegd van een gestorven kind: 'Hij was zoo zacht en koel als room.'

En altijd is het de bijna nieuw-testamentische onomwondenheid waarmee hij zijn geloof verwoordt: 'Wees dood, om aan zijn wonden te genezen', of (gezegd van een kluizenaar): 'Hij wachtte stil, of God nu zou beginnen / Hem te gebruiken in een nieuw gevecht, / En voelde zich als nieuw gesponnen linnen / Om blank te worden op het gras gelegd.'

Toen ik bovenstaande schreef had ik de *Verzamelde gedichten* ongeveer drie maanden in huis. Telkens wanneer ik het boek opsloeg werd het onbegrijpelijker: deze dichter bestond nauwelijks voor mij, voorheen. Misschien is dat een kenmerk van het authentieke – je kunt je na de kennismaking niet meer goed indenken dat je zonder bent geweest; de gedachte aan de (merendeels religie-bevreesde) redenen die je gehad hebt om de kennismaking te ontlopen, doen je blozen van schaamte. Er is nu hoe dan ook geen excuus: Willem de Mérode bestaat, hij is een *Verzamelde gedichten*, hij wacht op lezers die zich genietend van zijn formidabele regels durven laten raken door zijn dramatische verlangen naar een zuiverende liefde.

Verberg de ideeën

'De enige die nergens bang voor is, is Robert Bresson'
Andrej Tarkovski

'Mijn film wordt een eerste keer in mijn hoofd geboren, sterft op papier; wordt weer uit de dood opgewekt door de levende personen en de werkelijke voorwerpen die ik gebruik, die gedood worden op het filmmateriaal, maar die in een bepaalde volgorde gezet en op het scherm geprojecteerd weer tot leven komen, zoals bloemen in het water.'

Dit zijn beroemde woorden, uit *Notes sur le Cinematographe*, van filmregisseur Robert Bresson.

De grootste verandering in het bestaan is het sterven, zeggen we – we veranderen van iets in niets.

Bresson evenwel lijkt met zijn woorden te willen zeggen dat er een nog grotere verandering bestaat: van iets, van dood ding, naar leven. Welbeschouwd volgt er op zijn beschrijving van het scheppingsproces van een film nog een transformatie: van levenloos, mechanisch afgedraaid filmbeeld naar iets wat in de waarneming van de toeschouwer opnieuw tot leven komt. En, in principe, dankzij het mysterieuze geheugen, te allen tijde herbeleefd zou kunnen worden.

Transformatie. Dat is een woord dat Bresson een aantal keren gebruikt om duidelijk te maken waar het allemaal om gaat. 'Er moet', zegt hij van zijn films, 'op een gezet moment een transformatie optreden. Zo niet, dan is er geen kunst.'

Robert Bresson is de maker van veertien films, waaronder *Proces de Jeanne d'Arc*. Hij wordt de meester van de ellips genoemd, van het weglaten. Hij heeft meteen al uit de titel van zijn Jeanne-film het lidwoord weggelaten. Een ander zou de film *le* proces hebben genoemd.

Het is nog niet makkelijk om precies weer te geven wat proces zonder *le* ervoor betekent, maar het is duidelijk dat Bresson het woord proces tweesnijdender heeft willen maken. Het gaat niet alleen om het juridische proces, maar juist ook om het proces zoals zich dat in Jeanne d'Arc afspeelt. Bresson benadrukt met zijn titel dat hij het volslagen onmogelijke probeert: al kijkend naar de buitenkant van iemand ons haar innerlijk deelachtig maken. En het is de bedoeling dat dit innerlijk het onze wordt, terwijl we kijken – dat het proces zich opnieuw voltrekt, in de actualiteit van de toeschouwer. Het proces van Jeanne speelt zich – net als de Kruisiging, of het offer van Abraham – niet in een verleden af, maar in het herscheppend bewustzijn. Nu, dus.

Er is weinig zo vreemd als de poging om in het innerlijk van een ander terecht te komen. En toch doen mensen, ook als ze geen filmer zijn, hun hele leven niet anders.

Voor iedereen is iedereen louter buitenkant.

We kennen alleen onze eigen ervaring. Dat iemand zijn gezicht tot een grimas vertrekt nadat we met een hamer op zijn duim hebben geslagen doet ons vermoeden wat zijn ervaring nu is – die van pijn. Maar die ervaring kennen we alleen van onszelf; de pijn van een ander kennen we niet. Dat wat we inleving noemen, of medelijden, of identificatie, is strikt genomen niets anders dan een inschatting, of een vermoeden van analogie. De grimas doet ons de pijn herinneren die wij ondergingen toen er een hamer op onze duim terechtkwam.

Dit is weergaloos gesneden koek, maar daarom niet minder verbazingwekkend.

Als we het voortdurend tot ons door zouden laten dringen hoe duister het daar is waar we naar de ander tasten, dan zouden we van verbijstering geen leven hebben. We worden geacht een zinvol bestaan te leiden temidden van soortgenoten, maar hen uit eigen ervaring van binnen uit kennen kunnen we niet. Zelfs de meest inlevende pas bevallen moeder weet niet wat haar pasgeborene bezielt. We moeten het ons leven lang met andermans buitenkant doen, zelfs (of juist) van de allerliefste, en wat we van haar binnenkant weten, kennen we alleen van onszelf.

Met *Proces de Jeanne d'Arc* drijft Bresson dit aartsverschil tussen het subject en de ander op de spits door in deze film een mystica als de ander te nemen. Iemand wier leven wordt beheerst door stemmen die niemand anders dan zij heeft gehoord. Jeanne d'Arc. Zij zegt dat wat haar bewustzijn in beslag neemt de stemmen zijn van de heilige Catharina, de heilige Margaretha en van een aartsengel. Ze hebben haar verteld wat zij moest doen, en dat heeft ze gedaan: met de prins van Orléans tegen de Engelse bezettingsmacht vechten, in mannenkleren, en met opzienbarend succes.

Zeer weinig toeschouwers van deze film zullen Jeanne's ervaring kunnen verbinden met de herinnering aan een eigen ervaring. Ik in ieder geval niet. Een zo sterke, precieze religieuze zekerheid is mij niet beschoren.

De meesten van ons zouden de mystieke aanvechting om op een zo dwaze wijze als Jeanne plompverloren ten oorlog te gaan ogenblikkelijk verdacht maken, en verdringen. En als het *stemmen* zijn, die ons vragen om het onmogelijke te doen, dan hopen we dat we dronken zijn, of griepig.

Hoe het voelt om op een dergelijke extatische, uitzinnige wijze te *weten* dat er werkelijk een concreet en uitvoerbaar beroep op je wordt gedaan – dat onttrekt zich aan de ervaring van de meesten van ons. We hebben er een antiek wierookwoord voor: roeping; en dat woord is in onze geloofloze tijd verdampt tot dat wat iemand ervaart als hij iets nuttigs en haalbaars denkt te moeten ondernemen – wanneer hij een politieke partij wil leiden, of een roman schrijven. Het is in onze democratie een van de besmette woorden geworden; mensen *verschuilen* zich achter dat wat zij hun roeping noemen, omdat ze geen echt legitiem mandaat hebben voor hun plannen. Ze maken zichzelf er belangrijker mee dan ze kunnen zijn.

'Jeanne is een geroepene.'

Dit is een zin die het in onze tijd moeilijk heeft.

Het woordje 'is' suggereert dat we weten wat dat *is*, een geroepene.

Precies dat wat Jeanne zegt te zijn, kunnen we niet kennen zolang we niet haar stemmen hebben gehoord, en vooral: meteen, en in vol vertrouwen en met overgave *geweten* hebben dat zij roepende waren. Jou. En niemand anders.

We staan hier, nog voor de film begonnen is, voor een grammaticale afgrond.

Een uur en vijf minuten lang zullen we gaan kijken naar het gezicht en de lichaamstaal van een negentienjarige vrouw die vertelt dat zij op gezette tijden stemmen hoort die haar roepen. Dat zij in werkelijkheid Florence Carrez heette, en in het jaar 1962 voor een camera deed alsof zij deze jonge vrouw was, is nauwelijks relevant. Het is voor ons even onmogelijk om te geloven dat een meisje dat werkelijk Jeanne d'Arc is de stem van God, zijn aartsengelen en zijn heiligen heeft gehoord, als om te geloven dat de actrice die haar speelt die stemmen heeft gehoord.

Van de actrice hoeven we het niet te geloven. Zij doet vermoedelijk alsof. Van Jeanne zouden we het niet geloofd hebben.

Wat dat betreft zijn de enigen in wie we ons met enig succes kunnen inleven: haar ondervragers, degenen die haar hoofd zullen eisen.

En toch voltrekt zich het drama van Jeanne, het is haar proces, het zijn haar 'denkbewegingen' die we gevraagd worden te volgen, Bressons wil dat wij via haar afdalen in onszelf.

We weten dat deze denkbeweging zich in de vijftiende eeuw

voltrokken heeft. Er zijn drama's die zich blijven voltrekken, ook wanneer ze zich al voltrokken hebben.

De moeder van dit type drama is ongetwijfeld Genesis, Adam en Eva. Ik neem dit voorbeeld omdat Robert Bresson vijfendertig jaar van zijn leven van plan is geweest om het te filmen. Het Paradijsverhaal was de matrix van alles wat hij op filmgebied heeft ondernomen – de genese van de vrije wil door het geweten dat zich bewust is van het verbod.

Iedereen die een verhaal als dat van Eva en Adam aan een kind vertelt zal, als hij zijn best doet om het eenvoudigweg spannend te vertellen, merken dat het kind het eigenlijk *zelf* vertelt. Dat Eva, ondanks het verbod, toch naar de boom gaat – ik heb nog niet meegemaakt dat een vierjarige die vertelstap niet allang heeft gezet voor je hem als verteller zet. En het luisteren naar de slangenstem, met zijn redelijke appel-eet-argument (elke reden om een appel te eten is rationeler en overtuigender dan om hem te laten hangen) – dat doet het kind al voordat de slang zijn slissende stem verhief. En de poging om Adam ook een hap te laten nemen, en de plotselinge vrees voor de Verbieder, en het verstoppertje terwijl er 'Adam waar ben je' geroepen wordt... er is geen stap die de verteller met het verhaal zet, die niet ook, en tezelfdertijd, door het kind gezet wordt.

Het komt erop neer dat er drama's bestaan die op het moment van vertellen als het ware in het bewustzijn van de toehoorder voltrokken worden. De meeste traditionele sprookjes, sommige mythologische verhalen (zoals de thuiskomst van Odysseus, de tocht uit de onderwereld van Orpheus, of de tragedie van Oedipus), de centrale bijbelverhalen, het verhaal van Pasen. Sommige van deze verhalen, zoals de bijbelse en het nieuwtestamentische, hebben, zeggen hun vertellers nadrukkelijk, in enigerlei vorm plaatsgegrepen in de geschiedenis – wat ze voor gelovigen een speciale, des te mysterieuzer status geeft –, maar dat is, hoe ongelooflijk ook, altijd nog minder ongelooflijk dan het feit dat ze de toehoorder op het moment dat hij of zij het hoort de ervaring bezorgen dat hij of zij zelf het drama is, en dat dit drama in de tegenwoordige tijd staat. Zich voltrekkende is. Of hoe zeg ik dit: doordat het kind, geënveloppeerd in het Paradijsverhaal, de hap van Eva in de verboden appel wil nemen, daardoor wordt het Paradijsverhaal alsnog *gerealiseerd*. Het wordt waargemaakt. Het is niet langer alleen maar het verhaal van Eva, maar: het drama van het 'meevertellend' en alle beslissingen mee nemende luisterend bewustzijn. Nooit kan het meer zeggen dat het 'Eva' was die naar de appel snakte. Ieder mens die zo'n verhaal hoort wordt het personage waar van verhaald wordt.

Het speelt zich niet meer in een mythologisch 'toen' af, met Neanderthaler-achtige schepsels die voor het eerst een antropologisch verklaarbaar griezelverbod ondergingen – maar het botte feit dat het luisterend bewustzijn *wil*, of beter: lijkt te moeten willen, dat het verhaal gaat zoals het nu eenmaal gaat, maakt het tot een realiteit. Naar aanleiding van zijn *Jeanne* zei Bresson in 1962: 'Dit is het privilege van de cinematograaf: het verleden in het heden zetten.'

Robert Bresson is een halve eeuw lang film voor film doende geweest om dit speciale heden te realiseren. Wat hij wil is dat onze wil samenvalt met die van zijn figuren. Dit klinkt alsof hij exact hetzelfde heeft nagestreefd als om het even welke filmer – maar iedereen die maar een kwartier Bresson heeft gezien weet dat alles bij hem er net een slag anders toegaat dan in vrijwel alle andere films. Vreemder nog: als je een film van Bresson hebt gezien, dan besef je ineens dat er zoiets als 'gewone' films bestaan, en dat zijn alle films, behalve inderdaad ongeveer die van Bresson.

Om te begrijpen wat dit overduidelijke en toch ongrijpbare verschil is, kan een willekeurig voorbeeld dienen. *Proces de Jeanne d'Arc* is een rechtbankfilm, dus vergelijkbaar met de rechtbankscène zoals we die dagelijks in, zeg, *LA Law* te zien krijgen. Hoe die ook geënsceneerd is; wat de aanklacht ook is; hoe ernstig het vergrijp van de verdachte ook is – we worden altijd in spanning gehouden over het verloop en de afloop van het proces. De acteur die de advocaat speelt doet zijn best om de rechter, en daarmee ons, te overtuigen; de aanklager idem dito; en terwijl we naar de verdachte kijken denken we aan zijn schuld of zijn onschuld, en dus: aan het onrecht of het recht dat hier zal geschieden. Alles draait om interpretatie, schijn en werkelijkheid, goed en kwaad – en wij zijn voortdurend doende daar, van buiten af, als waren we getuigen, onderscheid in aan te brengen.

Natuurlijk voelen we de adrenaline golven, en dat noemen we onze betrokkenheid. Als we bijvoorbeeld *weten* dat de verdachte het niet gedaan heeft, worden we ziedend zodra het erop lijkt dat zijn schuld geloofwaardig gemaakt kan worden. Als we bemerken dat de rechter corrupt is, dan worden we wanhopig als het erop lijkt dat hij door de aanklager overtuigd kan worden. Enzovoort, enzovoort, ik ben dol op rechtbankscènes, ze mobiliseren, onderrichten en verscherpen je rechtsgevoel, en ze zetten je verlangen naar identificatie op scherp. En, wat het belangrijkste is: ze gunnen je een uur waarin je rechter mag zijn, oordelaar, een soort almachtig, door de manipulaties en de retoriek heen kijkend superjurylid. Een soort God dus, een oordelende Macht. Vreemd genoeg is je betrokkenheid vooral die van iemand die *niet* verwikkeld is in het drama. Vandaar dat je ten diepste een voyeur wordt – dat is het lot van iedereen in de eeuw van het filmbeeld.

Dit is heerlijk, en zeker ook vleiend – maar het is essentieel anders dan wat Robert Bresson met zijn klassieke rechtbankfilm, die deze *Jeanne* in de grond toch is, beoogt. Hij verzet zich juist tegen de verleiding om zijn toeschouwer in de illusie te laten baden dat hij de eigenlijke oordeler is. Hij wil helemaal niet dat we speciaal razend worden op de verhoorders, omdat we weten dat Jeanne onschuldig is. Hoezo onschuldig? Wat weten we van stemmen van aartsengelen? Wat is dat voor identificatie – met iemand die geen seconde twijfelt of ze is hoogstpersoonlijk door God geroepen?

Natuurlijk worden we nu en dan razend op de bisschop die het Jeanne zo moeilijk maakt om vol te blijven houden wat zij zo vanzelfsprekend gelooft (we zijn liberaal en gunnen eenieder haar middeleeuwse drogideeën); we worden des te razender als blijkt dat de rechter zich door politieke druk laat corrumperen – maar als we eerlijk zijn, dan moeten we toegeven dat wij, net als zij, helemaal niet *kunnen* geloven dat er goddelijke stemmen bestaan. De bisschop trekt ze in twijfel, maar niet omdat hij niet in een God gelooft, die met behulp van Sinte Catharina haar stem zou kunnen roepen; je moet zelfs aannemen dat hij, op zijn wijze, een roeping heeft gekend. Hij begrijpt veel meer van Jeanne dan wij. Hij gelooft zelfs dat zij een ziel heeft, die gered kan worden, iets wat wij eigenlijk een halfgaar, aanmatigend en vèrvoordarwinistisch denkbeeld vinden.

Bresson richt niet aflatend de camera op het gezicht van de vrouw die wij 'Jeanne' noemen *omdat* wat zich daarachter afspeelt onkenbaar is. We staren in een afgrond van geloof, van stemmen die alleen *deze* vrouw hebben geroepen, een roeping even onbegrijpelijk en mysterieus als de binnenwereld van een pasgeborene, of de laatste gedachtenrimpeling van een stervende.

Bresson heeft maar weinig interviews gegeven in zijn leven. Ik ken zelfs maar drie foto's waar hij op staat, twee ervan zijn gemaakt in het laatste kwart van zijn zeer lange leven (dat in het jaar 2000 op 98-jarig leeftijd eindigde), en een tijdens de opnames van Jeanne, hij moet daarop net zestig zijn. Je ziet hem achter de camera zitten die hoog op een *crane* staat; Bresson wordt gehuld in de rook van Jeannes brandstapel die kennelijk net wordt gefilmd. Het is een mozaïsch beeld van de zwijgzame filmwoestijnreiziger die voortdurend met zijn beelden de tafelen stuk gooit. Het enige wat aan deze foto niet klopt is dat hij gemaakt is.

In de weinige interviews zegt hij weliswaar het een en ander over geloof, maar heel weinig over wat hij gelooft. Soms geeft hij toe dat hij een sympathie heeft voor de harde, Augustijnse genadeleer van het Jansenisme; altijd bespeur je zijn verwantschap met denkwereld en methode van Blaise Pascal, de aangrijpende christelijke filosoof van de moderne tijd wiens wereldbeeld in losse notities tot ons is gekomen – die we zelf tot een inwendig geheel moeten monteren; en je weet dat een aantal van zijn films zijn gebaseerd op gegevens van christelijk georiënteerde, existentiële schrijvers als Dostojevski en Bernanos.

Hij heeft een boek geschreven, een boekje eigenlijk, met bondige aantekeningen over de filmkunst, die hij altijd cinematografie noemt. Dat is, waarschuwt hij onophoudelijk, iets heel anders dan de cinema, die alle films omvat behalve die van hem. Deze *Notes sur le Cinematographe* zijn voor de filmgeschiedenis wat Pascals *Pensées* zijn voor het christendom der laatste dagen. Iemand heeft gezegd dat Bresson met zijn *Notes* de Wittgenstein van de film is geworden. De *Notes* doen je hoe dan ook beseffen hoe onwaarschijnlijk veel er van de filmkunst verwacht kan worden – zij zou ons moeten doen begrijpen dat de enige dingen die er toe doen onzichtbaar zijn.

En dat is bij benadering de openlijkst religieuze zin die Bresson heeft uitgesproken. 'De enige dingen die er toe doen zijn onzichtbaar.'

Het zou, inderdaad, een aperçu van Wittgenstein kunnen zijn, Bressons evenknie in zwijgzaamheid.

En toch is hij filmer geworden, wat zeggen wil: uiteindelijk heeft hij zich alleen in filmbeeld uitgedrukt, in zichtbaarheden.

'Verberg de ideeën,' zegt hij in zijn *Notes*, 'maar verberg ze zo dat mensen ze vinden. Het belangrijkste zal het verborgenste zijn.' Zo'n paradox doet denken aan wat Pascal over het godsverlangen zei: 'Console-toi, tu ne me chercherais pas, si tu ne m'avais trouvé.' Troost je, je zocht me niet als je me niet al gevonden had.

Het zou intussen een grote vergissing zijn te menen dat Bresson een experimentele, zoekende filmer is, een avant-gardistische kunstnomade zonder doel. 'Ik volg een weg. Ik zoek niet, ik vind. En vind ik, dan ben ik gelukkig,' zegt hij in een interview met Godard. Dit is een heel andere artistieke levenshouding dan die van veel kunstenaars die zo naadloos passen in onze tijd – die, zodra ze dreigen te vinden, zuchten dat ze dan dus slecht gezocht hebben. Bresson citeerde met instemming Picasso: 'Eerst vind je. Dan, achteraf, ga je zoeken.'

Hoe groot de bewondering van bijna alle modernistische, *nouvelle vague*-filmers van eind jaren vijftig en zestig voor hem ook is geweest, en hoe veel zij ook voor zijn canonisering betekend hebben – een relativist is hij nooit geweest; in een revolutionair idee van vrijheid en vrijmaking, van zelfrealisering en zelfbeschikking, heeft hij nooit geloofd. Beelden maken niet vrij – ze binden je, aan het zichtbare.

In de jaren zestig en zeventig, die steeds gepolitiseerder raakten, met filmers die, tijdens de Vietnam-oorlog, hun stiel opvatten als actie, bleef Bresson, stilistisch gesproken, bijna morbide meditatief en geconcentreerd op het kleinschaligste. En hij was in de ogen van zijn tijdgeest, zegt Paul Schrader in zijn zeer belangrijke *Transcendental Style in Cinema* (1972), absurd theologisch geobsedeerd. Het moet in die jaren moeilijk zijn geweest om hem niet als een reactionair te beschouwen.

Hij is de paradox van de zichtbaarheid voluit aangegaan. Om het onuitsprekelijke, onkenbare aanwezig te stellen, had hij om te beginnen beelden nodig, en vooral gezichten, mensen om de camera op te richten, handen om de gebaren van te vangen, ruggen om gestaltes te ontwaren. En om ze in beeld te brengen, had hij zijn onverbiddelijke kadrering nodig, zijn dwingende camera-instellingen. En vooral: zijn iconoclastische montage, die het beeld insnoert in een korset van tijd. Hij wist wat dichters al sinds het allereerste gedicht weten: je bent pas vrij als je je door de vorm laat binden. Alleen in een gevangenis van filmische restricties, *Mozaïsche geboden*, zou je haast zeggen, zal Bresson de toeschouwer vrij kunnen laten om te willen wat het kunstwerk, wat Jeanne, wil.

Wat Jeanne wil is wat God wil.

Vergissen we ons niet – Bresson moge beeldenstormer lijken, hij houdt van gezichten. Hij bemint wat hij ziet, handen, halzen en vooral ruggen. Hij houdt er zielsveel van – zoals je van een kind houdt dat zijn vriendjes niet wil verraden. Er wordt iets verzwegen. Er spoken stemmen, clandestiene daden, gewetensbelastingen door het hoofd, *en ze zijn aan de roerloze oppervlakte van het gelaat niet te zien.* Het is allemaal zo tegenstrijdig, het gaat er niet om *dat je niet zou weten wat er door Jeanne spookt,* wat haar stemmen ten diepste voor haar betekenen. In haar geval weten we het, we weten het precies, ze zegt het zelf, heel rustig, en met volle overtuiging – maar het dringt niet tot ons door. Ze vertelt van de stemmen, maar ze verzwijgt het belangrijkste. Geen mens kan van het geloof van een ander meer begrijpen dan wat hem zelf, door de genade, aan geloofservaring deelachtig is geworden.

Daarom waarschuwt Jeanne in het begin van de ondervraging haar inquisiteur dat hij, als hij blijft doorvragen, dodelijk gevaar loopt. Dat is, als je haar positie van buitenaf overziet, bijna koddig. Een jong, gevankelijk meisje, omringd door een rechterlijke macht van geïntimideerde dan wel wraakzuchtige mannen, die gesteund wordt door een compleet bezettingsleger zegt dat haar rechter, door haar naar de exacte betekenis van haar visioenen te vragen, gevaar zou lopen... Maar je ziet aan de zorgvuldig door Bresson geregisseerde reactie van de bisschop dat hij begrijpt wat Jeanne bedoelt. Hij weet dat als Jeanne werkelijk de genade van het geloof deelachtig is geworden, zij weliswaar verbrand kan worden (dat kan altijd), maar nooit gedood.

Het is goed om deze film binnen te gaan zonder Jeannes inquisiteurs al bij voorbaat tot bad guys te verklaren. *Zij lopen een dodelijk gevaar*, en daar zijn ze zich (naar vermogen, naar de maat van hun genade) bewust van. Als het meisje tegenover hen de Geroepene is die zij beweert te zijn, dan staat alles wat hun eigen geloofsbestaan wettigt op het spel. Het kan altijd zijn dat *zij* de tekenen niet verstaan; dat Jeanne inderdaad het instrument Gods is, vergelijkbaar met de stemmen die zij gehoord heeft. Haar miskennen, en verbranden, en doden, zou een helse nederlaag inhouden, die hen tot in de dood, en gedurende een oneindigheid daarna, zou opjagen en waardoor ze door nachtmerries bezocht zouden worden.

De camera beziet de bisschop en de zijnen met dezelfde knipperloze blik als Jeanne. En de ironie is pijnlijk: wij begrijpen welbeschouwd oneindig veel meer van hun scepsis, hun conformisme, hun angst voor de meedogenloze bezetters die ze met dit proces moeten appaiseren, dan van Jeanne. Ook wij zouden een meisje dat beweert stemmen te horen eerst naar de dokter sturen, en dan naar de psychiater; ons antwoord zou, als haar visioenen maar hardnekkig en vertwijfelend genoeg waren, *serenaze* zijn, of hoe heet het antipsychoticum van het moment. Je moet ze niet de kost hoeven geven, de essayisten die door de eeuwen heen Jeanne hebben trachten te reduceren tot een zielkundig, dan wel sociologisch verklaarbaar, en desnoods verontschuldigbaar geval. Die pogingen hebben veel humaans, rationeels en psychotherapeutisch opgeleverd – maar niet het verontrustende drama van de ziel, niet het meedogenloze gevecht om de redenen van het hart, die deze strenge film geworden is.

Het proces is politiek. De Engelse bezetters willen de succesvolle meisjessoldaat die de Franse manschappen tot ongeëvenaarde moed kon aanzetten, breken, ontmythologiseren en vooral: uitwissen. Ze moet en plein public ontmaskerd worden als de Jomanda van haar tijd, die zo stupide is geweest om Bin Ladentje te spelen, en daar succes mee had. Maar het rechterlijke Hof is Frans, en wil naar vermogen gehoorzamen aan het (kerkelijk) recht van de periode. Zij tracht een ordentelijke rechtsgang te bewaren.

De film volgt de letterlijke, historische tekst van het proces op de voet, en het valt je op dat het er dikwijls ook *niet* politiek aan toe gaat. De bisschoppelijke inquisiteur wil werkelijk een juridische poot hebben om op te staan. Want hij wil oprecht en eerlijk (uit religieus eigenbelang, uiteraard) kunnen aantonen dat Jeanne een ketter is, en dus een soort verbrandbare heks. En als dat is aangetoond, zal de bisschop Jeanne zelfs nog de kans geven om haar ketterij te herroepen.

Er is nog een Jeanne d'Arc-verfilming, een veel beroemdere dan deze, van Carl Dreyer, die vijfentwintig jaar eerder is gemaakt. In die oer-Jeanne, die zwijgend is, en het historische protocol van het proces niet volgt, zijn de ondervragers overduidelijk de bad guys die op een bijna duivelse manier Jeanne niet willen geloven. Hoeveel ik ook van enkele latere films van Dreyer (vooral het onvergetelijke *Ordet*) ben gaan houden, zijn *Jeanne* zou ik niet snel kiezen voor een avond waarop ik een belangwekkende film zou mogen laten zien. Het is eenvoudigweg niet interessant om te kijken naar een Jeanne die je kunt geloven. Want dat is het netto-resultaat van Dreyers Jeanne. Die is van meet af aan onaanvaardbaar geloofwaardig. Je kijkt naar haar, en je weet: die staat onophoudelijk en niet-aflatend onder Gods stroom. Die verkeert als je maar even je kont keert met Gabriël. Die hoort haar inquisiteur nauwelijks, want ze luistert naar de heilige Catharina. Maar wat je bedoelt met 'deze Jeanne gelooft', dat weet je niet. Dat kun je, zoals ik heb proberen uiteen te zetten, niet weten.

Dreyers Jeanne wordt het meest zielloze wat een personage maar kan worden: een slachtoffer.

Ik ben ervan overtuigd dat er uiteindelijk maar een reden is waarom mensen mensen verbeelden, en drama's voor hen en-sceneren, en met beelden trachten te vertolken, en dat is omdat zij verlost willen worden van zichzelf.

Er is misschien maar een manier om aan de vicieuze beper-king van het bestaan te ontkomen – en die is een wonder: dat van een zielsverhuizing.

Wonderlijkerwijze wordt hierin voorzien. Ik spreek uiteraard uit de allerindividueelste, onoverdraagbaarste ervaring, die ik desgevraagd ook een naam kan geven: die van degenen van wie ik houd. Nooit zal ik kunnen beweren dat ik hen word zoals ik mezelf ben. Het is altijd veel vreemder toegegaan: ik werd op-genomen in iets wat ik *niet was*. Het doet er, op het moment dat je, ongetwijfeld volledig ten onrechte, bemind wordt, niet toe of je de ander nu dan eindelijk 'kent' of 'ervaart' of niet. Je bent, gedurende een oneindig en onrecapituleerbaar ogenblik, opge-nomen in iets anders. En je weet dat als verlossing bestaat, het deze zal zijn – de opname in wat je zelf niet bent en nooit ken-nen kon.

Bressons film claimt niet de verlossende stemmen die Jean-ne hoort te kennen. Ze blijft de ondoordringbare oppervlak-te waardoorheen geen enkele camera kan breken. Bresson is zijn lievelingscitaat, van Leonardo da Vinci, getrouw gebleven: 'Denk aan de oppervlakte van het werk. Denk boven alles aan de oppervlakte.'

Jeanne wordt in de loop van deze korte film zelfs steeds meer een voorwerp, een object – op zeker moment laat het gerecht zelfs haar maagdelijkheid onderzoeken. Hoe goed zou het de rechter zijn uitgekomen als hij wist dat ze in ieder geval *daar* over had gelogen.

Het maagdelijkheidsonderzoek komt op het moment waar-op het steeds duidelijker is geworden hoezeer Jeanne in feite verwikkeld is in een liefdesaffaire. Ze is *niet* niet met mannen naar bed geweest omdat het niet mocht van God; het is andersom: het bewaren van haar maagdelijkheid was de enige manier om God te beminnen, en Zijn stemmen tot zich toe te laten; het *was* haar liefdesdaad. Op een of andere manier leert deze film in het voorbijgaan je meer over het vreemde, halsstarrige leerstuk van het celibaat dan alle discussies in de Kerk van de afgelopen dertig jaar.

Het zegt iets over de integriteit van de inquisitie dat ze het resultaat van het onderzoek accepteerde (Jeanne heus maagd), maar daar gaat het Bresson niet om. Jeanne blijft de buitenkant, haar innerlijk is niet te kraken, ze wordt steeds meer en steeds onherroepelijker de Ander, en dus, in de ogen van de bisschop, steeds meer wat hij vreesde dat zij is: Gods instrument.

Dan breekt het verschrikkelijke uur aan waarop Jeanne het vonnis voorgelezen krijgt, staande tegenover de brandstapel. Mocht een lezer zo gelukkig zijn dat hij de DVD van de film heeft kunnen bemachtigen, of, wat nog ongelooflijker is: de film in een bioscoop te zien kan krijgen, lees gerust door, want het is juist goed om van tevoren te weten dat dit de scène is waar het allemaal om draait – en niet zozeer de eigenlijke verbranding, ofschoon die een van de allermooiste, en mysterieuzer wijze: meest poëtische sequenties van de filmgeschiedenis is geworden. Bresson is een filmer wiens films winnen bij weten hoe ze aflopen. 'Ze moet branden,' is een van de eerste dingen die we te horen krijgen. Wat dat betreft wordt de toeschouwer totaal niet vrijgelaten.

Een film van Bresson is als de cel van een mysticus. Als je je erin laat opsluiten ontstaat er vrijheid.

Jeanne's kruisweg mondt uit, na de voorlezing van het vernietigende vonnis, in de laatste kans die de bisschop haar gunt. Als ze nu verklaart dat ze zich vergist heeft; dat de stemmen waanideeën waren, duivels – dan zal ze levenslang krijgen, in plaats van verbrand te worden.

Het ziet er uit als juridische terreur. En dat is het ook. Maar je ziet ook dat de bisschop de bangste is van allemaal.

Jeanne zal breken. Ook dat is goed om nu alvast te weten. Ze breekt. Ze zweert de stemmen af.

Het moment waarop Jeanne breekt is het moment waarop ze kenbaar wordt.

Plotseling weten we precies wat ze denkt.

Het zal zijn alsof er met een hamer dwars door een mossel geslagen wordt; alsof u plotseling *alles* van haar weet.

Heel haar onkenbare innerlijk ligt bloot.

Geen stemmen. Geen God. Geen aartsengel Michaël.

Op slag is wat we zien dat wat we kennen; wat we de hele film door heimelijk hebben gedacht, maar wat door de ondoorgrondelijkheid van Jeanne als het ware kon worden opgeschort.

Ze is precies als u.

Hier is de film fundamenteel anders dan Dreyers oer-Jeanne, en dan om het even welke rechtbankfilm (met uitzondering overigens van het slot van Lars von Triers *Dancer in the Dark*): het ogenblik waarop ons gezond verstand, met zijn overleversinstinct, zich het meest met het personage kan identificeren, is het ogenblik waarop zij op de bodem van haar hel komt te staan. Dit ogenblik is natuurlijk de echo van het ogenblik der ogenblikken van de Mattheüs-passie – dat waarop Christus zich door God verlaten weet.

Het is een paradox.

We moeten de grote, ware paradoxen niet willen verzoenen. We moeten leren ze te aanvaarden, als mysteries. Dat is de enige manier waarop we kunnen veranderen. Het is de enige manier om los te komen van wat we zijn.

Jeanne moest, door haar menselijke, al te menselijke loochening, gelijk aan ons worden, om ten slotte, *als ze haar loochening weer ingetrokken heeft*, de ondoorgrondelijke minnares van God te worden die de brandstapel verkiest boven de dood van een levende, levenslang gevangen gezette verraadster. Ze moet, zoals het evangelie-woord zo bars heeft gezegd, sterven om te leven.

Pas wanneer ze verlaagd is tot ons, en we, bijna met een zucht van verlichting, mogen ophouden met denken dat we in het onmogelijke, absurd veeleisende moeten geloven – haar roeping, haar absolute God – transformeert ze tot de heilige ander die we, zelfs al is ons de genade van het geloof in het geheel niet deelachtig geworden, zouden willen kunnen beminnen, dat wil zeggen navolgen in overgave.

Hoe onherroepelijk haar einde nu ook is, we kunnen weten dat er zoiets bestaat als dit geluk, deze vervulling, deze Jeannese (of natuurlijke: Christus-gelijke) vrede op het moment dat zij haar liefde verklaart. Die, in één adem door, haar doodvonnis betekent.

Haar kus op de crucifix voorafgaande aan haar laatste kruisgang is de innigste die ik ken, niet alleen uit Bressons oeuvre – waar kussen en aanrakingen heel zeldzaam en altijd zeer intens zijn, maar uit de filmgeschiedenis. En pas op de brandstapel noemt ze, bijna onverstaanbaar en in een vreemd glorieus zuchtje, de naam van haar geliefde.

Het *was* een affaire.

De bisschop loopt dat wat hij vreesde, wat wij nu hebben te vrezen: dodelijk gevaar.

Vergeetlezen

'Laten we niet doen alsof we weten wat vergeten is'
Jacques Derrida

Ouder worden is niet iets waar ik om heb gevraagd, maar ik heb me er wel terdege op verheugd. Op een of andere manier ben ik er altijd vanuit gegaan dat ik eens beter zou begrijpen hoe ik moet leven dan nu.

Ik ben er al vroeg van overtuigd geraakt dat ik *door te lezen* tot het betere begrip zou komen. En ik verheugde mij erop eens een rijk voorzien geheugen te hebben. De boeken die ik het liefst las blaakten van deze rijkdom.

Vestdijk, Nabokov, Borges, Proust waren mijn eerste proza-helden. Ze zijn typische 'tweede helft'-schrijvers, die de eerste helft van hun leven leken te beschouwen als de periode waarin ze, als een graanschuur, gevuld waren. Het was prettig om zo over mijn leven te denken, want het verklaarde waarom dat wat ik schreef zo schamel afstak bij wat ik het liefst las, zonder dat het me ontmoedigde. Wacht maar tot mijn geheugen even rijk is voorzien, met gedachten en inzichten van overwegend Rijk-voorzienen. En het verzoende me enigermate met het ledige leven dat ik leidde: ik deed, behalve schrijven voor de kost, eigenlijk weinig anders dan lezen.

En nog altijd is lezen voor mij wat wind is voor een zeilboot. Als ik niet lees gebeurt er niets. Niet dat ik met tegenzin mijn vrouw omhels of met mijn vrienden eet of in de Lunetten mijn zwembaantjes trek of in de Heilige Mis op ga, natuurlijk niet – maar als ik lees (of luister naar een verhaal) gebeurt er écht iets.

En dankzij het gelezene (het vertelde) wordt mijn leven reëel.

Ik heb me er, met andere woorden, op verheugd om ongeveer zo oud te zijn als ik nu sinds mijn vijftigste, zes jaar geleden, ben. Ik ben de Tweede Helft binnen gedreven.

Er is een kink in de kabel gekomen, zoveel is duidelijk – anders schreef ik dit niet. Ik heb mij verheugd op iemand die ik niet geworden ben. En om eerlijk te zijn: ik voelde dit al ongeveer anderhalf decennium geleden aan komen, rond mijn veertigste. Dat was toen ik mijn eigen kinderen, de oudste nog net niet op de middelbare school, de andere in groep zes, begon te beschouwen als *wezens zonder geheugen*.

Ik kwam tot dit inzicht tijdens het kijken, samen met de oudste, naar de videoband met daarop een van de legendarische optredens van Jozef van den Berg, de onvergetelijke poppenspeler, die inmiddels de al even onuitwisbare kluizenaar en starets is geworden. Deze video was al zeker drie jaar in ons bezit. Samen met *Mon Oncle* van Jacques Tati en het eerste uur van *Napoléon* van Abel Gance, behoorde de Jozef van den Berg-tape tot de meest afgespeelden in ons gezin. Het zal een woensdag zijn geweest, eind van de middag, en de oudste en ik keken naar iets wat hij vermoedelijk meer dan honderd keer had gezien, en ik zeker twintig keer. We moesten lachen, op de momenten waarop hij al honderd keer had gelachen, en ik zeker twintig keer, en plotseling, vraag me niet waarom, wist ik zeker dat niet het onthouden, het geheugen, de kwestie was, maar: het vergeten. Wat zich hier, in de paradijselijke schouder-aan-schouderse beslotenheid van ons gezin, voltrok – en wat zich vermoedelijk *altijd* voltrekt als mensen zich laten opnemen in een fictie, in een wereld, in hun lectuur – *dat kan alleen omdat wij kunnen vergeten*.

Natuurlijk, het valt niet uit te sluiten dat er zoiets bestaat als het 'geheugen'. Het zou best kunnen zijn dat het zin heeft om mensen te beschouwen als begiftigd met een vermogen om uit dit geheugen te 'putten', en er 'data' in 'op te slaan', wat we dan zelfs 'onthouden' kunnen noemen – zonder onze preoccupatie met dit alles zou er vast en zeker geen sprake zijn van wetenschap en nijverheid. Maar als we nadenken over kunst, verbeelding, fictie en, zeker ook, over religie, is het misschien vruchtbaarder om bij het vergeten te beginnen.

Wat wij deden, op woensdagmiddag, was genieten van iets wat wij beeldje voor beeldje al kenden. Met enige inspanning hadden we, zonder de video af te draaien, ons samen kunnen proberen te herinneren wat we te zien zouden krijgen – en ik denk dat we een heel eind zouden zijn gekomen, en we zouden zeker ook om onze herinnering hebben moeten lachen. Maar dat deden we dus niet.

We lieten de videobeelden *in de plaats van onze herinnering* komen, en vergaten exact dat wat we zagen. Daar komt het, als ik dit fenomeen goed begrijp, toch op neer. Terwijl we Jozef van den Berg van de gerimpelde radiatorpijp zijn onsterfelijke rupsje zagen maken, vergaten we dat we Jozef van den Berg allang zijn rupsje hadden zien maken. Het rupsje voltrok zich voor het eerst en terplekke, het *ontstond*.

Lezen, of: in een dramatische handeling worden opgenomen, of in een film, of in het kijken naar een schilderijententoonstelling, houdt in dat we *uit* de realiteit worden gehaald om in een andere, een inwendige, geplaatst te worden. We kunnen over het bewustzijn niet anders spreken dan over een 'binnen', een 'innerlijk' – op een of andere manier zitten we aan ruimtelijke categorieën vast. Daarom laat datgene wat ik bedoel zich beschrijven als een zone. Als ik lees vergeet ik de ruimte waar ik ben en word ik gevuld met een nieuwe ruimte, een zone. Die betreed ik terwijl hij mij al lezend vult. Natuurlijk maak ik gebruik van wat ik weet (en wat dus 'ergens', in mijn geheugen, moet zijn opgeslagen) om in deze nieuwe zone te kunnen opgaan, maar op een essentiële manier schakel ik mijn herinnering ook uit. Daarom zeggen we dat iemand die leest *de wereld vergeet*.

Toen ik mij als jonge schrijver verheugde op de ouderdom miskende ik de magie van het vergeten. Misschien had ik mij de verkeerde voorbeelden gekozen – Vestdijk, Nabokov, Proust zijn fenomenale onthouders, schrijvers met een bijna religie-vervangend idee over de 'hervonden tijd' als raison d'être van het bestaan. Ze zijn de vaders van veel literatuur van mijn ge-neratie – het Revisorproza, dat het herinneren en het kennen-de bewustzijn sacrosanct verklaarde. Er kon niet meer geloofd worden in een God, als er dus al een Vervulling bestond, dan kon die alleen gevonden worden in de herinnering. 'Het is vol-bracht' zou alleen kunnen worden geslaakt als alles herinnerd was, en een boek geworden.

Maar nu ikzelf in de Tweede Helft ben beland, moet ik om te beginnen bekennen dat ik mij indertijd schromelijk vergist heb in mijn eigen toekomstige geheugen. Het is zwak, lapidair en vooral: bedrieglijk.

Zoals wel vaker speelt hier mijn nachtmerrie op: een mis-drijf zien en moeten getuigen, en dan per verhoor steeds onher-roepelijker de hoofdverdachte worden. Honderden keren heb ik films aangeraden op grond van gedetailleerde beschrijvingen van scènes die er in het geheel niet in voorkomen. Ik geef soms les aan aankomende scenarioschrijvers, en er is één scène, het begin van *Le Samourai* (van Jean-Pierre Melville), die ik eerst navertel – om de studenten in de 'juiste' kijkhouding te zetten – en daarna blijkt zeven op de acht keer de scène zo drastisch af te wijken van wat ik heb verteld, dat de discussie daarna over mij, en mijn 'geheugen' gaat, in plaats van over de meesterlijk manier waarop Melville de inleving organiseert, en ons de zone van zijn film in leidt.

'Je bent hoe je vergeet,' zei de dichter Chris J. van Geel (één van de mensen die ik me zielsgraag weer eens helemaal van top tot teen zou herinneren) me vlak voor zijn dood. Hij zei ook een keer dat als je iets echt wil zien, je ernaast moet kijken. Veel later las ik eens dat de filosoof Jacques Derrida gezegd heeft 'dat we niet moeten doen alsof we weten wat vergeten is'.

En toch: mijn geheugen maakt me niet zelden verongelijkt,

op het panische af – ik kan niet goed begrijpen dat de meeste andere mensen echt de ene versie van bijvoorbeeld het verhaal van hun eerste ontmoeting onthouden, en daar niet meer van afwijken. Zelfs van klassieke, woord voor woord memoriseerbare gedichten herinner ik mij regels die bij nader onderzoek uit gedichten van mezelf afkomstig blijken te zijn – met als gevolg dat ik in groeiende mate in een staat van plagiatofobie ben komen te verkeren. Wie garandeert mij dat het niet even zo vaak andersom is – en dat een belangrijk deel van mijn met diverse gemeentelijke prijzen bekroonde gedichten niet uit het oeuvre van voorgangers afkomstig is?

Het is duidelijk: ik ben een vergeter geworden, geen herinneraar. Het idee dat ik langs een lineaire, koraalrifachtige weg zou groeien, en een betrouwbare Tweede Helfter zou worden was onjuist. Op een of andere manier ben ik erin geslaagd om even weinig aan mijn huidige geheugen te hebben als ik aan mijn eenentwintigjarige had, toen ik debuteerde.

Niemand heeft mij hiervoor gewaarschuwd – wat misschien logisch is, als je bedenkt dat vrijwel iedereen gedurende dezelfde periode aangesloten is geraakt op het Uitwendige Geheugen, ook wel het Web. Daardoor is een groot deel van de mensheid in de waan komen te verkeren dat het beschikt over een gegroeid geheugen. Voor mij was dit heel lang dé reden om niet het Web op te gaan: ik vreesde dat internet mijn finale zone zou worden.

Het klinkt ongetwijfeld primitief, alsof ik een middeleeuwse monnik was die de boekdrukkunst afwijst – maar ik vreesde dat ik de zone van de literatuur, van de fictie, zou vergeten, zoals ik de wereld vergeet als ik in de zone van het lezen beland. Dat laatste, het vergeten van de wereld ten gunste van een heden dat zolang je erin verzonken bent zijn eigen verleden en herinneringen genereert, was ik gaan beschouwen als het grootste privilege dat mij ten deel is gevallen.

Het is, inderdaad, een geschenk, en het heeft de mysterieuze eigenschap elke keer dat ik begin te lezen *opnieuw overhandigd te worden*. Daarom brengt het ouder worden, zij het op een heel andere manier dan ik heb kunnen verwachten, dat waar ik mij op verheugde. Niet omdat ik 'tot beter begrip' ben gekomen, maar omdat, om met Van Geel te spreken, 'het raadsel helderder wordt'.

We kunnen zelfs vergeten dat iemand dood is – en altijd is dat het moment waarop hij of zij levend in ons bewustzijn opspringt, en daar levend verrijst.

Ik bevind mij in wat ik zoek

Februari 2006
Er is een verschil tussen schrijven hopend dat je gelezen zult worden, en schrijven in een dagboek, 'voor eigen gebruik'. Dat verschil is een soort geheim, dat je, zolang je niet aan lezers denkt, *niet eens van plan bent* te bewaren. Overigens blijf ik mijn 'gewone' dagboek bijhouden; het komt er waarschijnlijk op neer dat ik te zijner tijd de passages bloemlees die dit, wat hierna komt, zullen blijken te zijn. Ze moeten het slot van mijn boek over poëzie en geloof worden. Ik weet zelf soms niet of ik, als ik 'poëzie, film' zeg niet geloof bedoel, en andersom. Of over nog iets, dat ik niet kan benoemen.

*

Maart 2006
(Ben gisteravond op het eiland aangekomen, om er een paar weken te werken.) Tot de vloedlijn, en geen centimeter verder, een laagje poedersneeuw waar de hond als eerste sterveling zijn spoor in zet. Gebakken leverkleurig zand. Strandlopertjes.

Ik weet niet of de twee gedichten die ik gisteren onverhoeds heb geschreven gedichten zijn. Dat is van oudsher een goed teken. De bedoeling om poëzie te schrijven is voor poëzie vijand numero een.

Wat een gedicht voorstelt weet ik pas als ik het een paar keer heb voorgelezen, of het een gedicht is kan ik horen aan mijn stem.

Een criticus wint aan gezag als hij op een aanstekelijke wijze aantoont dat hij niet weet wat poëzie is. Dat het precies dát is waar hij het minst van begrijpt, terwijl hij er naar snakt om het betekenis te geven. In de praktijk doen critici het omgekeerde, en begaan zij de doodzonde van *weten waar ze het over hebben*.

Kees Verheul geïnterviewd, in boekhandel Buddenbrooks, Den Haag, bij de presentatie van zijn nieuwe roman *Stormsonate*. Ben er zeer onder de indruk van. Het is het tweede deel van een meerdelige onderneming, het eerste deel, *Villa Bermond*, is alweer twaalf jaar geleden verschenen. Allebei de delen bestaan een soort feuilleton-roman over de Russische dichter Tjoettsjev – zich afspelend in hoge tsaristische kringen en romantische badplaatsen: de bildungsgeschichte van een dichter –, en een reeks autobiografische schetsen. Dat Verheul in het laatste één van de onbetwiste meesters is, hebben *Kontakt met de vijand* (1975) en *Een jongen met vier benen* (1982) bewezen. Er is sinds Du Perron geen sensibeler zelfportrettist geweest in onze letterkunde.

Toen tijdens het interview Tjoettsjev ter sprake kwam (van wie ik vrijwel niets wist), zei Verheul dat het hem niet om 'karakter' ging, maar om 'ziel'. Dat zei hij met grote stelligheid. *Het individu interesseert mij niet*. Wat hij opzocht, zei hij, bij zichzelf als jongen, bij Tjoettsjev als ontluikende dichter, bij zichzelf als volwassene, is niet-individueel, zelfs: anti-individueel.

Ik weet niet of ik het goed begreep, maar wel dat Verheul het met grote kracht en hartstocht zei.

Hij had een gedicht van Tjoettsjev voorgelezen, in het Russisch, ik daarna in het Nederlands van Frans-Joseph van Agt, mooi: het begint met 'Broer, zóveel jaren trok jij met mij op', en eindigt met 'ik sta voorop in de gedoemde rij'. In de tussenliggende regels komen we erachter dat de broer zojuist gestorven is.

Het is een gedicht dat iedereen met een broer eens geacht

wordt te schrijven, ook als hij geen dichter is. Er zijn nu eenmaal gedichten die, ook als ze niet geschreven worden, toch op ieders lijst van mogelijke en niet te vermijden opdrachten staan.

Misschien bedoelt Verheul dát, onder andere, met dat zijn onderwerp 'anti-individueel' is. Hoe dan ook: door het onpersoonlijke in ieder mens dat Verheul 'ziel' noemt, en dat hij heel voorzichtig en met uiterste aandacht voor details benadert, kan hij twee ver uiteengelegen punten in de tijd nemen – twee 'zielen' uit schijnbaar onsamenhangende epochen (die van Tjoettsjev en die van hemzelf als Hengelo's kind en als volwassene), *en dan zal blijken dat er samenhang is.* Ook dit zei hij tijdens het interview vurig, met zijn onverzettelijke, alleen in schijn zachte gezicht, ik bedoel: het *is* zacht, want om te beginnen oneindig aandachtig, maar het is ook koppig, en zeker van z'n missie: geschiedenis bedrijven door zielen te beschrijven.

Hij is een een talmer, een verbeider van ontvankelijkheid. Vreemd dat hij geen poëzie heeft geschreven.

Intussen past hij zijn mensbeeld toe op zichzelf: het kind in de schuilkelder (van het belastingkantoor aan de Overkant) *is* de volwassen Verheul in de Jekaterinaburgse metró (zoals hij de klemtoon legt). 'Het', de sensatie van 'thuis zijn' (terwijl er ook vrees en dreigende paniek is) is 'afkomstig' uit de oorlogsschuilkelder, die hij eerder in het boek beklemmend en roerend heeft beschreven, in een schets van zichzelf als kind. De inleving in de ene ziel (van de vijfjarige) is mogelijk omdat er 'nu' (in de metró) dezelfde sensatie bestaat. Maar het is ook andersom: het kind zou de volwassene begrijpen.

In een groot caleidoscopisch essay over Rome (een essay dat in veel andere literaturen al lang klassiek zou zijn geweest) roept Verheul de eerste Aeneas-achtige mannen op die dezelfde Tiber opvaren als die hij, Verheul, nu per brug oversteekt, en de mannen zien onze tijd, onze snelwegen, onze gekapte bomen – *en ze kennen ons.*

Een religieus gemazeld iemand kan zeggen: Izaäk kende Jezus zoals Jezus iedere man die op het punt staat vermoord te worden kent. En als je sterft ken je allen.

De filosofische implicaties zijn een maat te groot voor mij, maar het is duidelijk dat Verheul Kants 'rampzalige vondst dat het enig reëel kenbare voor de mens zijn eigen waarnemen en denken is', ongedaan wil maken. Dat zegt hij in een groot essay over Tjoettsjev, in *De dolende pen* ('02). Hij zegt erbij: 'ik ben een leek en druk me zonder twijfel idioot uit.'

'Een van de paradoxen van Tjoettsjevs werk is dat hij, anders dan de doorsnee-lyricus, toont niet meer dan een vliesdun ego te bezitten.'

En: 'Hoe ouder hij werd, hoe meer hij niet alleen de individualiteit van de mens, maar ook zijn bewustzijn ervoer als een tragische wanklank, een stoornis temidden van het harmonische zijn van de natuurdingen.'

Verheul noemt hem visionair, hij mijdt, geloof ik, het woord 'mystiek'. 'Zijn denken is (in de 'absolute landschappen' van z'n poëzie) puur kijken, zijn taal een muziek die het aanschouwde aandachtig omcirkelt.'

Tijdens het interview zei Verheul dat er 'ware cliché's bestaan', 'met concrete emoties geladen'. Ik dacht: misschien zijn z'n romans daarom wel zo 'eigen' en onverwisselbaar; misschien is angst voor het cliché wel de vijand van het ware.

'Maar wat durf je dan,' vroeg Marjoleine de Vos me gisteravond toen we samen in de Balie werden geïnterviewd door een predikant, ik had net mijn gedicht *Op de hoge* voorgelezen. 'Waar is de sprong voor nodig?'

Ik weet niet of ik het gedicht, uit 1999, alleen 'religieus bedoeld' heb, als een evocatie van de neiging om voor mijn op handen zijnde doop terug te deinzen. Ik bedoel eigenlijk ook hetzelfde als wanneer je weet dat iemand je leuk vindt en toch durf je niet op haar af te gaan. Of als: een gedicht kunnen schrij-

ven maar er niet aan beginnen. Of als: een kamer waarin een geliefde dode binnen willen gaan en niet kunnen.

Misschien zijn er meer mensen die zonder te hoeven durven
leven dan ik denk. Voor mij is, geloof ik, elke drempel angst-
wekkend. Alles wat overgave eist. Daarom schrijf ik ook zo heel
vaak heel lang geen gedicht.

Wat vergeet ik veel! Op het demente af. Ik lees mijn dagboek
van november 1999 – 'de laatste ongedoopte dummy' – op zoek
naar iets wat ik al zoekende vergeet, en stuit op een samenvat-
ting van 'A Visit to Morin', een verhaal van Graham Greene.
Daarin komt een Dunlop de bejaarde schrijver Morin tegen, die
hem zegt weliswaar niet te 'believe', maar wel 'faith' te hebben.
Daarom gaat hij al twintig jaar niet meer naar de Mis.

'Als een dokter je een medicijn voorschrijft en je er bij vertelde dat je het elke dag moet innemen, de rest van je leven, en je
hield er mee op hem te gehoorzamen en nam het niet meer, en
je gezondheid verslechterde – zou je je geloof in de dokter 'all
the more' verloren hebben?'

En dus gaat hij niet meer naar de Mis: 'mijn gebrek aan belief
is het ultieme bewijs dat de Kerk gelijk heeft en dat het geloof
waar is. (...) Ik ken de reden waarom ik niet geloof en de reden
is – dat de Kerk waar is en wat ze mij geleerd heeft is waar.'

Maar als u nu terug ging, vraagt Dunlop natuurlijk.

'Wat als ik terug ging en mijn geloof kwam niet terug? Daar
ben ik bang voor, meneer Dunlop. Zo lang ik mij verre houd
van de sacramenten, is mijn gebrek aan geloof een argument pro
Kerk. Maar als ik terugging en zij faalden, dan zou ik werkelijk
een man zonder geloof (Faith) zijn, die zich snel moest begraven onder de zoden om de anderen niet te ontmoedigen.'

Ik heb het gevoel dat mensen zich in onze tijd op een vergelijkbare wijze van poëzie laten wegdrijven – van de diep ingrijpende, 'romantische', en onverklaarbare taaluitingen die in hun pu-

berteit een gevoelsrealiteit belichaamden, vaak vooral per song-tekst. Ze lezen liever geen gedichten meer, uit angst de ervaring op een mysterieuzer, ongrijpbaarder, ingrijpender manier aangesproken te kunnen worden, verloren te zijn. Ze blijven 'poëzie', in abstracto, als fenomeen, beoefend en genoten door anderen, het hoogste achten – ik geloof dat geen kunstenaar een hoger status heeft in het collectief bewustzijn dan de dichter. Maar zij leggen zich neer bij een toestand van buitengesloten zijn.

*

April 2006
Hoorde op de markt in Cártama, Andalusië (we zijn bij mijn schoonzus die daar woont), van Frans en Jeroen, die een Bed & Breakfast drijven in Alhaurin, dat Reve gisteren gestorven is. Het is Palmpasen vandaag, dat betekent dat hij net niet in de Goede Week gestorven is.

Gisteravond, maandag, de eerste Semana Santa-avond, in Malaga. Begon op de Almedia, een soort Champs Élysees, bij vol daglicht, lage zon die van de kop van de zeewaarts glooiende, eindeloos lange, door bomen omzoomde allee alles in strijklicht zette. De allereerste broederschap was net voorbij. We vonden een plaatsje aan de kop en keken met de zon mee, en zagen aan de overkant links de smalle straat waaruit de laatste, paarse, Nazareeërs van de vorige groep uit tevoorschijn kwamen. Ze hadden een soort Arabische ringen op hun hoofd om hun angstaanjagende maskers mee op hun plaats te houden.

We hadden in een grote zijruimte van de dichtstbijzijnde kerk de Gekruisigde en de Dolorosa bewonderd die daar voor morgenavond klaar stonden. Als je de *tronos* waar ze op staan mee helpt dragen, dan is je naam geplakt op de plaats die je zult innemen. Déze had voor Christus iets meer dan honderd, en voor Maria honderdtwintig dragers. Weinig vergeleken met de grootste, laatste Christus die wij gisteravond te zien zouden krijgen – de Cautivo. Jezus Gevangen. Die werd door 270 dragers getorst.

Torsen is een woord dat je maar zelden echt hoeft te gebruiken.

De tronos is een folterwerktuig, net als het Kruis. Sinds het jaar 2000, mijn nek-hernia, is het ondenkbaar dat ik nog echt mijn zonden zal kunnen uitboeten zoals elke willekeurige man van Malaga dat kan, door drager te worden.

De eerste twee tronossen van de confraterniteit met de paarse Nazareeërs, *Crucifición*, hadden geheten: 'Santissimo Cristo de la Crucifición' en 'Maria Santissima del Mayor Dolor en su Soledad.'

Daarna kwamen de tronen van de zigeuners, voorafgegaan door ongemaskerde vrouwen in het klaagzwart, met hoog opgewerkte, Jordanese kapsels waar lange kanten sluiers vanaf vielen.

Tamelijk korte rokken met zijden zwarte kousen, vrouwen met kuiten, een enkeling met naad, en hoge hakken. Waarop negen uur lang wordt gelopen! Een roedel Carmens, schrijdend in een tergend langzaam dodenmarstempo, waardoor het klinkt alsof na een verloren veldslag duizenden mannen worden betreurd. De Gitanos droegen Nostro Padre Jésus de la Columna. Een tamelijk kleine, maar omdat het de eerste in mijn leven was hakte hij er bij mij danig in. De zittende, aan zijn paal geknevelde Christus, klaar om gegeseld te worden, gedragen door rijen ongemaskerde, in zwart geklede zigeuners met witte handschoentjes. Kreunend onder hun last – ze waren al zeven uren dragende. Een enkeling was, bij wijze van extra boetedoening, geblinddoekt.

Het greep me aan – mannen, als sardientjes, als galeislaven, tegen elkaar geklemd, die Christus dragen die Zijn lijden verduurt, voor hén, de dragers. Ik moest denken aan het gedicht van Les Murray, geschreven bij de doop van de dichter Kevin

Hart, over de foto van de Australische dwangarbeiders, die een reusachtige balk moesten dragen, en die één voor één worden weggeroepen door de opzichter, omdat het met minder ook moet kunnen – 'a new hand is always welcome', roept Murray Hart toe.

Ik dacht ook aan mijn vader met z'n pijn en z'n periodieke moedeloosheid sinds hij verlamd is. Maakt het heus uit dat we accepteren dat iemand voor ons geleden heeft?

Op een Lijdende Christus volgt onveranderlijk een Trooste-res, meestal op een nóg grotere troon, met een oneindige, Dam-rak-lange sleep. En ertussendoor: de menigte kaarsdragers in Ku Klux Klan-uitdossing, per parochie in een andere kleur.

Bij de laatste Christus, de Cautivo, met zijn 270 dragers, was de Almedia propvol. En werkelijk geslagen met *awe*, vooral de jonge mannen. Deze Gevankelijke is een staande, witte Chris-tus, groter dan alle anderen. Alleen aan zijn gebonden handen is te zien dat hij lijdt. Als de dragers bewegen, met een merkwaar-dig zijwaartse, telgangachtige schommeling, leeft zijn gewaad. Er was een briesje opgestoken, zijn zomen woeien op. Het was alsof hij over de hoofden van de mensen liep, als over water. Hij zonk niet. Hij was mateloos bedaard. Hij keek op noch om. Je staarde hem aan, en vooral: je staarde hem na, hij werd pas echt een gestalte toen hij voorbij was. Soms werd er 'leve de Gevan-kelijke!' geroepen. Ik denk dat je kans maakt om door poëzie gericht te worden als je eens uit volle borst 'leve de Gevanke-lijke' hebt geroepen. Als er geroepen was, werd er instemmend 'ja!' teruggeroepen. En overal hielden de mensen hun mobiel-tjes omhoog om de Gevankelijke naar huis door te seinen. Van waar ik stond zag ik ineens dat het stoplicht al de hele avond op groen en op rood en weer op groen versprongen moest zijn ge-weest.

En ik kreeg wat ik hoopte: nu en dan een blikwisseling met een drager. Ik was trots. Op dat ze het deden. Op dit hardhan-dige gebruik. Op de boetvaardigheid, waar in mijn cultuur niemand meer in lijkt te geloven, omdat het zo moeilijk is om je zondig te weten. Dat we dragen, dat we dat kunnen, dat we geïmponeerd worden door dragen – nooit gedacht dat dit beseffen me zoveel zou doen.

Teruggeslenterd naar de parkeergarage, rond twaalven. De rustige menigte, het verlangen om vriendelijk te zijn.

Toen ik vanmorgen wakker werd na een (voor mij) zeldzaam droomloze, diepe slaap, bleek ik mijn trouwring afgedaan te hebben. Dat moet enige moeite gekost hebben, toen ik hem terugschoof ging dat niet zomaar.

Vonne sliep nog. Ook als een roos, het was alsof we de avond tevoren onvergetelijk gevreeën hadden.

Het Theologisch Traktaat. De titel van Czesław Miłosz' één na laatste gedichtencyclus lijkt iets te beloven dat niet kan: de beredeneerde God. Zoiets als wat ik de onvolprezen moleculairbioloog Cees Dekker onlangs heb zien doen. Die heeft het gewaagd zichzelf als wetenschapper publiekelijk christelijk te noemen; dat is hem op voorspelbare, wijsvingerheffende, fundamentalisme! alle ellende komt van religie! roepende hoon komen te staan. Cees Dekker hoorde ik op de televisie bij Knevel zeggen: het is rationeler en wetenschappelijker om in God te geloven dan om atheïst te zijn. 'Je komt uit op God.' Ik weet dat niet, en ik weet ook niet of Miłosz er zo over denkt, eigenlijk kan ik niet geloven dat iemand die weet hoe je op een gedicht komt, gauw zal zeggen dat hij om zo te zeggen logisch op God is uitgekomen. Net als een eerste poëzieregel is God iets anders dan je je van te voren redelijkerwijs had kunnen indenken.

Ik kan het dan ook niet onredelijk vinden om *niet in God te geloven*, wat ik het grootste deel van mijn leven heb gedaan. Het is waar: tóen dacht ik, dat ik redelijker en zelfs intelligenter was dan gelovigen. Ik zou mezelf nu dus onredelijker en minder intelligent moeten vinden dan ik was.

Zelfs al ben je de geniaalste redeneerder, en ontdek je de ene redenering die je onweerlegbaar doet 'uitkomen op God', dan wil dat nog niet zeggen dat je zult geloven. Wat niet wegneemt dat je, eenmaal gelovend dat je gelooft, verplicht bent om zo helder mogelijk te redeneren. Al is het maar om te beredeneren dat het allemaal geen kwestie van redeneren kan zijn. En nimmer een beroep te doen op machtswoorden – waar religieuze gezagsdragers nu juist op terugvallen.

Hoe dan ook – Miłosz' titel is ironisch. Het is de tegentitel van de *Tractatus Logico-filosoficus*. Bij vol bewustzijn betreedt Miłosz het door Wittgenstein verboden terrein, waar men moet zwijgen waarvan men niet spreken kan. Poëzie doet niet anders dan sprekend zwijgen.

Hester Knibbe ontmoet tijdens voorlezen in het klooster Keizersberg bij Leuven. Sterke, 'harde' gedichten, niet alleen die over haar gestorven zoon Arnoud. Kende haar werk nauwelijks, wat duurt het soms lang voor een dichter tot je doordringt!

Terwijl ik *Tot de bellenblazer* voorlas, bliezen twee monniken met grote liturgische ernst zeepbellen, die statig door de kapel begonnen te zweven.

Knibbe is ex-gereformeerd maar woont, vertelde ze, wel eens de Mis bij, ofschoon ze blijft volhouden dat ze 'alleen maar kijkt'. Ze was, alvorens naar de Keizersberg te gaan 'even langs Arnoud gegaan, *waar hij woont*'. Kiezelsteenrouw. Haar poëzie is iets zwaarder, enkelvoudiger van stemming, 'ikkiger' dan zijzelf. Maar hoe vaak heb ik niet een dichter moeten hóren, om haar of hem daarna op de juiste, lichtere toon te kunnen lezen?

Een goede dichter is lichter dan je denkt.

Ik geloof dat een gebroken hart bestaat. Er kan in je hart echt iets breken. Letterlijk. Het blijft daarna werken, maar het pompt minder. Ik begin te begrijpen dat alles verdragen is. Dragen – dat is wat ik in Malaga de mannen heb zien doen, in mijn plaats.

Dat kan, want ik zie ook mezelf als dragend. Er zit niets anders op – we helpen dragen, we laten ons helpen dragen. Als iemand bezwijkt wordt het dragen zwaarder. Hester had iets onbezwekens, zij het hartgebrokens.

Troost troost niet. We weten dat we dood gaan, we zijn te zwak om werkelijk te geloven dat we niet bang hoeven te zijn – in feite zijn we ontroostbaar. We verlangen naar troost, maar troost troost niet. Alleen erkenning. 'Face reality', op de pijn af gaan en 'erin gaan zitten', jawel, *alsof lijden zin heeft*, laat de papenhaters het niet horen, lijkt soms soelaas te bieden.

*

Mei 2006
Jezus leefde even lang na Job als wij na Shakespeare.

Pinksterzondag, na de Mis in de tuin. Een grote troep krassende kauwtjes die vanuit de esdoorn loeren op winterkoninkjes- en roodborstjesgebroed. Je moet een hele God zijn om van deze Hells Angels te zeggen dat ze niet weten wat ze doen. Ik zie heden even het punt van de schepping niet.

*

Juni 2006
Ik noteer mijn leven lang al ieder jaar hun fenomenale zwevende pinksterbestaan, en nu pas lees ik in *de Volkskrant* hun naam: POPULIERENPLUIZEN. Ze schijnen dit jaar een plaag te vormen. Het zou zomaar kunnen zijn dat de Klimaatsverandering ons met poëzieplagen opscheept.

Ben met mijn broer naar Lourdes geweest. Rond Pinksteren begon ik Vonne plotseling af te bekken en ruzie te zoeken met organisatoren van lezingen waar ik verwacht werd, en ook de pornografische zucht werd weer geeuwhonger, en nog zo wat, allemaal ongetwijfeld verklaarbaar uit het moeilijk te behappen verdriet dat ons ten deel valt – dagboekverdriet, nergens voor bedoeld dan voor onszelf, zeker niet voor deze aantekeningen-keuze – maar daardoor, zo komt het me voor, des te onvergeef-lijker. Excuses luchten op, maar ditmaal niet afdoende, en voor het eerst van mijn leven beloofde ik, tijdens de Pinkstermis, dat ik Klassiek Zou Uitboeten, en ik wist ook meteen dat dat in Lourdes moest. Niet over alles hoef je na te denken, dus belde ik mijn zeer zieke, en eindige broer Michiel, om te vragen of hij mee ging. Hij kan weinig meer, wegens toenemende blind-heid, maar vindt in de auto zitten heerlijk. Hij is in het geheel niet katholiek.

Hij zei: ik wil wel mee, maar ik geloof er geen barst van.

Daarom lijkt het me zo'n goed idee, zei ik.

Ik noem het een reisje naar Zuid-Frankrijk, vind je dat erg, zei hij.

Je doet maar, zei ik, en besloot open kaart te spelen: als je mee gaat, dan kan ik je rollen, en dan lijkt het alsof ik daar om een echt Lourdes-achtige reden ben.

Heb je een andere reden? vroeg hij.

Ja, zei ik. Vertel ik je onderweg.

We zitten nu in Par dé Vidalet, een *routier* halverwege de terug-reis.

Het eerste dat mijn broer, in Lourdes aangekomen, tegen me zei is dat hij niet gerold wenste te worden. Zet mij maar 'op het terrein' af, zei hij. Zo noemden we het allebei vooralsnog. Het terrein. Dan kon ik de auto daarna ergens kwijt zien te raken. We zouden elkaar wel vinden. Op het terrein.

'Ik wil levend die grot in.'

We zijn respectievelijk vier en drieënvijftig, maar waren vreemd zenuwachtig.

Natuurlijk had ik hem onderweg verteld wat mijn eigenlijke doel was. Hij luisterde aandachtig, en zweeg. Aan zijn zeer late reactie op dingen onderweg maakte ik op dat zijn ogen weer achteruit waren gegaan. En hij vertelde dat hij steeds minder gevoel in zijn vingertoppen heeft, daar wreef hij ook steeds mee over het dashboard, als om zich van hun bestaan te vergewissen. Door zijn ziekte slibben zijn haarvaatjes dicht; zijn voeten dreigen al jaren steeds afgezet te moeten worden omdat hele kleine ontstekingen bloedvergiftigingen worden. Zijn duldzaamheid en geduld zijn iets waar ik eigenlijk niet bij kan. Aan hem vertellen wat ik wens uit te boeten was enigszins beschamend, maar ik wist dat hij er iets van zou begrijpen, en vond dat hij voortreffelijk zweeg.

Bernadette van Lourdes wil dat we 'bidden voor zondaars'. Dat heeft de Dame in het Wit, die zij per visioen in een grot – waar nu het Terrein is – heeft gezien aan haar gevraagd. Bernadette zelf ligt in Nevers opgebaard, haar lichaam en haar prachtige gezicht schijnen volkomen intact te zijn. Zonder botox of wat.

Een bedevaart naar Lourdes bestaat vooral uit lopen langs de ondiepe grot, waarboven de Dame door een kunstenaar is afgebeeld. Deze afbeelding, die miljoenvoudig, op kaarsjes, tassen, plastic zakken, t-shirts en parapluies afgedrukt staat, lijkt in het geheel niet op wat Bernadette gezien heeft. Dat heeft zij aan het eind van haar leven desgevraagd verklaard. Miłosz merkt in het laatste gedicht van zijn Traktaat op dat de knoopjes in de hals van de Dame gesloten zijn.

Mijn broer bleek veel beter en verder te kunnen lopen dan we dachten. We moesten ons inhouden om dit, en nog veel meer, niet steeds een wonder te noemen. Ik merkte dat ik weer verschrikkelijk dol op hem was, een beetje zoals toen we tien, elf waren, en de verschillen nog niet kapitaliseerbaar waren in begrippen als 'talent', 'goedgebektheid', 'gymnasium', 'ivo', 'ziekte', 'gezondheid'. Vermoedelijk is dat het eerste wat in Lourdes gebeurt – dat verschillen wegvallen. Je enige verdienste is daar: kun je betekenis toekennen aan wat hier is, of niet? Mijn broer was serieuzer gestemd dan ik, van meet af aan. Hij deed soms hetzelfde als de, wat oudere, vrouwen voor hem: de wand van de grot aanraken, met zijn vingertoppen. We liepen langs de glasplaat op de grond waaronder een bron ontspringt. Het water loopt onder het terrein door, en komt uit kranen, waar je, net zo veel als je wil, uit kunt tappen. De bron is enige tijd nadat het terrein voor bedevaart rijp was gemaakt (onder andere door er twee kathedraalgrote kerken boven te bouwen) gaan wellen.

Op de plek van het visioen druppelt elke acht seconden één druppel neer. Die laat je spetteren op je handpalm. Mijn broer, die slecht diepte ziet, had er een druppel of tien voor nodig voor hij de spetter op zijn handpalm voelde.

Er is in Lourdes nog nooit iemand ongeduldig geworden.

Later zei hij dat hij 'krachtige aardstraling' had ervaren op die plek. Hij gelooft niet in mijn santekraam, zegt hij, maar wel in handoplegging, karma en magnetisme, daar doet hij ook aan. Hij heeft me niet gevraagd om eens met hem mee te gaan naar een bijeenkomst van hem; ik weet niet of ik even genereus 'ja' zou zeggen, als hij tegen mijn Lourdesvoorstel. Natuurlijk zeg ik altijd dat mijn santekraam 'iets heel anders is' dan zijn handoplegginggeloof. Hij zegt dan meestal dat handoplegging geen geloof is, maar dat het werkt, net als ziekenhuisbehandeling soms. En dat hij nu eenmaal meer baat bij deze werking heeft dan ik. Wat, vooralsnog, onomstotelijk is.

Ik heb het hem niet laten merken, maar ik kreeg tweeëneenhalf keer een soort huilbui toen ik hem zo toegewijd en liturgisch langs de grot zag schuifelen, minstens alweer een half uur langer dan wij wisten dat hij nog kon schuifelen. Dit type huilbui lijkt op de slappe lach; Gerard Reve heeft hem, bij mijn weten als eerste, beschreven in een brief aan Josine M., over de biecht.

Er vallen in Lourdes twee fundamentele verschillen tussen mensen weg. Om te beginnen dat tussen zieke en verzorger. Ik denk dat de slappelachhuilbui daar het symptoom van is: het is voor de gezonde reisgenoten vreemd om te zien dat hun zieke iets veel beter kan dan zij. Michiel kon werkelijk heel veel beter langs de grot lopen en de druppel opvangen dan ik. Hij genoot van iets, een elementair, spelachtig toegewijd zijn, misschien is dat toch gewoon het woord: devotie, en ik genoot daar weer van, en vermoedelijk ook andersom. Ik vond hem begrijpelijker dan ik hem, sinds misschien wel mijn elfde, gevonden heb, en hij mij wellicht ook. Er kan nu eenmaal een immense afstand ontstaan tussen broers die heel dicht bij elkaar hebben gestaan. Ook dat leken we, zonder het uit te spreken, te beseffen.

Het andere verschil dat wegvalt is dat tussen gelovige en niet gelovige. Het spel dat hier gespeeld wordt is simpelweg te ernstig. Het is niet dat de zieken geloven of verwachten dat ze beter zullen worden. Niemand gaat daar van uit – zelfs al is het moeilijk om de evidentie van de vele genezingen naast je neer te leggen. Het is dat ze een *ander* wonder beleven. Dat van, doodziek en wel, ergens te zijn waar beweerd wordt dat je ziekte je voordeel is. Je lijdt. Waarom 'ik lijd' zo vreselijk moeilijk is om te erkennen; waarom de erkenning, zoals te Lourdes, zo'n wereld van verschil maakt voor een zieke – ik begrijp er niet veel van, maar ik weet wel dat alles er aantoonbaar lichter van wordt. Aan het eind van Les Murray's woeste, fysieke, pijnlijke gedicht 'Fredy Neptune', smeekt de hoofdpersoon om vergeving – niet alleen voor zijn eigen zonden, maar... voor wat zijn slachtoffers, of beter: *de* slachtoffers van de eeuw die het boek evoceert, hém hebben aangedaan. 'Vergeef de joden dat ze vergast zijn.'

Ik denk dat mijn broer haarscherp aanvoelde dat hem in Lourdes door de mensen die hem een groot deel van zijn leven steeds meer als een lijdend voorwerp zijn gaan zien, niet alleen vergeving *gevraagd* zal worden (voor hun falen als verzorgers), alsook geschonken.

Na de ronde langs de grot ben ik naar een Mis gegaan in één van de twee kerken, een Franstalige. Daar heb ik gedaan wat ik tijdens de Pinkstermis beloofd had. Mijn broer bleef op een bankje zitten kijken naar de divisies zieken die werden aangerold. Het regende fijn, een soort mistregen. Toen ik terugkwam zei hij dat er iets verschrikkelijks was gebeurd. Mijn adem stokte. Ik kan niet overeind komen, zei hij. Mijn bretels hebben losgelaten.

We liepen neuriënd naar de kranen, en spraken over Vlieland 1966, de eerste keer dat we daar met moeder kampeerden. Hij heeft lang zijn vingertoppen onder een straaltje gehouden; we werden steeds stiller. Ik heb enkele jerrycannetjes met de Dame erop gevuld, want er waren in Naarden kennissen die ouder en getrouwer zijn dan ik, die ik water had beloofd.

Onderweg naar de auto kocht hij voor zijn dochters elk een rozenkrans.

Niet dat ik er in geloof, zei hij.

En ik gaf hém een rozenkrans, met een gietijzeren kruisje met gietijzeren corpus, het voelde prettig koud aan; ik dacht ik koop een stevige, zodat hij hem optimaal kan aftasten. Ik moest denken aan de zin van Julien Green, uit zijn *Journaal* – 'ik geloof dat we met ons leven leven geven aan een onzichtbare persoon, die zich met ons leven voedt'.

Lourdes is alweer een week geleden. Mijn broer belde, en vertelde dat zijn dochter hem 'reli-shoppen' verwijt. Zij had dit gezegd, nadat hij haar kennelijk gezegd had dat het hem veel had gedaan, maar dat hij niet was gaan 'geloven'. Niet doen, zei ik. Laat háár nu maar beslissen of wat we daar uitgespookt hebben geloven heet. Wat weten wij ervan.

*

Juli 2006

Eind van de maand. De tuinen en de grote bomen zijn nog groen – voor het overige begint Nederland, na twee weken hittegolf, volledig te vergelen. Zal ik, na de klimaatverandering, nog een Nederlandse dichter zijn? Wisselt mijn innerlijk klimaat bijtijds? Mijn betere gedichten vooronderstellen matrozenhemdenwolken, een stijve westnoordwestelijke wind, lieshoog fluitekruid en nu en dan zingend ijs.

Genade, zegt Auden, is 'weten dat we moeten weten te willen' (The knowledge that we must know to will).

Auden & Christianity van Hirsch is één van de beste boeken over geloof en poëzie die ik gelezen heb – werkgericht en theologisch goed geïnformeerd. Ik geloof niet dat er in de verste verte in Nederland een neerlandicus is die over Nijhoff of Achterberg een vergelijkbare studie zou willen schrijven. De angst voor domineesland zal nog zeker een generatie voor een dergelijke ars combinatoria te groot blijven.

Wie denkt Auden dat hij tijdens de Kruisiging zou zijn geweest, zonder te weten wat er gaande was, en hoe het af zou lopen? Pilatus? Een discipel, liefst een poëtische, Johannes? Nee, 'ik zie mijzelf als een gehelleniseerde Jood uit Alexandrië die 's middags een ommetje loopt met een vriend, verwikkeld in een filosofisch gesprek. We komen toevallig langs Golgotha. Ik kijk op en zie een vertrouwd schouwspel, drie kruisen omgeven door een menigte toeschouwers.

'Hemeltje,' zeg ik, 'het is toch walgelijk hoe de massa van zulke dingen kan genieten. Waarom kunnen ze misdadigers niet snel en pijnloos executeren door hen, net als Socrates, een gifbeker te geven?' Daarna ban ik het onaangename spektakel uit mijn gedachten, en we hervatten onze fascinerende discussie over de natuur van het Ware, het Goede en het Schone.

De onwaarschijnlijke Christus. Iedere twintigste schrijver die christendom ontdekte, formuleerde het onwaarschijnlijke, dat desondanks het geloofwaardige werd op zijn eigen manier. Auden zo: 'Ik geloof omdat Hij in ieder opzicht het tegenovergestelde is van wat Hij zou zijn als ik hem naar mijn eigen evenbeeld had kunnen maken.'

De kwestie is dat ik niet alleen met Vonne getrouwd ben, maar ook met mijn eigen vleze & kunnen, én met mijn geloof. Géén van deze huwelijken is minder monogaam van intentie dan de andere; allen lopen hetzelfde gevaar – dat van mijn wisselvalligheid, mijn dorheid, mijn vergeetachtigheid.

*

Augustus 2006
Kijkend naar Joris Luyendijk in de clinch met zomergast Leon de Winter dacht ik: Joris' generatie, die van na de mijne, is in oorlog, is soldatesker dan de onze – die eigenlijk verteerd wordt door angst voor wat onze ouders overleefd hebben. Wij, gevrijwaarden, kunnen nooit voluit in overleven geloven, omdat we de generatie die ons verwekt heeft zo gewond hebben zien zijn.

*

September 2006
(Op het eiland, aan de tuintafel op het terras van het familiehuis.) Op één fazant volgt onveranderlijk een ander, meestal zelfs een voltallig gezin. Er heerst tijdens hun ouderwetse, zondagse verschijning een aristocratische paniek, twee ouders, twee keurige kinderen, allen met stijve boorden.

Er staat al een kwartier een grote maar hulpeloos op zijn ouders wachtende, nu en dan klaaglijk en baby-achtig blatende meeuw op ongeveer twee meter afstand van de tuintafel. Dit maakt meeuwen tot op grote hoogte inleefbaar – hun seizoenenlange puberteit. Ben geneigd zijn vertrouwen 'aandoenlijk' te noemen. Ik meende zijn vader of moeder over te zien vliegen (jeugdmeeuw kreet klaaglijk, althans, er was contact). Maar wanneer begint de paniek een wees te zijn? Op eigen benen te moeten staan? Maak ik precies dát ogenblik in zijn bestaan mee? Dat hij thans op kamers moet, en uit de kost? Ik vind hem absurd hulpeloos, maar dat komt, hij heeft geen armen, hij kan niet eens schappen vullen.

We hebben geen contact. Toch kijkt hij naar me alsof hij iets van me verwacht – alsof hij een idee is dat wél in mij opkomt maar waar ik niet aan durf te beginnen omdat het nog wel eens zou kunnen wegwieken.

Mijn vertrouwen *winnen*, dat zal hij niet doen.

Ik wil koffie.

Inmiddels ben ik opgestaan, zonder hem te verschrikken, en eindelijk begreep ik de logica – hij verwacht wel degelijk brood van me, dat hebben de vorige verblijvers in het huisje hem gegeven, hij is nu al bedelmeeuw, en in de bijstand. Zij ouders zijn, hoezeer hun hart ook bloedt, *helemaal niet van plan* hem nog te voeren. Hij moet op eigen benen staan.

*

Oktober 2006
De 'Ober-één-Mulisch-graag'-neerlandistiek. Ik lees graag en soms getergd de column van Marita Mathijsen in NRC's wetenschapsbijlage. Vandaag zegt ze dat ze als hoogleraar de Stromingen-literatuurgeschiedschrijving moet aanhangen, maar dat ze zelf méér ziet in een lezersgerichte benadering: 'de lezer bestelt als het ware de boeken die hij wil lezen.' Hij heeft, per periode,

behoefte aan zekere thema's, 'en wordt op z'n wenken bediend door de literator'. En dus komt de schrijver 'die het best aanvoelt wat de noden van de lezer zijn bij mij (Marita Mathijsen) in de literatuurgeschiedenis'. Ze beseft dat ze 'helemaal geen instrumentarium heeft om uit te maken wie dat het beste aanvoelt'.

Het is een post-moderne, echt eigentijdse, en dus ook knusse literatuurbenadering, die het boek dat *inbreekt* (in zijn epoche, in de lezer) onmogelijk maakt. Kennelijk kent Mathijsen die ervaring niet – van door een roman of een gedicht aan het wankelen gebracht te worden. En tegen te spartelen, en uit te willen roepen: dit niet! Als we zó beginnen dan kunnen we wel inpakken!

En juist ook het werk dat pas in tweede, of zelfs latere instantie centraal blijkt te zijn – zoals dat van Ida Gerhardt – hoe kan dat nog in de literatuurgeschiedenis terechtkomen? Zelfs Mathijsens geliefde Faverey heeft louter dingen geschreven waar werkelijk niemand op zat te wachten. En wie kan er nou *behoefte* hebben aan Ouwens?

Kennelijk is er nog steeds iets wat we niet begrijpen van het tijdvak '40–'85, zijnde dat waarin Gerhardt bundels verschenen. Stromingenliteratuurgeschiedschrijving zal ons, ondanks dat het 't langste woord van mijn boek is, hier inderdaad geen millimeter verder brengen. Maar Mathijsens 'ober, één Mulisch graag'- hypothese is nóg onbruikbaarder. Hij is een open invitatie tot mediocriteit – van *De avonden* zullen we alleen dát appreciëren en begrijpen wat we denken dat tijdgenoten verwacht hadden kunnen hebben. Als inleving in de mentaliteit van de periode levert het niets anders op dan iets sociologisch als 'de gemiddelde verwachting'; en als methode om in een kunstwerk door te dringen en het betekenisvol te laten zijn, is het onbruikbaar. Als kunst door de gemiddelde lezer in zijn eigen tijd *begrepen* is, dan kunnen we ons, zelfs de middelmatigsten en kleinzieligsten onder ons, wel ophangen. Dan zal niets ons ooit nog veranderen, vormen, bekeren, verheffen.

Juist de schrijvers die hun lezers op hun levensbeschouwelijke wenken bediend hebben, zullen het eerst uit de literatuurgeschiedenis verdwijnen – zij veranderen niets, want zij verlangden niet fundamenteel naar verandering.

In andere termen: de literatuurgeschiedenis is de geschiedenis van het tragische. Dat wil zeggen: van lezers die op een essentiele manier *niet* op hun wenken bediend worden. Want mensen willen alles, behalve tragedie; zelfs de schrijvers hopen met hun tragedies af te wenden wat immanent is als de kosmische ruis: vernietsing, vergetelheid, nergens iemand iets, of hooguit gedachtenloze, onverschillige goden.

'Poetry is called religion when it intervenes in life' (George Santayana, geciteerd door Herman de Dijns *Religie in de 21e eeuw*).

*

November 2006
(We zitten tot Kerstmis in Berlijn, op de Nymphenburgerstrasse, op uitnodiging van de *Freie Universität* – mijn roman *Specht und Sohn* is zojuist verschenen.) Hoe weinig ik van Vonne nodig heb om haar te herkennen. Twee voetstappen, in dit vreemde trappenhuis. Enkele centimeters voorhoofd, als zij achter een palm zit te wachten in een restaurant. Een stipje op de kade, als ik op de boot sta, en het eiland nader.

Een stad waarin je niet tegen mensen oploopt, een stad met een Ring tegen of met de klok mee, waar we aan wonen, een stad waar ik even, één dag, uit ben geweest, om 's avonds de stewardess te groeten die ik 's morgens bij het wegvliegen gezien had, waar de bladeren nog vallen terwijl de kerstversiering opgehangen wordt, waar ik géén gedicht geschreven heb, nog, maar me meer dan ooit een lyriker voel, waar Russisch gezongen wordt in u-bahnhof Heidelberger Platz, waar ik het Holocaustdenkmal niet bezocht heb, waar ik – in Schöneberg, Prenzlauerberg, Friedenau – méér kleine kinderen gezien heb dan sinds heel lang, en ook, in de Kulturbräuerei, de pinguïnfilm *Happy Feet* die ik, Duits nagesynchroniseerd en dansend verliet, waar het toneel wrokkig blijft volhouden dat er geen Verhaal meer verteld kan worden, en geen God gevreesd, waar door en door sceptische Feuilletonen hun ogen uitwrijven over de Paus en de redacteuren tot hun verbazing in theologie verwikkeld raken, waar de monsterende kom-maar-op-blik een zeldzaamheid is, waar beweerd wordt, met cijfers, dat de werkloosheid landelijk daalt – maar niet, zo lijkt het aan onze Ring, waar de huismeesters vrijdags de trappenhuizen zuigen, waar mensen huren, niet kopen, waar het diepste verleden de negentiende eeuw is, net als in New York, waar Thomas Quast in het Aids Gala zingt wat hij nooit op een toneel zal kunnen zingen: Othello, hoe moet uitgerekend hij Desdemona doden, zichzelf doden, deze ongelovige, onliturgische stad met twintigste eeuwse Kerken en Poolse priesters, deze stad zonder midden en nergens een omtrek, waar ik te luid spreek – ben ik van haar gaan houden? Is dit, met Berlijn, een affaire geworden?

*

December, oudejaarsdag
(Het eerste bij aankomst op het eilandhuis: Brahms opzetten, Eerste Sextet – om terug te zijn, om nog in Berlijn en zijn negentiende eeuw te zijn.) Dit soort opzetten: je herinnert je je ontvankelijkheid voor deze fluïditeit – het sterke stromende – maar je bent een rokend bonk uitgeputte spanning, met een hoofd dat, na alle lezingen en Duitse uitgevers, alleen maar 'roem, roem, roem' zoemt, terwijl het 'futiel, futiel, futiel' denkt, en desondanks zijn mobieltje binnen bereik houdt. Dus zet ik dit op om ontvankelijkheid te forceren. Poëzie. Kan het onheu-

ser? En toch: ik luister. En noteer althans dit. Met het uit de Nymphenburgerstrasse resterende finelinertje dat al lang niet meer *fine* is.

Ik bevind mij in wat ik zoek. Het is alomtegenwoordig en toch zoek ik het. Dat is de strekking van Tarkovski's film *Stalker* (die ik gister, zoals elk jaar rond deze tijd, heb herzien).

Dankbetuiging

Essays ontstaan vaak na een verzoek. Het denkbeeld dat iemand van me wil weten hoe ik ergens over denk, zet me aan het denken. Van de volgende stukken in dit boek herinner ik me dat de opdracht ervoor even belangrijk was als het schrijven ervan. Dit zijn de opdrachtgevers; ik ben hen dankbaar.

In de volgorde van de stukken, die in dit boek niet chronologisch geordend zijn: Elma Drayer van Letter & Geest (*Trouw*): De wachtende tijd; Chris Rütenfrans (*Trouw*): Borges' gebed; Johan Goud (Universiteit van Utrecht): Geen gebed; Livia Versteegen (K.L. Poll-stichting): Onze Lieve Vrouwe van de Schemering; Jaffe Vink van Letter & Geest (*Trouw*): Hedendaags verrijzen; Marsha Keja (*De Parelduiker*): Doctor in de aandacht; Diederik Boomsma en Jaffe Vink (*Opinio*): De afgerichte liefde; Jan Konst (Freie Universität Berlin): Berlijnse geloofsbrieven; Gijs Mulder: Poging om een lang geweer op Buñuel te richten; Arjen Fortuin (*NRC Handelsblad*): Vergeetlezen; Frank Albers (*De Standaard*): Moedergeloof; Jurriaan Benschop (*Kastalia*): Verberg de ideeën; Koen Vergeer (*De Volksverheffing*): Ik bevind mij in wat ik zoek.

Voor alle stukken geldt dat de opdracht om ze te schrijven als geroepen kwam: het was alsof ik gevraagd werd mijn permanente binnenshoofdse discussie hardop, en toegespitst, te voeren. Vaak hebben ze, om deel uit te kunnen maken van de Lieve Vrouw van de Schemering, weer een bewerking ondergaan.

Inhoud

Colofon

Onze Lieve Vrouwe van de Schemering van Willem Jan Otten werd in opdracht van uitgeverij G.A. van Oorschot te Amsterdam gezet uit de Bembo door Perfect Service te Schoonhoven en gedrukt en gebrocheerd door Hooiberg|Haasbeek te Meppel. Het omslagontwerp is van Gerrit Noordzij.